权威·前沿·原创

皮书系列为
"十二五""十三五"国家重点图书出版规划项目

智 库 成 果 出 版 与 传 播 平 台

河北上市公司治理研究报告（2021）
RESEARCH REPORT ON LISTED COMPANY GOVERNANCE IN HEBEI (2021)

河北经贸大学公司治理与企业成长研究中心
石晓飞　李桂荣 / 著

社会科学文献出版社
SOCIAL SCIENCES ACADEMIC PRESS (CHINA)

图书在版编目（CIP）数据

河北上市公司治理研究报告.2021/石晓飞，李桂荣著.--北京：社会科学文献出版社，2021.11
（河北上市公司蓝皮书）
ISBN 978-7-5201-9112-8

Ⅰ.①河… Ⅱ.①石…②李… Ⅲ.①上市公司-企业管理-研究报告-河北-2021 Ⅳ.①F279.246

中国版本图书馆 CIP 数据核字（2021）第 200357 号

河北上市公司蓝皮书
河北上市公司治理研究报告（2021）

著　　者 / 石晓飞　李桂荣

出 版 人 / 王利民
责任编辑 / 吴　丹
文稿编辑 / 张铭晏　路　红
责任印制 / 王京美

出　　版 / 社会科学文献出版社（010）59367194
　　　　　　地址：北京市北三环中路甲29号院华龙大厦　邮编：100029
　　　　　　网址：www.ssap.com.cn

发　　行 / 市场营销中心（010）59367081　59367083
印　　装 / 三河市东方印刷有限公司

规　　格 / 开　本：787mm×1092mm　1/16
　　　　　　印　张：18.5　字　数：272千字

版　　次 / 2021年11月第1版　2021年11月第1次印刷
书　　号 / ISBN 978-7-5201-9112-8
定　　价 / 158.00元

本书如有印装质量问题，请与读者服务中心（010-59367028）联系

▲ 版权所有 翻印必究

本报告受河北省社会科学基金项目"基于董事会行为的国有企业党组织治理效应研究（HB17GL048）"资助

河北上市公司蓝皮书编委会

编委会主任 石晓飞

编委会成员（按姓氏笔画排列）

马连福 王元芳 卞娜 许龙 孙文博
李西文 李桂荣 杨胜利 沈小秀 张杰
张静 张成锁 张旭蕾 魏二宏

本书作者（按文序排列）

石晓飞 李桂荣

作者简介

石晓飞 博士,河北经贸大学工商管理学院副院长,公司治理与企业成长研究中心主任,副教授,硕士生导师,河北省"三三三人才工程"人选。在《南开管理评论》、《中国工业经济》、《预测》、*Frontiers in Psychology* 等 CSSCI、SSCI、SCI 等重要期刊发表论文 15 篇;出版专著 1 部,合著 2 部;获得省级领导批示 7 项;近几年主持和参与完成国家及省级、厅级课题 28 项,获得省级领导批示 6 项;曾参与多项国务院国资委主导的公司治理改革相关项目;河北省省级研究生示范课《公司治理》课程负责人。

李桂荣 博士,河北经贸大学工商管理学院院长,教授,硕士生导师。河北省经管研究生教育指导委员会委员,河北省商业经济学会常务理事,河北省会计学会理事,吉林省财政学会理事。河北省重点学科财务会计方向带头人,主要研究领域为会计政策与公司治理。在《预测》等管理学 A 类期刊和 CSSCI、北大核心期刊发表论文 70 余篇,其中 5 篇被人大复印资料全文转载;出版专著 3 部;主持省、部级研究项目 9 项;获省级优秀社科成果奖 2 项,入选中国专业学位教学案例中心案例库 3 篇。河北省省级精品课程、河北省精品资源共享课《中级财务会计》课程负责人。先后荣获河北省"优秀教育工作者""河北省师德先进个人"等荣誉称号。

摘　要

三十年来，我国资本市场历经风雨，砥砺前行，在攻坚克难、改革创新中迈向高质量发展，取得了不菲的成绩。如何提升上市公司治理水平无疑是资本市场中的热门话题，也是资本市场关注的焦点之一。《国务院关于进一步提高上市公司质量的意见》（国发〔2020〕14号）中强调上市公司在促进国民经济发展中的作用日益凸显，提高上市公司质量是推动资本市场健康发展的内在要求，是新时代加快完善社会主义市场经济体制的重要内容。

上市公司的数量和质量是衡量一个地区经济发展水平和城市竞争力的关键指标，也在一定程度上体现了该地区和城市的社会经济开放程度。截至2020年12月31日，中国A股上市公司数量达4140家，总市值达796487亿元，位居全球第二，IPO总规模为3.78万亿元。截至2020年12月31日，河北省共有61家上市公司，总市值为12139.90亿元，较上年同期的7426.61亿元，增长4713.29亿元，同比增长63.46%。本报告以河北上市公司为研究对象，从股东治理、董事会治理、监事会治理、高管治理、信息披露和投资者关系管理六个重要的公司治理维度，全面而系统地剖析了河北上市公司的公司治理发展现状，以期为河北上市公司健全公司治理机制、改善公司治理水平、降低代理成本和经营风险、提升内在价值和企业绩效提供有益的借鉴和参考，从而为促进地区经济的持续稳定增长贡献力量。

关键词： 河北上市公司　公司治理　公司治理机制

Abstract

Exposed to the wind and rain and forged ahead over the past three decades, China's capital market has made great achievements, while moving towards high-quality development in overcoming difficulties, reform and innovation. How to improve the governance level of listed companies is undoubtedly a hot topic in the capital market, and it is also one of the focuses of the capital market. In the opinions of the State Council on further improving the quality of listed companies (GF [2020] No. 14), it is emphasized that listed companies play an increasingly prominent role in promoting national economic development. Improving the quality of listed companies is an internal requirement to promote the healthy development of the capital market and an important content to accelerate the improvement of the socialist market economic system in the new era.

The quantity and quality of listed companies are key indicators to measure the economic development level and urban competitiveness of a region, and also reflect the social and economic openness of the region and city to a certain extent. By December 31, 2020, the number of A-Stock listed companies in China has reached 4140, with a total market value of 79.64 trillion, ranking the second in the world, and the total scale of IPO is 3.78 trillion. By December 31, 2020, there were 61 listed companies in Hebei Province, with a total market value of 1213.990 billion yuan, an increase of 471.329 billion yuan over 742.661 billion yuan in the same period last year, a year-on-year increase of 63.46%. Taking listed companies in Hebei Province as the research object, this report comprehensively and systematically analyzes the development status of corporate governance of Listed Companies in Hebei Province from six important corporate governance dimensions: the governance of shareholders, the board, the board of supervisors, the executives, the information disclosure and investor relations management, in order to improve the corporate governance mechanism and the level of corporate governance, reduce agency costs and business risks, and improve internal value and enterprise performance, so as to contribute to the sustainable and stable growth of regional economy.

Keywords: Listed Companies in Hebei Province; Corporate Governance; Corporate Governance Mechanism

目 录

Ⅰ 总报告

B.1 河北上市公司总体发展报告（2021） ………… 石晓飞 / 001
    一 河北上市公司发展脉络 ……………………………… / 003
    二 河北上市公司治理现状分析 …………………………… / 029
    三 河北上市公司治理发展政策建议 ……………………… / 036

Ⅱ 分报告

B.2 河北上市公司股东治理研究报告（2021） …………… 石晓飞 / 040

B.3 河北上市公司董事会治理研究报告（2021） ………… 石晓飞 / 092

B.4 河北上市公司监事会治理研究报告（2021） ………… 石晓飞 / 146

B.5 河北上市公司高管治理研究报告（2021） …………… 石晓飞 / 167

B.6 河北上市公司信息披露研究报告（2021） …………… 李桂荣 / 204

B.7　河北上市公司投资者关系管理研究报告（2021）……石晓飞 / 239

参考文献 ………………………………………………………… / 265
后　记 …………………………………………………………… / 271

CONTENTS

I General Report

B.1 Overall Development Report of Listed Companies in Hebei
Province (2021) *Shi Xiaofei* / 001
    1. Development Context of Listed Companies in Hebei Province / 003
    2. Analysis on the Current Situation of Corporate Governance
of Listed Companies in Hebei Province / 029
    3. Policy Suggestions on Governance Development of Listed
Companies in Hebei Province / 036

II Topical Reports

B.2 Research Report on Shareholder Governance of Listed Companies
in Hebei Province (2021) *Shi Xiaofei* / 040

B.3 Research Report on Board Governance of Listed Companies
in Hebei Province (2021) *Shi Xiaofei* / 092

河北上市公司蓝皮书

B.4 Research Report on Board of Supervisors Governance of
 Listed Companies in Hebei Province (2021) *Shi Xiaofei* / 146
B.5 Research Report on Executive Governance of Listed Companies
 in Hebei Province (2021) *Shi Xiaofei* / 167
B.6 Research Report on Information Disclosure of Listed Companies
 in Hebei Province (2021) *Li Guirong* / 204
B.7 Research Report on Investor Relationship Management of
 Listed Companies in Hebei Province (2021) *Shi Xiaofei* / 239

Reference / 265
Postscript / 271

总 报 告

General Report

B.1
河北上市公司总体发展报告（2021）

石晓飞*

摘　要： 公司治理水平是上市公司质量的重要体现，完善公司治理是上市公司健康发展的根本保障，是企业规范化经营的内在要求，是监管机构对上市公司监督管理的重要内容。本报告通过将河北上市公司与全国上市公司对比、不同板块之间的河北上市公司对比，从股东治理、董事会治理、监事会治理、高管治理信息披露和投资者关系管理六个重要维度全面而系统地剖析了河北上市公司的公司治理发展现状，基于此提出了河北上市公司治理发展的若干政策建议。本报告有助于了解河北上市公司的发展状况和公司治理情况，为健全河北上市公司治理机制、改善公司治理水平提供了参考。

---

* 石晓飞，博士，河北经贸大学工商管理学院副院长、公司治理与企业成长研究中心主任，副教授，硕士生导师，主要研究领域为公司治理。

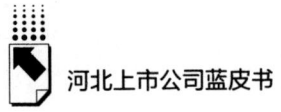

关键词： 上市公司　公司治理　河北

近年来，河北经济社会发展取得了巨大的成就，2020年河北生产总值为36206.9亿元，同比增长3.9%。① 同时，河北资本市场也迅速发展，阵容逐渐壮大，实力进一步增强，但与其他较为发达的省份相比，河北上市公司的发展还存在一定差距，仍有一定提升和完善的空间。为进一步规范上市公司运作，提升上市公司治理水平，保护投资者合法权益，促进资本市场稳定健康发展，河北省委、省政府制订了一系列促进河北资本市场健康发展的相关政策。根据《中华人民共和国公司法（2018修正）》（以下简称《公司法（2018修正）》）、《中华人民共和国证券法（2019修订）》（以下简称《证券法（2019修订）》）及《上市公司治理准则（2018修订）》《国务院批转证监会关于提高上市公司质量意见的通知》（国发〔2005〕34号）、《国务院办公厅关于规范发展区域性股权市场的通知》（国办发〔2017〕11号）等文件，出台了一系列关于上市公司的政策，包括《河北省人民政府关于大力推进我省资本市场发展的意见》（冀政〔2004〕126号）、《关于进一步加强省内上市公司国有股权管理和规范国有股东行为的意见》（冀国资字〔2004〕166号）、《河北省人民政府关于提高我省上市公司质量的实施意见》（冀政〔2006〕53号）、《河北省人民政府办公厅关于印发河北省促进股权投资基金业发展办法的通知》（冀政办字〔2016〕186号）、《河北省人民政府办公厅关于规范发展区域性股权市场的通知》（冀政办字〔2017〕28号）、《关于印发〈河北省企业挂牌上市融资奖励资金管理办法〉的通知》（冀金监字〔2019〕1号）等，积极鼓励地区内企业上市，积极推动河北实体经济进入资本市场。

本报告对河北上市公司的发展概况以及河北上市公司治理整体情况进行了介绍，包括河北上市公司发展脉络、河北上市公司治理现状分析和河北上市公

---

① 数据来源：国家统计局。

司治理发展政策建议三部分内容。通过对河北上市公司的整体分析,并与全国上市公司的发展情况进行对比,从而更全面地展现河北上市公司的发展状况。

一 河北上市公司发展脉络

上市公司对增强地方经济活力和促进企业转型升级具有重要作用,是承载地区经济发展和产业结构优化的重要力量。上市公司的数量和质量是衡量一个地区经济发展水平和城市竞争力的关键指标,也在一定程度上体现了该地区和城市的社会经济开放程度,上市公司能够引领和带动整个地区的创新能力,有助于地区经济发展水平的提升。本报告分析了河北上市公司的发展历程、全国境内上市公司基本情况以及河北境内及境外上市公司分布情况,并将河北上市公司和全国上市公司的基本情况进行了对比。

(一)河北上市公司发展历程

1990年11月26日上海证券交易所上线,1991年12月16日登陆沪市的"老八股"成为中国首批上市公司。经过三十年的发展,中国A股上市公司经历了翻天覆地的变化,截至2020年12月31日,中国上市公司数量从1991年的8家增长到4140家,总市值也从最初的23.82亿元激增至796487亿元。① 河北上市公司也经历了从无到有的发展历程,截至2020年12月31日已有61家②,市值累计12139.90亿元,其中,26家上市公司市值超100亿元,4家上市公司市值超500亿元,1家上市公司市值超1000亿元,上市公司迅速发展的同时促进了河北经济发展,也带动了就业。③

1994年1月,新奥股份(证券代码:600803)和华北制药(证券代码:

---

① 数据根据国泰安数据库、国家统计局数据整理。
② 1991~2020年河北IPO公司共有69家,其中,注册地变更的有6家(金谷源、石炼化、恒信移动、石劝业、耀华玻璃和华创阳安);退市的有4家(邯郸钢铁、太行水泥、承德钒钛、石油龙昌);2003年华夏幸福、2010年科融环境注册地变更为河北,因此,截至2020年12月31日河北上市公司数量为61家。
③ 数据根据国泰安数据库数据整理。

600812）在上海证券交易所上市，成为河北首批上市公司。1996年冀东水泥（证券代码：000401）、金谷源（证券代码：000408）、东旭光电（证券代码：000413）耀华玻璃（证券代码：600716）、石劝业（证券代码：600892）等8家公司分别在深圳证券交易所和上海证券交易所上市，其中，金谷源、耀华玻璃和石劝业3家上市公司注册地发生变更。1997年，华讯方舟（证券代码：000687）、河钢股份（证券代码：000709）、新兴铸管（证券代码：000778）、石炼化（证券代码：000783）等6家公司在深圳证券交易所上市，其中，石炼化于2007年12月完成注册地变更。1998年共有4家公司上市，分别为冀东装备（证券代码：000856）、邯郸钢铁（证券代码：600001）、乐凯胶片（证券代码：600135）和华创阳安（证券代码：600155），其中，邯郸钢铁于2009年12月29日退市，华创阳安于2019年1月完成注册地变更。1999年，河钢资源（证券代码：000923）、冀中能源（证券代码：000937）等4家公司分别在深圳证券交易所和上海证券交易所上市。截至1999年底，河北上市公司共计24家。

由于股市低迷，2000~2004年仅有11家公司上市。2000年，常山北明（证券代码：000158）和沧州大化（证券代码：600230）2家公司分别在深圳证券交易所和上海证券交易所上市；2001年仅有保变电气（证券代码：600550）1家公司在上海证券交易所上市；2002年，承德钒钛（证券代码：600357）、太行水泥（证券代码：600553）和老白干酒（证券代码：600559）3家公司在上海证券交易所上市，其中，承德钒钛和太行水泥分别于2009年和2011年退市；2003年，三友化工（证券代码：600409）和凌云股份（证券代码：600480）在上海证券交易所上市；2004年中国动力（证券代码：600482）、福成股份（证券代码：600965）和开滦股份（证券代码：600997）3家公司在上海证券交易所上市。

2004年，国务院出台的《国务院关于推进资本市场改革开放和稳定发展的若干意见》中明确指出，在统筹考虑资本市场合理布局和功能定位的基础上，逐步建立满足不同类型企业融资需求的多层次资本市场体系，分步推进创业板市场建设，拓展中小企业融资渠道。为了贯彻党的十六届三中全会精神和《国务院关于推进资本市场改革开放和稳定发展的若干意见》中的相关要求，2004年深圳证券交易所设置了中小型公司聚集板块——中小企业板。2005年，晶源电子（证券代码：002049）[①] 在深圳证券交易所中小企业板上市，成为河北第一家中小企业板上市公司。[②] 2007年，沧州明珠（证券代码：002108）和荣盛发展（证券代码：002146）2家公司在深圳证券交易所中小企业板上市。2009年，仅博深股份（证券代码：002282）1家公司在中小企业板上市，成为河北第一家在A股上市的民营企业。

2009年10月30日，中国创业板正式上市，我国首批在创业板上市的企业有28家。2010年，河北共有9家公司上市，其中，在中小企业板上市的公司有4家，分别为巨力索具（证券代码：002342）、龙星化工（证券代码：002442）、晶澳科技（证券代码：002459）和华斯股份（证券代码：002494）；在创业板上市的公司有4家，分别为恒信东方（证券代码：300081）、建新股份（证券代码：300107）、先河环保（证券代码：300137）和晨光生物（证券代码：300138），其中，恒信东方于2019年1月将注册地由河北省石家庄市变更为北京市；仅唐山港（证券代码：601000）1家在主板上市。

2011年，以岭药业（证券代码：002603）、常山药业（证券代码：300255）、庞大集团（证券代码：601258）、长城汽车（证券代码：601633）4家公司上市。2012年，仅石中装备（证券代码：002691）[③] 在中小企业板上市。2014年，汇金股份（证券代码：300368）和汇中股份（证券代码：300371）2家公司同时在创业板上市。2015年，河北又有3家公司在创业板上市，分别为四通新材（证券代码：300428）、乐凯新材（证券代码：300446）和通合科技（证券代码：300491）。

2017年，秦港股份（证券代码：601326）、科林电气（证券代码：603050）、惠达卫浴（证券代码：603385）和三孚股份（证券代码：603938）4家公司上

[①] 2012年7月23日，"唐山晶源裕丰电子股份有限公司"名称变更为"同方国芯电子股份有限公司"；2016年6月20日改名为"紫光国芯股份有限公司"；2018年5月8日改名为"紫光国芯微电子股份有限公司"，中文证券简称为"紫光国微"，证券代码为002049。

[②] 2006年没有公司在河北IPO上市，但有一家石油龙昌（证券代码：600772）退市，本部分从上市角度梳理发展历程，故未在原文中写明。

[③] 2015年7月6日，"石家庄中煤装备制造股份有限公司"名称变更为"冀凯装备制造股份有限公司"，中文证券简称为"冀凯股份"，证券代码为002691。

市。2018年，仅养元饮品（证券代码：603156）1家公司上市。2019年，青鸟消防（证券代码：002960）和新诺威（证券代码：300765）2家公司上市。2020年新天绿能（证券代码：600956）、中船汉光（证券代码：300847）、康泰医学（证券代码：300869）和天秦装备（证券代码：300922）4家公司上市。

截至2020年12月31日，河北IPO（首次公开募股）公司数为69家，占全国A股上市公司IPO数量的1.65%（见表1）。

表1　1990~2020年河北IPO公司数量及占比情况

单位：家，%

年份	IPO公司数量		占比	年份	IPO公司数量		占比
	全国	河北			全国	河北	
1990	8	0	0.00	2006	53	0	0.00
1991	5	0	0.00	2007	116	2	1.72
1992	40	0	0.00	2008	75	0	0.00
1993	130	0	0.00	2009	93	1	1.08
1994	108	2	1.85	2010	345	9	2.61
1995	32	0	0.00	2011	279	4	1.43
1996	207	8	3.86	2012	152	1	0.66
1997	215	6	2.79	2013	4	0	0.00
1998	107	4	3.74	2014	124	2	1.61
1999	97	4	4.12	2015	214	3	1.40
2000	139	2	1.44	2016	225	0	0.00
2001	72	1	1.39	2017	433	4	0.92
2002	64	3	4.69	2018	99	1	1.01
2003	63	2	3.17	2019	201	2	1.00
2004	90	3	3.33	2020	395	4	1.01
2005	4	1	25.00	合计	4189	69	1.65

数据来源：国泰安数据库。

（二）全国境内上市公司基本情况

截至2020年12月31日，河北上市公司数量为61家，其中，新天绿能同时发行A股和H股（A股的证券代码：600956，H股的证券代码：00956）。截至2020年12月31日，河北上市公司和其他各省份（不含港澳台地区）上市公司数量对比见表2。

表2 截至2020年12月31日中国31个省（区、市）上市公司数量

单位：家，%

排名	省份	上市公司数量	占全国比例
1	广东	675	16.30
2	浙江	517	12.49
3	江苏	481	11.62
4	北京	380	9.18
5	上海	339	8.19
6	山东	227	5.48
7	福建	150	3.62
8	四川	136	3.29
9	安徽	126	3.04
10	湖南	117	2.83
11	湖北	114	2.75
12	河南	87	2.10
13	辽宁	75	1.81
14	河北	61	1.47
15	天津	60	1.45
16	陕西	59	1.43
16	新疆	59	1.43
18	重庆	56	1.35
19	江西	55	1.33
20	吉林	45	1.09
21	黑龙江	39	0.94
21	山西	39	0.94
23	广西	38	0.92
24	云南	37	0.89
25	甘肃	34	0.82
26	海南	32	0.77
27	贵州	31	0.75
28	内蒙古	25	0.60
29	西藏	20	0.48
30	宁夏	14	0.34
31	青海	12	0.30
	合计	4140	1

数据来源：国泰安数据库。

截至 2020 年底,广东、浙江和江苏的上市公司数量位列全国前三,占全国的 40.41%,集中了全国四成的上市公司。截至 2020 年 12 月 31 日,河北仅有 61 家 A 股上市公司,占全国上市公司总数(4140)的 1.47%,上市公司数量排名全国第 14。2020 年,河北地区生产总值(GDP)为 36206.9 亿元,排名全国第 12。河北上市公司数量在全国上市公司的排名低于其在全国地区生产总值的排名,这也从侧面反映出河北上市公司数量相对较少。

要进一步说明的是,截至 2020 年 12 月 31 日,耀华玻璃、石劝业、石炼化、金谷源、华创阳安和恒信东方 6 家上市公司因股权转让、重组等原因被其他省份的股东控股,并变更注册地,不再属于河北的上市公司(见表3)。

表 3　河北上市公司变更注册地情况

证券代码	原公司名称	原公司注册地	上市时间	现公司名称	现公司注册地	变更注册地时间
600716	耀华玻璃	河北省秦皇岛市	1996 年 7 月 2 日	凤凰股份	江苏省南京市	2010 年 1 月 26 日
600892	石劝业	河北省石家庄市	1996 年 3 月 15 日	宝诚投资	北京市	2010 年 12 月 28 日
000783	石炼化	河北省石家庄市	1997 年 7 月 31 日	长江证券	湖北省武汉市	2007 年 12 月 19 日
000408	金谷源	河北省邯郸市	1996 年 6 月 28 日	藏格控股	青海省格尔木市	2016 年 8 月 19 日
600155	华创阳安	河北省保定市	1998 年 9 月 18 日	华创阳安	北京市	2019 年 1 月 2 日
300081	恒信东方	河北省石家庄市	2010 年 4 月 26 日	恒信东方	北京市	2019 年 1 月 14 日

数据来源:国泰安数据库和上市公司年报。

1. 耀华玻璃

秦皇岛耀华玻璃股份有限公司经河北省人民政府冀股办〔1995〕9 号文批准,由中国耀华玻璃集团公司作为主发起人,与河北省建设投资公司、国家建材局秦皇岛玻璃研究设计院、渤海铝业有限公司、秦皇岛北山发电股份有限公司共同发起并采用社会募集方式设立的股份有限公司。主营业务为玻璃、工业技术玻璃及其制品、不饱和聚酯树脂及玻璃钢制品的生产销售，开展国内、国外合资、合作经营、补偿贸易等，自产产品和技术出口业务与所需原辅材料、机械设备、零配件及相关技术出口，公司控股股东一直为中国耀华玻璃集团公司。①

2009年9月29日，中国证券监督管理委员会（以下简称中国证监会）《关于核准秦皇岛耀华玻璃股份有限公司重大资产重组及向江苏凤凰出版传媒集团有限公司发行股份购买资产的批复》（证监许可〔2009〕1030号）核准耀华玻璃重大资产重组及向江苏凤凰出版传媒集团有限公司发行股份购买相关资产。公司于2010年1月26日在江苏省工商行政管理局办理公司名称变更登记手续。公司名称由"秦皇岛耀华玻璃股份有限公司"变更为"江苏凤凰置业投资股份有限公司"，注册地由河北省秦皇岛市变更为江苏省南京市。

2. 石劝业

石家庄劝业场股份有限公司，于1986年11月25日经石家庄市人民政府市政〔1986〕131号文批准组建，并经中国人民银行河北省分行〔1986〕冀银发字284号文批准向社会公开招股而设立，是河北第一家向社会公开募集股份设立的商业股份制公司。1996年3月，公司1530.97万社会个人股获准在上海证券交易所上市交易，控股股东为湖南大学百泉集团公司。2003年6月，湖南大学百泉集团公司与中国华兴汽车贸易集团有限公司（现已更名为中国华星氟化学投资集团有限公司）签署了《股份转让协议》，控股股东由湖南大学百泉集团公司变更为中国华兴汽车贸易集团有限公司。②

2010年4月29日，中国华星氟化学投资集团有限公司与深圳市钜盛华实业发展有限公司签订了《股份转让协议》，向钜盛华公司转让持有的公司有限售条件流通股份1190.41万股，占公司总股本的18.86%。2010年6月17日，上述股份完成登记，钜盛华公司第一大股东的控股股东为深圳市宝能投资集团有限公司。2010年12月28日，公司名称变更为"宝诚投资股

---

① 资料来源于巨潮资讯网上市公司年报。
② 资料来源于巨潮资讯网上市公司年报。

份有限公司",公司注册地由河北省石家庄市中山东路51号变更为北京市西城区阜成门外大街7号国投大厦1107室。

3. 石炼化

1997年,由中国石化石家庄炼油厂独家发起、募集设立石家庄炼油化工股份有限公司,是国家重要的基础原材料工业企业,属于国家重点扶植的支柱产业,公司主要从事炼油、化工、化纤的技术研发和生产工作。

长江证券有限责任公司的前身为湖北证券公司,经湖北省人民政府和中国人民银行湖北省分行批准于1991年3月18日成立。中国证监会于2000年2月24日核准了增资扩股方案,使其发展成综合性证券公司。2007年12月5日经中国证监会核准,石家庄炼油化工股份有限公司以定向回购、重大资产出售等方式新增股份吸收合并长江证券有限责任公司,合并成新的长江证券有限责任公司。① 2007年12月19日,公司完成迁址、变更法人代表等工商登记手续,正式更名为长江证券股份有限公司,注册地由河北省石家庄市变更为湖北省武汉市。

4. 金谷源

1996年,经河北省人民政府冀股办〔1996〕2号文批准,由原邯郸陶瓷(集团)总公司将其所属第一瓷厂、第二瓷厂、工业瓷厂经资产重组后和其他四家共同发起以募集方式设立金谷源股份有限公司,第一大股东为邯郸陶瓷集团有限公司。②

2001年2月,公司控股股东由邯郸陶瓷集团有限责任公司变更为军神实业有限公司;2003年6月,公司控股股东由军神实业有限公司变更为北京路源世纪投资管理有限公司;2016年7月,公司控股股东由北京路源世纪投资管理有限公司变更为青海藏格投资有限公司。2016年8月19日,公司完成了注册地及法定代表人变更的工商登记手续并取得了青海省工商管理部门换发的营业执照,注册地由河北省邯郸市变更为青海省格尔木市。

---

① 资料来源于巨潮资讯网上市公司年报。
② 资料来源于巨潮资讯网上市公司年报。

5. 华创阳安

华创阳安股份有限公司曾用名为河北宝硕股份有限公司，经河北省人民政府股份制领导小组办公室冀股办〔1998〕第 24 号文批准，由原河北保塑集团有限公司（后更名为河北宝硕集团有限公司，以下简称宝硕集团）独家发起，以募集方式设立的股份有限公司，公司总股本为 20000 万股。经上海证券交易所〔1998〕57 号文件批准，1998 年 9 月 18 日公司股票在上海证券交易所挂牌交易。① 公司股票简称"华创阳安"，股票代码"600155"。

2001 年 7 月 26 日，华创阳安在河北省工商行政管理局办理变更注册登记，注册资本变更为 41250 万元。经河北省人民政府国有资产监督管理委员会《关于河北宝硕股份有限公司股权分置改革有关问题的批复》（冀国资发产权〔2006〕129 号）和中华人民共和国财政部《关于中国信达资产管理公司参与河北宝硕股份有限公司股权分置改革有关问题的批复》（财金函〔2006〕43 号）批准，同意公司进行股权分置改革。

2018 年 6 月 12 日、2018 年 6 月 28 日召开公司第六届董事会第十五次会议和 2018 年第一次临时股东大会，审议通过了《关于变更公司名称的议案》和《关于修订〈公司章程〉的议案》，同意公司名称由"河北宝硕股份有限公司"变更为"华创阳安股份有限公司"，并相应修订公司章程及相关制度中对应部分的内容，2019 年 1 月 2 日，华创阳安股份有限公司完成公司名称及注册地工商变更登记，注册地由河北省保定市变更为北京市。

6. 恒信东方

2001 年 11 月 3 日，经河北省人民政府冀股办〔2001〕100 号文件《关于同意发起设立河北恒信移动商务股份有限公司的批复》，孟宪民等 5 位自然人发起设立恒信移动商务文化股份有限公司。

恒信移动于 2010 年 4 月 26 日在深圳证券交易所上市，所属行业为移动信息通信行业类。2017 年 6 月 5 日，公司名称由恒信移动商务股份有限公司变更为恒信东方文化股份有限公司。2018 年 12 月 21 日，公司第六届董

---

① 资料来源于巨潮资讯网上市公司年报。

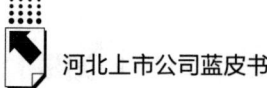

事会第二十五次会议审议通过了《关于变更公司注册地址、经营范围及修订〈公司章程〉的议案》。根据公司经营发展需要,结合公司实际经营情况,公司注册地址由石家庄高新技术开发区天山大街副 69 号变更为北京市东城区藏经馆胡同 2 号。

(三)河北境内上市公司分布情况

本部分从行业分布情况、板块分布情况、地区分布情况和股权结构及股权性质四个方面对河北境内上市公司分布情况进行了分析。

1. 河北境内上市公司行业分布情况

按照中国证监会公布的《上市公司分类与代码》标准,上市公司的分类一般可以分为农、林、牧、渔业,采矿业,制造业,电力、燃气及水的生产和供应业,交通运输、仓储和邮政业,批发和零售业,金融业等大类行业,具体还包括次类行业、中类行业和小类行业。中国证监会公布的《上市公司分类与代码》的分类原则是:非股权投资类上市公司以公司经会计师事务所审计的年度合并报表中的营业收入比重为分类指标;股权投资类上市公司以公司长期股权投资占总资产的比重为分类指标。上市公司所从事的经营活动决定了企业的性质,对企业的技术水平和盈利能力起着决定作用。我国 A 股上市公司的行业分布主要集中在制造业、电子信息技术业和金融业,其次是批发和零售业,交通运输、仓储和邮政业,金融业。

目前,河北 61 家上市公司中,制造业企业占大多数,数量为 51 家,占河北上市公司的 83.61%,由此可见河北上市公司产业结构特点以制造业为主。河北上市公司在其他行业中的分布为:3 家电力、燃气及水的生产和供应业企业,占河北上市公司的 4.92%;2 家采矿业企业,2 家交通运输、仓储和邮政业企业,各占河北上市公司的 3.28%;1 家农、林、牧、渔业企业,1 家批发和零售业,1 家金融业企业,各占河北上市公司的 1.64%(见表 4)。

河北上市公司总体发展报告（2021）

表4　截至2020年12月31日河北61家上市公司行业分布情况

证券代码	证券名称	行业大类	行业细分
600965	福成股份	农、林、牧、渔业	畜牧业
600997	开滦股份	采矿业	煤炭开采和洗选业
000937	冀中能源		
600135	乐凯胶片	制造业	化学原料及化学制品制造业
600230	沧州大化		
600409	三友化工		
600722	金牛化工		
600803	新奥股份		
603938	三孚股份		
002442	龙星化工		
300107	建新股份		
300446	乐凯新材		
000923	河钢资源		专用设备制造业
002459	晶澳科技		
002691	冀凯股份		
300368	汇金股份		
300869	康泰医学		
600340	华夏幸福		电气机械及器材制造业
600482	中国动力		
600550	保变电气		
600340	华夏幸福		
603050	科林电气		
300491	通合科技		
603385	惠达卫浴		非金属矿物制品业
000401	冀东水泥		
000856	冀东装备		
000413	东旭光电		电子元器件制造业
002049	紫光国微		
002960	青鸟消防		电子计算机及相关设备制造业
300847	中船汉光		
600149	廊坊发展		通用机械、设备制造业
300152	科融环境		
002282	博深股份		其他制造业
002342	巨力索具		
300922	天秦装备		

续表

证券代码	证券名称	行业大类	行业细分
300138	晨光生物	制造业	生物制品业
300255	常山药业		
002108	沧州明珠		
600812	华北制药		医药制造业
002603	以岭药业		
600559	老白干酒		饮料制造业
000848	承德露露		
000158	常山北明		纺织业
000709	河钢股份		黑色金属冶炼及压延加工业
000687	华讯方舟		化学纤维制造业
601633	长城汽车		交通运输设备
000778	新兴铸管		金属制品业
603156	养元饮品		饮料制造业
002494	华斯股份		毛皮鞣制及其制品业
300765	新诺威		食品制造业
600480	凌云股份		橡胶制造业
300137	先河环保		仪器仪表及文化、办公用机械制造业
300371	汇中股份		
300428	四通新材		有色金属冶炼及压延加工业
600956	新天绿能	电力、燃气及水的生产和供应业	燃气生产和供应业
000600	建投能源		电力、热力的生产和供应业
000958	东方能源		
601000	唐山港	交通运输、仓储和邮政业	水上运输业
601326	秦港股份		
601258	庞大集团	批发和零售业	零售业
000889	中嘉博创	金融业	房地产开发与经营业

数据来源：国泰安数据库和上市公司年报。

2. 河北境内上市公司板块分布情况

目前我国企业能够选择的上市路径主要有在内地上市、赴港上市和国外上市，在内地上市的主要有主板（沪市 A 股、深市 A 股）、中小企业板和创业板。河北 A 股上市公司主要分布在主板、中小企业板和创业板。本部分主要对河北上市公司主板、中小企业板和创业板的分布情况进行统计，表5和图1中具体列示了河北上市公司在各板块的分布情况。

截至2020年12月31日，河北61家上市公司中，主板上市公司共有36家，约占总数的59.0%，其中，有23家公司在沪市A股上市，约占总数的37.7%，有13家公司在深市A股上市，约占总数的21.3%；有14家公司在创业板上市，约占总数的23.0%；有11家公司在中小企业板上市，约占总数的18.0%（见图1）。通过河北上市公司板块分布情况可以看出河北大部分上市公司集中在主板（见表5）。

表5　截至2020年12月31日河北61家上市公司板块分布情况

证券代码	证券名称	所属板块
600135	乐凯胶片	沪市A股
600149	廊坊发展	
600230	沧州大化	
600340	华夏幸福	
600409	三友化工	
600480	凌云股份	
600482	中国动力	
600550	保变电气	
600559	老白干酒	
600722	金牛化工	
600803	新奥股份	
600812	华北制药	
600956	新天绿能	
600965	福成股份	
600997	开滦股份	
601000	唐山港	
601258	庞大集团	
601326	秦港股份	
601633	长城汽车	
603050	科林电气	
603156	养元饮品	
603385	惠达卫浴	
603938	三孚股份	

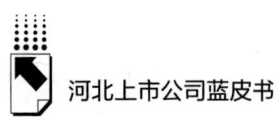

续表

证券代码	证券名称	所属板块
000158	常山北明	深市A股
000401	冀东水泥	
000413	东旭光电	
000600	建投能源	
000687	华讯方舟	
000709	河钢股份	
000778	新兴铸管	
000848	承德露露	
000856	冀东装备	
000889	中嘉博创	
000923	河钢资源	
000937	冀中能源	
000958	东方能源	
002049	紫光国微	中小企业板
002108	沧州明珠	
002146	荣盛发展	
002282	博深股份	
002342	巨力索具	
002442	龙星化工	
002459	晶澳科技	
002494	华斯股份	
002603	以岭药业	
002691	冀凯股份	
002960	青鸟消防	
300107	建新股份	创业板
300137	先河环保	
300138	晨光生物	
300152	科融环境	
300255	常山药业	
300368	汇金股份	
300371	汇中股份	
300428	四通新材	
300446	乐凯新材	
300491	通合科技	
300765	新诺威	
300847	中船汉光	
300869	康泰医学	
300922	天秦装备	

数据来源：国泰安数据库和上市公司年报。

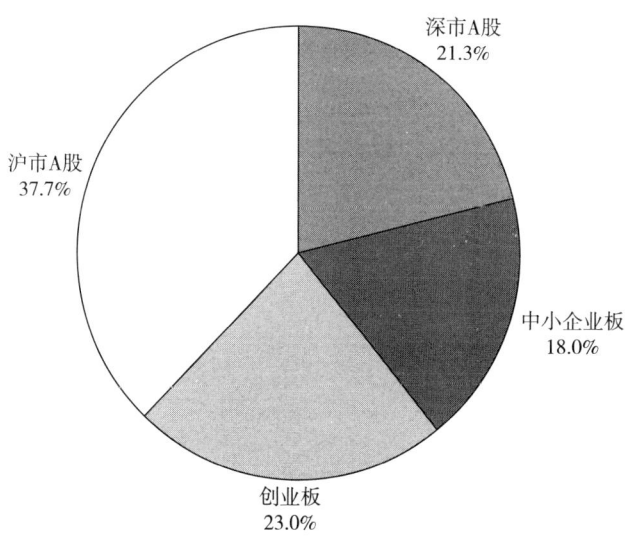

图 1　河北上市公司板块分布占比

数据来源：国泰安数据库和上市公司年报。

3. 河北上市公司地区分布情况

一个地区的上市公司数量基本上与该地区产业优势及经济发展水平相对应，拥有的上市公司数量越多，则能够给该地区带来越多的融资便利，带动资本向本地流动，使得地方经济能够享受到资本市场资源配置的倾斜，从而带动地方经济的发展。① 河北现设11个地级市及雄安新区，11个地级市分别为：石家庄、唐山、秦皇岛、邯郸、邢台、张家口、承德、廊坊、沧州、保定和衡水。

截至2020年12月31日，河北61家上市公司分布在全省11个地级市和雄安新区，其中，石家庄有16家，唐山有11家，保定有9家，沧州和秦皇岛各有5家，邯郸、廊坊和邢台各有3家，衡水和张家口各有2家，承德和雄安新区各有1家。石家庄上市公司数量占河北上市公司总数的26.23%，唐山上市公司数量占河北上市公司总数的18.03%，保定上市公

---

① 鄢波、王华、杜勇：《地方上市公司数量、产权影响与政府的资助之手》，《经济管理》2014年第7期，第164~175页。

司数量占河北上市公司总数的 14.75%。石家庄、唐山、保定集中了河北上市公司总数的 59.02%，而承德和雄安新区分别仅有 1 家上市公司。目前，河北上市公司地区间分布差异较大（见表6和图2）。

表6　截至2020年12月31日河北61家上市公司地区分布情况

单位：家

数量排名	地区	上市公司数量	证券代码	证券名称
1	石家庄	16	600803	新奥股份
			600812	华北制药
			600956	新天绿能
			603050	科林电气
			000158	常山北明
			000413	东旭光电
			000600	建投能源
			000958	东方能源
			002282	博深股份
			002603	以岭药业
			002691	冀凯股份
			300137	先河环保
			300255	常山药业
			300368	汇金股份
			300491	通合科技
			300765	新诺威
2	唐山	11	600409	三友化工
			600997	开滦股份
			601000	唐山港
			601258	庞大集团
			603385	惠达卫浴
			603938	三孚股份
			000401	冀东水泥
			000709	河钢股份
			000856	冀东装备
			002049	紫光国微
			300371	汇中股份

续表

数量排名	地区	上市公司数量	证券代码	证券名称
3	保定	9	600135	乐凯胶片
			600480	凌云股份
			600482	中国动力
			600550	保变电气
			601633	长城汽车
			000687	华讯方舟
			002342	巨力索具
			300428	四通新材
			300446	乐凯新材
4	沧州	5	600230	沧州大化
			600722	金牛化工
			002108	沧州明珠
			002494	华斯股份
			300107	建新股份
4	秦皇岛	5	601326	秦港股份
			000889	中嘉博创
			002459	晶澳科技
			300869	康泰医学
			300922	天秦装备
6	邯郸	3	000778	新兴铸管
			300138	晨光生物
			300847	中船汉光
6	廊坊	3	600340	华夏幸福
			600965	福成股份
			002146	荣盛发展
6	邢台	3	600149	廊坊发展
			000937	冀中能源
			002442	龙星化工
9	衡水	2	600559	老白干酒
			603156	养元饮品
9	张家口	2	000923	河钢资源
			002960	青鸟消防
11	承德	1	000848	承德露露
11	雄安新区	1	300152	科融环境
	合计	61	—	

数据来源：国泰安数据库和上市公司年报。

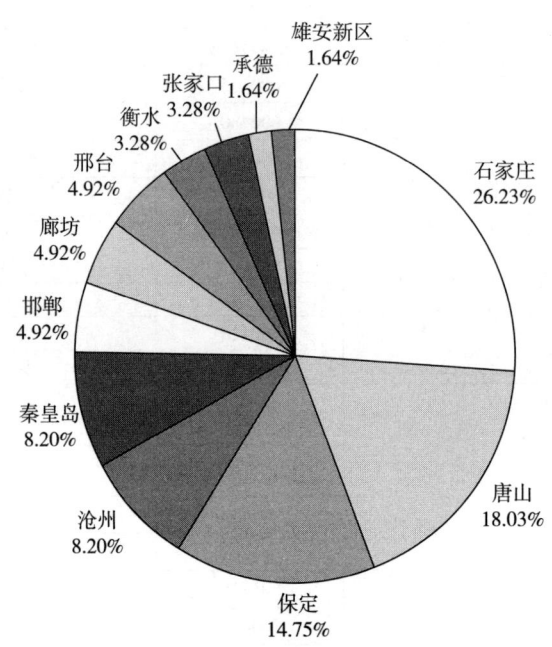

图2 截至2020年12月31日河北61家上市公司地区分布情况

数据来源：国泰安数据库和上市公司年报。

4. 河北上市公司股权结构及股权性质

在对上市公司进行分类时，依据公司属性的不同，可以把上市公司分为国有企业、民营企业、公众企业、集体企业、外资企业和其他企业。表7列示了河北上市公司的控股股东名称、控股股东持股比例、股份性质、所有权性质等情况。

截至2020年12月31日，河北61家A股上市公司中，所有权性质为国有企业的有26家，占河北上市公司的42.62%；所有权性质为民营企业的有35家，占河北上市公司的57.38%（见表7、图3）。在国有企业和民营企业的数量对比上，目前河北上市公司中民营企业数量是国有企业的1.35倍，在资本市场上已经拥有一定的地位。

河北上市公司总体发展报告（2021）

表7　截至2020年12月31日河北61家上市公司控股股东及股权性质

单位：%

序号	证券代码	证券名称	控股股东名称	控股股东持股比例	股份性质	所有权性质
1	600135	乐凯胶片	中国航天科技集团有限公司	34.11	流通A股	国有企业
2	600149	廊坊发展	廊坊市自然资源和规划局	15.30	流通A股	国有企业
3	600230	沧州大化	中国化工集团有限公司	23.58	流通A股	国有企业
4	600409	三友化工	中国东方资产管理股份有限公司	13.37	国有法人股，流通A股	国有企业
5	600480	凌云股份	国务院国有资产管理委员会	29.62	流通A股	国有企业
6	600482	中国动力	国务院国有资产监督管理委员会	50.35	国有法人股，流通A股	国有企业
7	600550	保变电气	国务院国有资产监督管理委员会	63.69	国有法人股，流通A股	国有企业
8	600559	老白干酒	衡水市财政局	26.56	流通A股	国有企业
9	600722	金牛化工	河北省国有资产监督管理委员会	50.02	流通A股	国有企业
10	600812	华北制药	河北省国有资产监督管理委员会	44.15	流通A股	国有企业
11	600956	新天绿能	河北省国资委	44.12	流通A股	国有企业
12	600997	开滦股份	河北省人民政府国有资产监督管理委员会	44.12	流通A股	国有企业
13	601000	唐山港	唐山市人民政府国有资产监督管理委员会	44.88	国有法人股，流通A股	国有企业
14	601326	秦港股份	河北省人民政府国有资产监督管理委员会	56.42	国有法人股	国有企业
15	000158	常山北明	石家庄市国有资产监督管理委员会	27.55	流通A股	国有企业
16	000401	冀东水泥	北京市人民政府国有资产监督管理委员会	10.56	流通A股	国有企业

021

续表

序号	证券代码	证券名称	控股股东名称	控股股东持股比例	股份性质	所有权性质
17	000600	建投能源	河北省政府国有资产监督管理委员会	65.63	国有法人股,流通A股	国有企业
18	000709	河钢股份	河北省人民政府国有资产监督管理委员会	62.22	流通A股	国有企业
19	000778	新兴铸管	国务院国有资产监督管理委员会	39.96	国有法人股,流通A股	国有企业
20	000856	冀东装备	北京市人民政府国有资产监督管理委员会	7.41	流通A股	国有企业
21	000923	河钢资源	河北省人民政府国有资产监督管理委员会	37.84	国有法人股,流通A股	国有企业
22	000937	冀中能源	河北省人民政府国有资产监督管理委员会	69.10	国有法人股,流通A股	国有企业
23	000958	东方能源	国务院国有资产监督管理委员会	39.66	国有法人股,流通A股	国有企业
24	002049	紫光国微	中华人民共和国教育部	18.56	流通A股	国有企业
25	300446	乐凯新材	国务院国有资产监督管理委员会	30.61	流通A股	国有企业
26	300847	中船汉光	中国船舶重工集团公司	34.11	流通A股	国有企业
27	600340	华夏幸福	王文学	35.35	流通A股	民营企业
28	600803	新奥股份	王玉锁	36.64	流通A股	民营企业
29	600965	福成股份	李高生	46.32	流通A股	民营企业
30	601258	庞大集团	庞庆华	20.42	流通A股	民营企业
31	601633	长城汽车	魏建军	34.94	流通A股	民营企业
32	603050	科林电气	张成锁	32.21	境内自然人持有股份,流通A股	民营企业
33	603156	养元饮品	姚奎章	27.55	境内法人持有股份,境内自然人持有股份,流通A股	民营企业

河北上市公司总体发展报告（2021）

续表

序号	证券代码	证券名称	控股股东名称	控股股东持股比例	股份性质	所有权性质
34	603385	惠达卫浴	王惠文	30.01	境内自然人持有股份,流通A股	民营企业
35	603938	三孚股份	孙任靖	65.92	境内法人持有股份,境内自然人持有股份	民营企业
36	000413	东旭光电	李青,李文廷,李兆廷,刘银庆	10.73	境内法人持有股份,流通A股	民营企业
37	000687	华讯方舟	吴光胜	11.31	境内法人持有股份,境内自然人持有股份,流通A股	民营企业
38	000848	承德露露	鲁伟鼎	40.68	流通A股	民营企业
39	000889	中嘉博创	吴鹰	1.75	流通A股	民营企业
40	002108	沧州明珠	于桂亭	9.52	流通A股	民营企业
41	002146	荣盛发展	耿建明	9.52	流通A股	民营企业
42	002282	博深股份	陈怀荣,程辉,吕桂芹,任京建,张淑玉	45.62	境内自然人持有股份,流通A股	民营企业
43	002342	巨力索具	杨会德,杨建国,杨建忠,杨子	32.77	境内自然人持有股份,流通A股	民营企业
44	002442	龙星化工	刘江山	20.4	流通A股	民营企业
45	002459	晶澳科技	范彩平,靳保芳	31.81	流通A股	民营企业
46	002494	华斯股份	贺国英	31.31	境内自然人持有股份,流通A股	民营企业
47	002603	以岭药业	吴瑞,吴相君,吴以岭	16.63	境内自然人持有股份,流通A股	民营企业
48	002691	冀凯股份	冯春保	30.19	流通A股	民营企业
49	002960	青鸟消防	北京北大青鸟环宇科技股份有限公司	38.27	流通A股	民营企业
50	300107	建新股份	朱守琛	39.39	境内自然人持有股份,流通A股	民营企业
51	300137	先河环保	李玉国	14.86	境内自然人持有股份,流通A股	民营企业
52	300138	晨光生物	卢庆国	19.12	境内自然人持有股份,流通A股	民营企业
53	300152	科融环境	毛凤丽	19.10	流通A股	民营企业

续表

序号	证券代码	证券名称	控股股东名称	控股股东持股比例	股份性质	所有权性质
54	300255	常山药业	高树华	35.69	境内自然人持有股份,流通A股	民营企业
55	300368	汇金股份	鲍喜波,刘锋,孙景涛	46.29	境内法人持有股份,境内自然人持有股份,流通A股	民营企业
56	300371	汇中股份	许文芝,张力新	40.26	境内自然人持有股份,流通A股	民营企业
57	300428	四通新材	藏氏家族	74.27	境内自然人持有股份,流通A股	民营企业
58	300491	通合科技	贾彤颖,李明谦,马晓峰	52.89	境内自然人持有股份	民营企业
59	300765	新诺威	蔡东晨	17.21	境内法人持有股份	民营企业
60	300869	康泰医学	胡坤	46.84	流通A股	民营企业
61	300922	天秦装备	宋金锁	34.69	流通A股	民营企业

数据来源:国泰安数据库和上市公司年报。

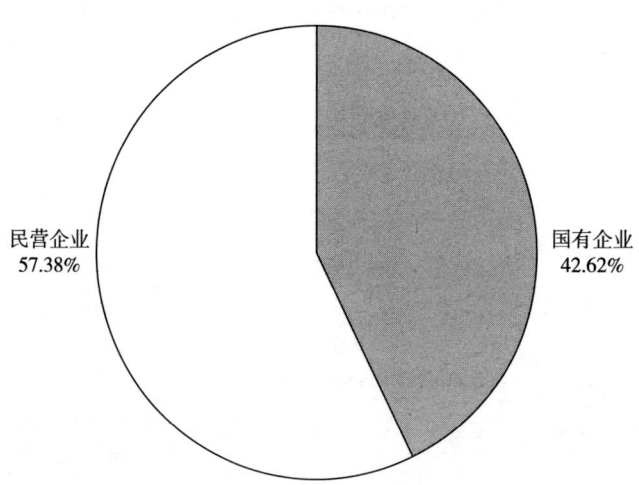

图3 截至2020年12月31日河北61家上市公司所有权性质占比

数据来源:国泰安数据库和上市公司年报。

（四）河北境外上市公司分布情况

在当前经济和金融全球一体化的背景下，伴随着中国经济全球影响力的不断提升，中国企业充分利用国内外资本市场进行全球融资已是大势所趋。上市公司境外上市有利于引进境外金融资源，突破企业融资瓶颈，弥补企业急需的巨额资金短缺，完善资本结构和公司治理机制，分担境内市场和企业成长中的风险。公司境外上市对构建企业与世界市场联系的重要平台、通过资金和信息的双向流动塑造更有市场竞争力和国际影响力的中国企业、推动中国证券市场的国际化进程都有着极为重要的作用。

1. 河北境外上市公司基本情况

1994年6月21日，石药集团（证券代码：01093）在香港联合交易所上市，成为河北第一家境外上市公司，2000年以前河北在境外上市的企业仅此1家。2002年6月3日，新奥能源（证券代码：02688）在香港联合交易所上市，注册地为开曼群岛（英属）。2005年10月19日，立中车轮（证券代码：E94）在新加坡证券交易所上市，成为河北第一家在新加坡上市的公司。2007~2009年，河北赴境外上市的3家企业均在美国上市，中国香港市场未新增河北的上市公司。2010年以后，中国香港成为河北企业赴境外上市的首选地，2011~2015年每年新增两家在香港联交所上市的河北公司，2016年有1家公司翼辰实业（证券代码：01596）在香港联合交易所上市。美国上市的河北上市公司主要集中在2007~2010年，2011年以来未有河北上市公司在美国上市。截至2020年12月31日，河北境外上市公司总数为34家（见表8）。

表8 截至2020年12月31日河北34家境外上市公司上市时间分布

单位：家

上市年份	数量	上市年份	数量
1994	1	1998	0
1995	0	1999	0
1996	0	2000	0
1997	0	2001	0

续表

上市年份	数量	上市年份	数量
2002	1	2012	2
2003	1	2013	2
2004	2	2014	2
2005	2	2015	2
2006	1	2016	1
2007	2	2017	3
2008	0	2018	2
2009	1	2019	2
2010	3	2020	2
2011	2	合计	34

数据来源：国泰安数据库和上市公司年报。

2. 河北境外上市公司市场分布

企业在选择上市交易所时，需要根据自身的发展战略和市场定位对不同交易所的优势进行评估。对于当前的中国企业来说，中国香港、美国、英国和德国都是值得重点考虑的主要海外市场。

河北的34家境外上市公司中，29家在香港联合交易所上市，占比为85.29%；4家在美国上市，占比为11.76%；1家在新加坡上市，占比为2.94%（见图4）。可见中国香港一直是河北上市公司境外上市的首选之地，在河北上市公司境外上市地中占据主导地位。

3. 河北境外上市公司行业分布

河北境外上市的企业主要集中在房地产、能源业、钢铁、工业机械和制药等具有传统优势的行业。目前在河北境外上市公司中，从事房地产的公司有5家；从事能源业的公司有4家，从事钢铁、工业机械和制药的公司各有3家；从事公用事业、建筑机械和汽车制造的公司各有2家；从事交通运输、金融、林业、通信业、电子制造的公司各有1家；从事其他制造业的公司有5家（见图5）。

4. 河北境外上市公司总部所在地分布

上市公司通过境外上市这一途径，使国际资本直接融入，有利于企

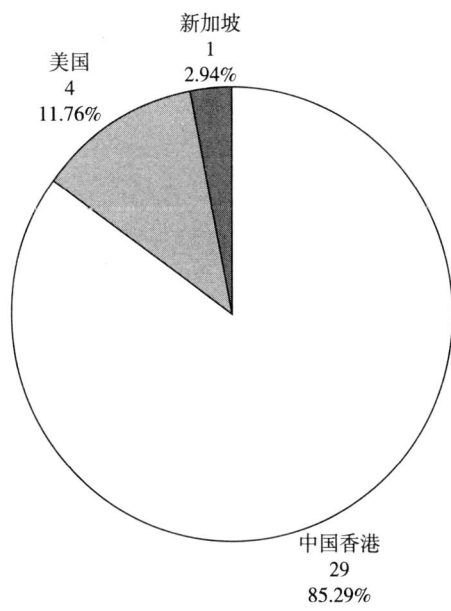

图4 截至2020年12月31日河北34家境外上市公司市场分布占比情况

数据来源：国泰安数据库和上市公司年报。

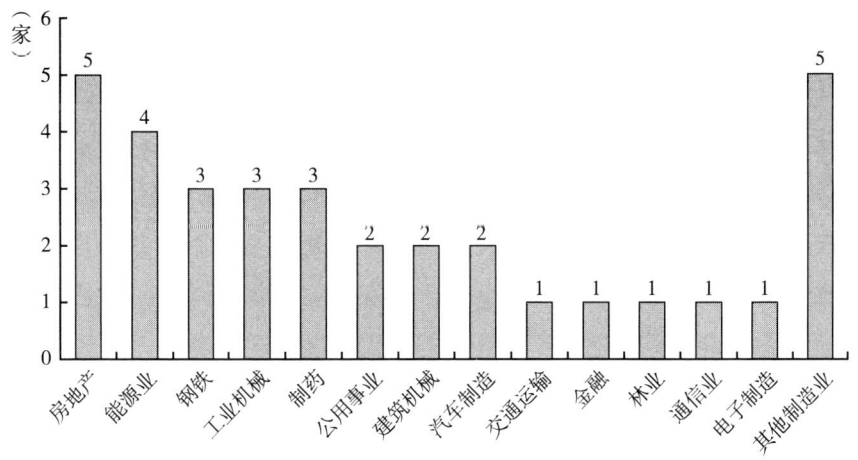

图5 截至2020年12月31日河北34家境外上市公司行业分布对比

数据来源：国泰安数据库和上市公司年报。

业在国际资本市场合理筹资,提升核心竞争力,极大地推动了当地经济的发展。

河北境外上市公司总部所在地分布在10个地级市,其中,石家庄的境外上市公司总部最多,有10家,占河北境外上市公司的29.41%;其次是保定和廊坊,分别有8家和5家,占河北境外上市公司的23.53%和14.71%;沧州有3家,占河北境外上市公司的8.82%;邢台和唐山分别有2家,各占河北境外上市公司的5.88%;而邯郸、衡水、秦皇岛和张家口各有1家企业,各占河北境外上市公司的2.94%。整体来看,河北境外上市公司总部所在地分布比较集中,位列前三的石家庄、保定、廊坊三个城市囊括了河北境外上市公司总数的67.65%(见图6)。

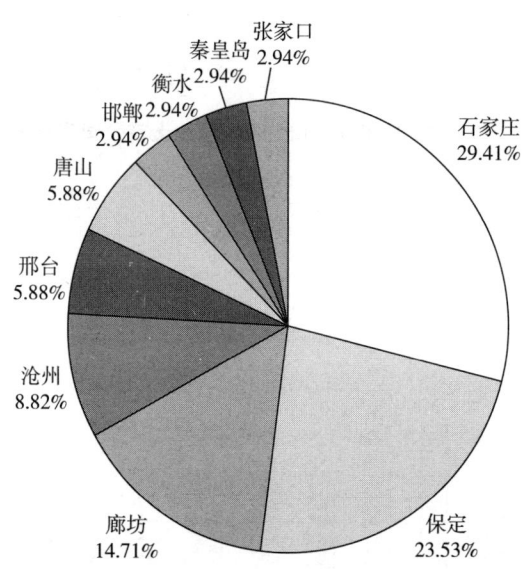

图6 2020年末河北34家境外上市公司总部所在地分布占比情况

数据来源:国泰安数据库和上市公司年报。

5. 河北境外上市公司注册地分布

随着贸易全球化的不断加剧,为促进企业更好的发展,许多企业把目光放到了境外地区,在境外注册公司已成为一种常态,离岸公司也已经是一种合法存在并被广泛使用的商业模式。上市公司选择离岸注册，首先，名称登记相对便捷，有利于商业活动的开展；其次，离岸公司办理我国国内银行的离岸银行业务，通过开设离岸账户的方式自由调动资金，资金往来方便，不受严格的资本监管；最后，离岸公司有利于税务筹划，降低投资运营成本。

截至2020年12月31日，河北34家境外上市公司中仅有6家在内地注册，占比为17.65%；而在境外注册的公司有28家，占比为82.35%。其中，在"避税天堂"英属开曼群岛注册的最多，有23家，占河北境外上市公司总数的67.65%，另外各有1家公司在美国、百慕大、新加坡注册，各占比为2.94%（见图7）。

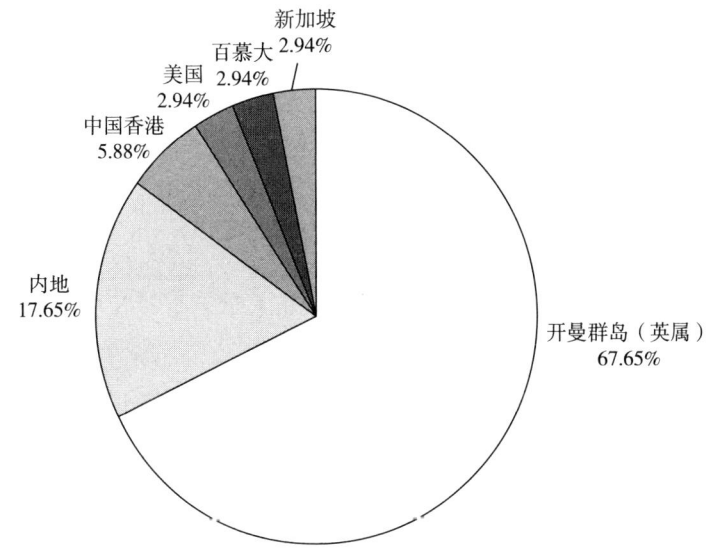

图7 截至2020年12月31日河北34家境外上市公司注册地分布比例

数据来源：国泰安数据库和上市公司年报。

二 河北上市公司治理现状分析

公司治理是通过正式或非正式的、内部或外部的制度或机制来协调公司与所有利益相关者之间利益关系，以保证公司决策的科学性与公正性，从而最终维护各方面利益的一种行为。公司治理结构是现代公司制度的核心，是公司治理有效性的基础，它是指所有者（股东）为了实现资源配置的有效性，对公司的管理和绩效变化进行监督、鼓励、控制和协调的一套制度安排，它反映了决定公司发展方向和绩效的参与者之间的关系。典型的公司治理结构是由所有者（股东）、董事会、监事会和经理层等形成的一定的相互关系框架。本报告主要从股东治理、董事会治理、监事会治理、高管治理、信息披露和投资者关系管理六个公司治理维度出发，将河北上市公司与全国上市公司、不同板块上市公司之间、不同上市公司之间进行对比，分析河北上市公司与全国上市公司存在的差异，以期为改善河北上市公司治理水平，提升公司绩效提供有益的借鉴和参考。

（一）河北上市公司股东治理情况

河北上市公司股东治理研究报告主要基于河北上市公司股东治理情况，从股东情况、股权集中度、股权制衡度、两权分离度和股东大会运行情况五类指标对股东治理情况进行了分析。

通过对 2016~2020 年河北上市公司股东人数、直接控股股东持股比例和实际控制人性质三个指标的分析，发现河北上市公司股东人数平均值呈下降趋势，但整体高于全国平均水平。河北上市公司在深市 A 股股东人数最多，创业板中股东人数平均值波动幅度较小。河北上市公司直接控股股东持股比例低于全国平均水平，且波动幅度较小，各板块间的直接控股股东持股比例差别较小。从实际控股人性质来看，国内自然人控制的河北上市公司数量最多，每年均超过 1/2，其次是国有企业和地方机构，实际控制人为中央机构的河北上市公司数量最少。

在股权集中度方面，通过 CR 指数和 H 指数对河北上市公司的股权集中度进行了分析，发现大部分河北上市公司股权集中程度较高。沪市 A 股和深市 A 股上市的上市公司相对于其他板块股权集中度较高；中小企业板股权集中度处于中游；创业板股权集中度相对较低，具有较为分散的股权结构，但近五年创业板股权集中度呈逐年增长的趋势。

在股权制衡度方面，2016～2019 年，河北 Z 指数平均值呈上升趋势，且整体略低于全国平均水平。河北上市公司整体 Z 指数平均值为 7 左右，即第一大股东持股比例是第二大股东持股比例的 7 倍左右，其中沪市 A 股和深市 A 股的 Z 指数平均值高于其他板块，但 Z 指数平均值整体呈下降趋势，中小企业板和创业板的 Z 指数平均值呈上升趋势。

在两权分离度方面，河北近五年两权分离度呈下降趋势，且略高于全国平均水平，说明河北上市公司实际控制人的控制权和现金流权分离程度在减弱。沪市 A 股、深市 A 股和中小企业板的两权分离度高于创业板，但呈下降趋势，说明沪市 A 股、深市 A 股和中小企业板上市公司实际控制人的控制权和现金流权分离程度在减弱；创业板的两权分离度较小，说明创业板实际控制人两权集中度高。

在股东大会运行情况方面，对河北上市公司股东大会会议次数、会议召开方式、会议表决方式以及会议出席股份比例进行了分析。通过分析河北股东大会运行情况发现，近三年河北上市公司在股东大会会议次数和会议出席股份比例方面略高于全国水平，各板块间的股东大会运行情况差距较小。

（二）河北上市公司董事会治理情况

河北上市公司董事会治理研究报告主要从董事会规模、董事会结构、独立董事制度、董事会行为和董事会运行五类指标对河北上市公司董事会治理情况进行了分析。

从董事会规模来看，河北上市公司近五年董事会规模平均值高于全国平均水平；河北上市公司在沪市 A 股、深市 A 股、中小企业板及创业板中董事会规模平均值差距较小，其中，在沪市 A 股和深市 A 股的董事会规模平均值较大，中小企业板和创业板的董事会规模平均值相对较小，且近五年各板块董事会规模平均值变动较小。

在董事会结构方面，主要从董事会成员年龄、董事会成员女性占比和董事会委员会设立个数三个方面进行了分析。河北上市公司董事会成员年龄平均在 50 岁左右，与全国上市公司董事会成员平均年龄相差较小，且各板块之间董事会平均年龄差距也较小；河北上市公司董事会成员女性占比方面，董事会成员女性占比低于全国平均水平，且近五年变动幅度不大，但在2020年董事会成员女性占比超过了全国上市公司董事会女性占比。各板块之间差距较大，相比于其他板块，中小企业板董事会成员女性占比较高，深市A股董事会女性占比较低。在董事会专业委员会方面，通过分析河北上市公司委员会设立个数发现，河北上市公司委员会设立个数平均值除2020年外均低于全国平均水平，各板块之间差距较小。

在独立董事制度方面，主要从独立董事人数、董事会独立性、独立董事年龄和独立董事与上市公司工作地点一致性四个方面进行了分析。河北上市公司董事会中独立董事占比较高，其中，沪市A股和深市A股上市公司独立董事占比相对较高，董事会结构相对合理，创业板上市公司独立董事占相对较低，近四年呈上升趋势。河北上市公司董事会独立性平均值略低于全国上市公司董事会独立性平均值。河北上市公司独立董事平均年龄在2016~2018年低于全国平均水平，2019年起高于全国平均水平，近五年整体呈上升趋势。在独立董事与上市公司工作地点一致性方面，河北上市公司独立董事与上市公司工作地点一致性高于全国平均水平，反映了河北上市公司中独立董事异地居多。通过各板块对比发现，沪市A股和深市A股的河北上市公司中本地独立董事占比较大，创业板中河北上市公司异地独立董事占比较大。

在董事会行为方面，主要从董事会持股数量、董事前三名薪酬总额和未领取薪酬的董事人数三个指标进行了分析。除2020年外，河北上市公司董事会持股数量高于全国平均水平，但近五年整体呈下降趋势，各板块中沪市A股、中小企业板和创业板中董事会持股数量较大，深市A股董事会持股数量较小。通过分析河北上市公司董事前三名薪酬发现，河北上市公司前三名董事薪酬总额平均值高于全国平均水平，中小企业板的上市公司前三名薪酬总额平均值较高，创业板较低，但整体呈上升趋势。在未领取薪酬的董事人数方面，河北上市公司未领取薪酬的董事人数平均值高于全国平均水平，中小企业板和创业板的上市公司未领取薪酬的董事人数平均值较小，沪市A股和深市A股较大。

在董事会运行方面,主要从董事会会议次数、会议方式两个方面进行了分析。首先对河北上市公司董事会会议次数进行了分析,董事会会议次数平均值近五年呈下降趋势,其中沪市 A 股和深市 A 股董事会会议次数平均值呈下降趋势,中小企业板和创业板呈上升趋势。其次对河北上市公司董事会会议方式进行了分析,董事会会议方式有现场会议和通讯会议,通过对比近五年数据发现,河北上市公司采取通讯会议方式的会议次数平均值呈上升趋势,现场会议方式的会议次数平均值呈下降趋势。

(三)河北上市公司监事会治理情况

河北上市公司监事会治理研究报告主要从监事会规模、监事会结构和监事会运行三类指标对河北上市公司监事会治理情况进行了分析。

从监事会规模方面来看,河北上市公司近五年监事会规模大于全国平均水平,但近五年呈下降趋势。河北上市公司在沪市 A 股和深市 A 股的监事会规模较大,中小企业板和创业板的监事会规模较小。

在监事会结构方面,主要从监事会成员年龄、监事会成员女性占比和监事会职工设置三个指标进行了分析。2016~2020 年河北上市公司监事会成员年龄均值整体呈上升趋势,与全国上市公司监事会成员平均年龄相差较小。深市 A 股和中小企业板的监事平均年龄相对较大,沪市 A 股和创业板的监事平均年龄较小,整体呈上升趋势。河北上市公司监事会成员女性占比低于全国平均水平,且近五年变动幅度较小。通过板块之间对比,各板块之间差距较大,其中,沪市 A 股上市公司监事会成员女性占比较高,深市 A 股上市公司监事会女性占比较低。河北上市公司职工监事人数低于全国平均水平,各板块之间存在差距,其中,沪市 A 股、深市 A 股的上市公司设置职工监事较多,中小企业板和创业板的上市公司设置职工监事较少。

在监事会运行方面,主要对监事会会议次数进行分析。河北上市公司监事会会议次数均值与全国平均水平相差较小,近五年呈上升趋势,其中,沪市 A 股和深市 A 股上市公司召开监事会会议的次数较多,中小企业板和创业板上市公司召开监事会会议的次数较少,但整体呈上升趋势。

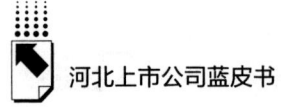

（四）河北上市公司高管治理情况

在高管规模方面，主要从高管人数方面进行了分析。河北上市高管人数平均值整体呈波动式下降趋势，从2018年起低于全国平均水平。河北上市公司在沪市A股、深市A股、中小企业板及创业板中的高管规模差距不大，且近五年不同板块高管规模整体呈下降趋势。在高管结构方面主要从高管年龄和高管学历背景两个方面进行分析。从年龄方面来看，河北上市公司董事长和总经理的平均年龄高于全国平均水平，且河北上市公司董事长和总经理的平均年龄近五年呈上升趋势，通过不同板块对比发现不同板块之间董事长和总经理平均年龄差别不大。从学历方面看，河北上市公司董事长博士学历和硕士学历的总和占比低于全国平均水平。通过对比河北上市公司各板块高管学历背景，沪市A股和深市A股上市公司董事长和总经理的学历构成更优。

在高管双重任职方面，河北上市公司存在高管双重任职情况较少。通过不同板块对比发现，创业板的上市公司存在高管双重任职现象相对较多，深市A股的上市公司高管双重任职现象相对较少。

在高管激励约束方面，主要从高管薪酬、高管年薪披露、高管持股三个指标进行了分析。河北上市公司高管薪酬在近五年呈波动式上升趋势。对比各板块发现，各板块之间存在差距，其中，沪市A股和中小企业板上市公司的高管薪酬较高，创业板高管薪酬较低。在高管年薪披露方式方面，大部分河北上市公司都能准确披露高管年薪。在高管持股数量方面，河北上市公司高管持股数量均值高于全国平均水平，且各板块高管持股数量存在差距，其中，2016~2019年沪市A股的高管持股数量较高，2020年中小企业板的高管持股数量较高。

（五）河北上市公司信息披露情况

在公司违规处理情况方面，河北上市公司违规处罚原因多为推迟披露、重大遗漏、披露不实、一般会计处理不当等情况。通过对比各板块上市公司违规数量,其中深市 A 股存在违规的上市公司数量较少,沪市 A 股、中小企业板和创业板上市公司存在较多违规现象。

在上市公司年报修订情况方面,近五年河北上市公司年报存在修订情况的企业在减少,2016~2020年存在年报修订情况的上市公司数量呈递减趋势,反映了河北上市公司年报披露的准确性在提高。

在上市公司年报披露时间方面,2016~2018年河北上市公司年报披露时间间隔变动幅度较小,2018~2020年河北上市公司年报披露时间后移,反映了河北上市公司年报披露不及时,河北上市公司年报披露及时性有所降低。

在社会责任信息披露方面,分别从股东权益保护、债权人权益保护、公共关系和社会公益事业、职工权益保护、供应商权益保护、客户及消费者权益保护、环境和可持续发展七个指标对河北上市公司社会责任披露情况进行了分析。通过对比分析,67%以上的河北上市公司会对社会责任信息进行披露,且近五年呈上升趋势。通过对比河北上市公司不同板块社会责任信息披露情况,沪市 A 股披露社会责任信息的上市公司较多,其他三个板块之间差距较小。

(六)河北上市公司投资者关系管理情况

河北上市公司投资者关系管理研究报告主要从董事会秘书负责制、设置投资者关系(IR)专职部门、互联网多渠道沟通、电话咨询、设立投资者关系专栏、现场业绩说明会和现场路演、投资者现场互动等七个指标进行了分析。从整体情况来看,河北上市公司在投资者管理工作方面略显不足。47.54%的河北上市公司从未设置过董事会秘书负责制,73.77%的河北上市公司从未设置过投资者关系(IR)专职部门,45.90%的河北上市公司从未设置过电话咨询渠道,85.25%和91.80%的河北上市公司从未有业绩说明会和现场路演。但是,河北上市公司在互联网多渠道沟通、设立投资者关系专栏以及投资者现场互动三个指标方面做得较好,大部分河北上市公司在这三个指标上都设置了相关的投资者沟通渠道。

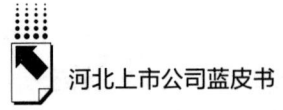

河北上市公司蓝皮书

三 河北上市公司治理发展政策建议

(一) 建立合理制衡的股权结构

通过分析河北上市公司股权治理情况，大部分上市公司存在股权集中度较高的现象，在股权集中度较高的情况下，上市公司难以建立合理制衡的治理结构，中小股东对上市公司各项决议的影响微乎其微。为了保证上市公司的健康发展，合理制衡股东权利，保护中小股东的利益，董事选聘必须保证公开、公平、公正和独立，在控股股东控股比例超过30%的情况下，可通过累积投票权制度，充分反映中小股东的意见，除了实施累积投票权制度外，实施独立董事制度和建立合理的监事会治理机制也将对合理制衡大股东权利起到积极作用。

(二) 选择适当的董事会规模

适当的董事会规模可以给企业带来以下优势：一是基于资源依赖理论，处于高速发展关键时期的河北上市公司适当地扩大董事会规模，能够丰富企业获取资源的途径，有助于企业赢得更多的市场份额；二是基于委托代理理论，董事会规模过小容易被公司大股东所控制，这样就有可能损害小股东的利益，同时董事会规模过小，也不利于支撑企业决策，尤其是随着企业规模的不断扩大，管理人员不断增多，董事会更应该适时补充成员。但是企业也不能盲目地扩大董事会规模，要根据自身特点来设定，以防止大规模董事会带来高管理成本和低效率的问题。根据上市公司营业收入规模，适当扩大董事会规模，改善董事会规模和结构，提高董事会决策和监督的能力。

(三) 加强独立董事在公司治理中的作用

2001年8月16日中国证监会颁布的《关于在上市公司建立独立董事制度的指导意见》指出：为进一步完善上市公司治理结构，上市公司应当建立独立董事制度,独立董事应当维护公司整体利益,尤其要关注中小股东的合法权益不受损害。独立董事应当不受上市公司主要股东、实际控制人、其他与上市公司存在利害关系的单位或个人的影响,上市公司董事会成员中应当至少包括1/3的独立董事。独立董事作为制衡经营权力结构的重要力量,在企业监督、决策中发挥着越来越重要的作用。独立董事制度建立的初衷就是让不参与公司经营且经济利益独立于公司经营业绩的外部人员更加有效地发挥对公司的监督职能,这也就决定了由于利益驱动不同,独立董事与参与公司经营、自身经济利益与公司业绩存在直接关系的其他高管之间具有不同的决策和行动偏向。另外,独立董事声誉机制在一定程度上驱使独立董事必须保持独立性、发挥其专业职能并为公司实现经营目标做出努力。

(四)完善管理层激励机制

从薪酬结构方面,管理层的有效激励对公司发展有着积极的作用,因此,合理安排高管薪酬,提高上市公司管理层按经营业绩支付的可变报酬,提高高管薪酬对公司管理人员的激励水平,可以激发管理者工作的积极性,有利于公司的发展。从股权激励方面,首先,要坚定实施股权激励政策,加快推进上市公司股权激励计划;其次,在上市公司中设立薪酬与股权管理委员会,结合实际情况,科学合理地制定公司股权激励方案并进行具体实施;再次,适当加大股权激励实施力度,放宽管理层股权额度界限,灵活组合现股和期股,提高上市公司经营管理者的持股比例,使股权激励真正产生效果;最后,政府也应加大扶持力度,制定贷款扶持、税收减让等相关优惠办法,切实推动上市公司股权激励计划的顺利实施。

(五)建立有效的信息披露机制

全面、有效、及时的信息披露是投资者正确决策的基础,上市公司应不断完善信息披露违规处罚机制,加大处罚力度。当前上市公司信息披露违规处罚以交易所谴责为主,上市公司违规成本过低是上市公司信息披露

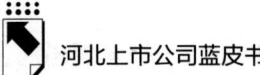

屡屡违规的主要原因之一。一方面,应加重处罚力度,将处罚机制与上市公司再融资结合,并把上市公司信息披露责任与上市公司经理人个人责任相结合,提高信息披露违规成本;另一方面,应逐步健全市场机制,引导上市公司主动进行信息披露。当前上市公司信息披露基本是应监管要求的被动披露,投资者了解上市公司信息较少,为了让投资者充分了解上市公司有关信息,应引导上市公司主动披露有关信息,使投资者在决策时掌握更多信息。

(六)完善外部治理环境

公司治理是一个内部治理结构和外部治理机制相结合的有机系统,二者缺一不可。因此,要使公司治理结构真正发挥治理效果,保障上市公司健康、持续成长,必须建立和完善相配套的外部治理机制。因此,应着重从以下两个方面健全和完善外部治理环境。

在优化和改善上市公司治理市场环境方面,一是建立活跃健康的资本市场,提高资本市场的有效性。公平高效的资本市场是公司外部治理机制的基础,深化股权分置改革是进一步提高我国资本市场有效性的重大举措。二是加快建立经理人市场,健全和完善控制权市场。经理人市场可以通过市场机制有效减少上市公司管理层的道德风险,同时也为公司管理层筛选提供有效的市场化机制;控制权市场是一个有力监督控股股东行为的机制,股权分置改革为进一步完善上市公司控制权市场、打破国有股"一股独大"局面提供了契机。三是加强中介机构的建设和监督。制定严格的、可实施的执业标准,加强行业自律和信用评价,加强违规处罚机制,确保中介机构的执业水平和公信力。

在健全和完善上市公司治理的法制环境方面,一是进一步加强立法,保障上市公司的资产安全,保护中小股东的合法权益,强化控股股东的法律责任、建立股东诉讼制等保护中小股东的机制,加大违法者的刑事处罚力度,加强违法者的民事赔偿。二是进一步完善《上市公司治理准则》等相关规则,加快出台上市公司监督管理条例,完善上市公司信息披露原则和机制,构建完善的、可操作的信息披露责任机制。三是加快建设和发展社会诚信评价体系，构建社会资信平台，建立企业和个人资信档案，健全信用评估机制、信用风险管理等社会诚信评价体系。

分 报 告
Topical Reports

B.2
河北上市公司股东治理研究报告（2021）

石晓飞*

摘　要： 股权结构与股东行为是决定公司治理机制有效性的最重要的因素，也决定了所有者与经营者之间的委托代理关系。本报告从股东情况、股权集中度、股权制衡度、两权分离度以及股东大会运行情况五个重要的股东治理维度对河北上市公司股东治理状况进行研究。报告为有效规范股东治理行为，保护中小股东利益，提升河北上市公司股东治理水平提供有益参考。

关键词： 上市公司　股东治理　河北

股东治理作为公司治理机制的基础，不仅决定着公司内部权力的配置，

---

* 石晓飞，博士，河北经贸大学工商管理学院副院长、公司治理与企业成长研究中心主任，副教授，硕士生导师，主要研究领域为公司治理。

而且影响着企业的控制权和市场的运作。基于此,本报告以《中华人民共和国公司法(2018修正)》等相关条例为依据,结合2016~2020年上市公司年报和国泰安数据库中的数据,分析了河北上市公司股东治理情况。主要从以下五类指标对河北上市公司股东治理情况进行了分析:一是股东情况,二是股权集中度,三是股权制衡度,四是两权分离度,五是股东大会运行。

一 股东情况

股东是股份制公司的出资人或投资人,股东作为出资者按出资数额(股东另有约定的除外)享有所有者的分享收益、重大决策以及选择管理者的权利。公司股东人数的多少影响股权集中度的大小,进而影响公司的代理成本,[①] 直接控股股东持股比例也影响公司的投资效率和公司业绩,[②] 股东中不同性质的实际控制人影响着公司的治理水平以及公司的发展。[③] 基于此,本报告股东情况主要对股东人数、直接控股股东持股比例以及实际控制人性质三个指标进行了分析。

(一)股东人数

目前,我国股票市场的交易主体可以划分为机构投资者和个人投资者,而股东人数的变动代表着流通股权的集散过程,其本质是机构投资者与个人投资者作为交易对手的博弈过程。在股东人数方面,《中华人民共和国公司法(2018修正)》第七十八条明确规定:"设立股份有限公司,应当有二人以上二百人以下为发起人"。《中华人民共和国证券法(2019修订)》和《中华人民共和国公司法(2018修正)》规定,上市的股份有限公司股东人

---

① 高雷、高田:《信息披露、代理成本与公司治理》,《财经科学》2010年第12期,第34~42页。
② 程仲鸣、夏银桂:《控股股东、自由现金流与企业过度投资》,《经济与管理研究》2009年第2期,第19~24页。
③ 严若森、钱晶晶、祁浩:《公司治理水平、媒体关注与企业税收激进》,《经济管理》2018年第7期,第20~38页。

数没有上限，非上市股份有限公司在设立时股东人数不得超过200人。从股东人数的规定可知，股份有限公司融资有了无限种可能，股东们能够跨越血缘、地缘等因素形成以投资收益最大化为共同目标的资本供给来源，为上市公司发展提供巨大资金支持。

1. 河北上市公司和全国上市公司股东平均人数

2016~2020年全国上市公司股东平均人数在近五年呈现下降趋势，河北上市公司股东平均人数在2017年有所增长后，于2018年呈下降趋势。值得注意的是，2018年河北上市公司股东平均人数下降了10.85%，下降幅度较大（见图1）。

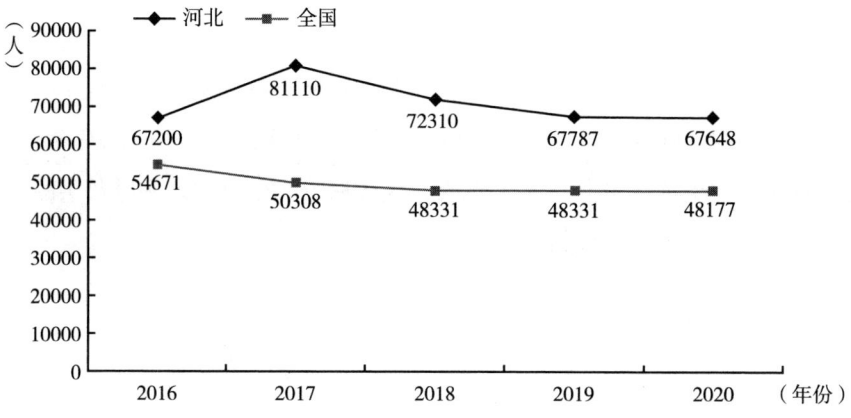

图1　2016~2020年河北上市公司和全国上市公司股东平均人数变化趋势

数据来源：国泰安数据库和上市公司年报。

2. 河北上市公司各板块股东平均人数

2016~2020年河北上市公司各板块中深市A股股东平均人数最多，沪市A股次之，创业板股东平均人数最少。其次，在2017年四个板块的股东平均人数都有所增加，而在2018~2019年整体上呈现下降趋势，其中中小企业板是四个板块中波动较为明显的，创业板的波动幅度较小（见图2）。

3. 河北上市公司股东人数

表1对2016~2020年河北上市公司股东人数的具体情况进行了列示。

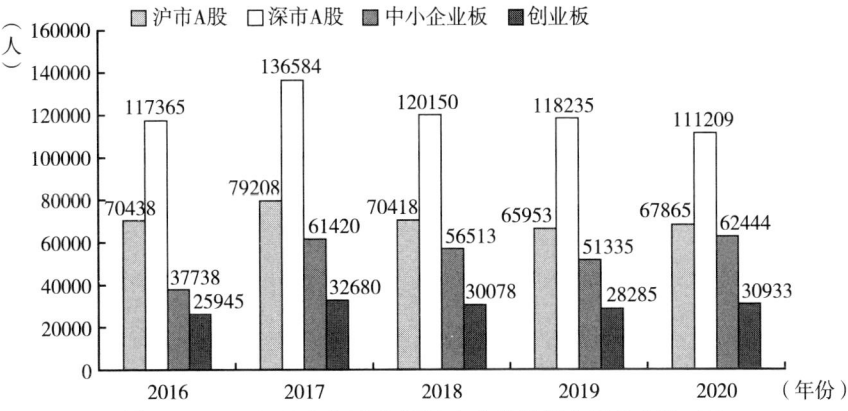

图 2　2016～2020 年河北各板块上市公司股东平均人数对比

数据来源：国泰安数据库和上市公司年报。

表 1　2016～2020 年河北上市公司股东人数

单位：人

所属板块	股票代码	公司简称	2016年	2017年	2018年	2019年	2020年
沪市A股	600135	乐凯胶片	29560	38373	35005	32362	31892
	600149	廊坊发展	99015	53636	42739	36171	29437
	600230	沧州大化	13381	45040	47530	42803	34792
	600340	华夏幸福	52402	117759	92937	79757	119853
	600409	三友化工	44257	75207	77835	72798	50288
	600480	凌云股份	40232	56422	49059	49219	37970
	600482	中国动力	32481	46208	36099	40969	43798
	600550	保变电气	104625	133630	119079	104002	113549
	600559	老白干酒	33504	35547	43721	88342	221011
	600722	金牛化工	56483	50747	46960	42172	40481
	600803	新奥股份	18111	31124	39984	40694	21687
	600812	华北制药	83529	83776	81371	85569	113875
	600956	新天绿能	—	—	—	—	46334
	600965	福成股份	22665	21369	18129	24778	25011
	600997	开滦股份	68068	71811	64135	64398	55542
	601000	唐山港	98303	136476	129191	116014	102764
	601258	庞大集团	321007	380775	351872	295839	235056
	601326	秦港股份	—	148049	106155	89163	72475
	601633	长城汽车	79820	83405	87198	68792	92916
	603050	科林电气	—	16033	21252	16384	18890
	603156	养元饮品	—	—	21179	26047	22621
	603385	惠达卫浴	—	27769	25136	21073	21039
	603938	三孚股份	—	10214	12620	13626	9603

续表

所属板块	股票代码	公司简称	2016年	2017年	2018年	2019年	2020年
深市A股	000158	常山北明	38195	52947	46844	67000	86526
	000401	冀东水泥	361573	139436	108740	100162	120535
	000413	东旭光电	210114	376913	350362	409902	351411
	000600	建投能源	57236	92369	79153	67016	60044
	000687	华讯方舟	52366	65313	62377	61578	49544
	000709	河钢股份	371000	449209	392139	352141	314339
	000778	新兴铸管	180158	222746	189663	166805	150823
	000848	承德露露	51637	54381	48413	53241	71152
	000856	冀东装备	11712	61245	54080	43067	33965
	000889	中嘉博创	23179	21519	17492	21796	38779
	000923	河钢资源	45233	32764	31483	25925	20028
	000937	冀中能源	83867	116229	101080	90092	82127
	000958	东方能源	39468	90522	80130	78331	66438
中小企业板	002049	紫光国微	46982	113915	115403	103961	98399
	002108	沧州明珠	58055	98533	95261	83433	114153
	002146	荣盛发展	64920	114514	70288	64398	94595
	002282	博深股份	18581	31590	28579	24074	15755
	002342	巨力索具	65903	119723	101892	86440	89126
	002442	龙星化工	13013	13336	11448	38715	29708
	002459	晶澳科技	15623	20748	28345	20861	47091
	002494	华斯股份	41976	56192	48928	48138	36441
	002603	以岭药业	43868	38914	44892	46502	136799
	002691	冀凯股份	8462	6733	20093	13979	13586
	002960	青鸟消防	—	—	—	34185	11233
创业板	300107	建新股份	22355	36558	43441	37785	31791
	300137	先河环保	39587	83947	63221	55665	46620
	300138	晨光生物	9048	8548	9873	11324	15975
	300152	科融环境	59043	60528	61268	58945	55702
	300255	常山药业	25745	37884	33132	29447	31179
	300368	汇金股份	40786	35907	32324	39171	68977
	300371	汇中股份	10283	10325	8948	10536	8881
	300428	四通新材	21885	21614	17363	14653	20286
	300446	乐凯新材	13117	16577	14069	13139	13451
	300491	通合科技	17600	14910	17136	12706	16746
	300765	新诺威	—	—	—	27763	25396
	300847	中船汉光	—	—	—	—	24204
	300869	康泰医学	—	—	—	—	46321
	300922	天秦装备	—	—	—	—	27539

注："—"表示上市公司未上市或未披露信息，下同。

数据来源：国泰安数据库和上市公司年报。

（二）直接控股股东持股比例

根据《中华人民共和国公司法（2018 修正）》第二百一十六条第二款，控股股东，是指其出资额占有限责任公司资本总额百分之五十以上或者其持有的股份占股份有限公司股本总额百分之五十以上的股东；出资额或者持有股份的比例虽然不足百分之五十，但依其出资额或者持有的股份所享有的表决权已足以对股东会、股东大会的决议产生重大影响的股东。

1. 河北上市公司和全国上市公司直接控股股东持股比例平均值

2016~2020 年全国上市公司和河北上市公司直接控股股东持股比例平均值变化比较稳定，全国平均水平始终高于河北平均水平。全国平均水平维持在 39% 左右，河北上市公司直接控股股东持股比例平均值稳定在 32%~35%（见图 3）。

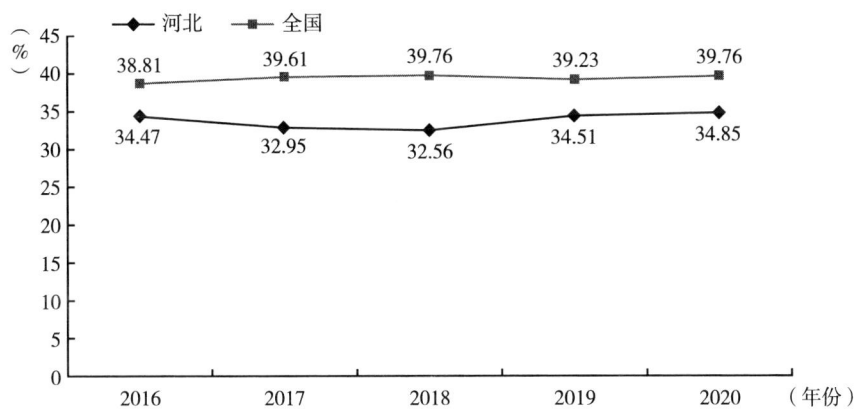

图 3　2016~2020 年河北上市公司和全国上市公司直接控股
股东持股比例平均值变化趋势

数据来源：国泰安数据库和上市公司年报。

2. 河北上市公司各板块直接控股股东持股比例平均值

2016~2020 年河北上市公司中创业板直接控股股东持股比例平均值呈现缓慢增长趋势，2016~2018 年创业板直接控股股东持股比例平均值在四个板块中较低。2019 年创业板变化明显，增长了 15.80%；2020 年中小企业板变化明显，降低了 12.94%（见图 4）。

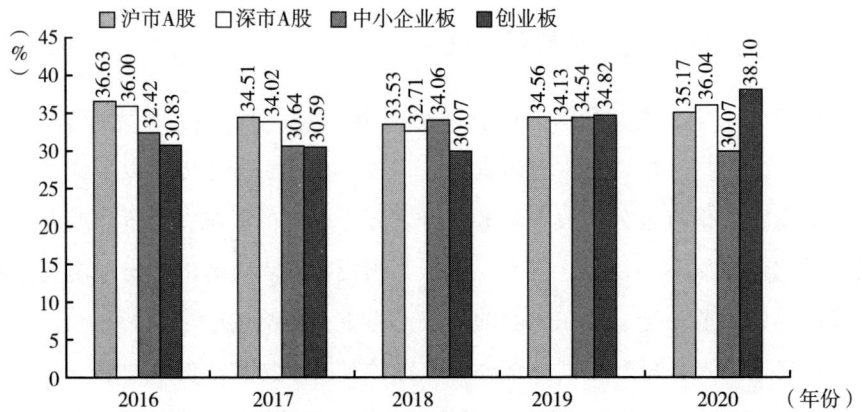

图 4　2016～2020 年河北上市公司各板块直接控股股东持股比例平均值对比

数据来源：国泰安数据库和上市公司年报。

3. 河北上市公司直接控股股东持股比例

表 2 对 2016～2020 年河北上市公司直接控股股东持股比例的具体情况进行了列示。

表 2　2016～2020 年河北上市公司直接控股股东持股比例

单位：%

所属板块	股票代码	公司简称	2016年	2017年	2018年	2019年	2020年
沪市A股	600135	乐凯胶片	34.11	34.11	34.11	50.70	45.68
	600149	廊坊发展	20.00	20.00	20.00	20.00	20.00
	600230	沧州大化	48.01	46.25	46.25	46.25	46.25
	600340	华夏幸福	61.67	57.61	36.22	30.93	28.14
	600409	三友化工	39.98	37.15	36.20	36.20	36.20
	600480	凌云股份	34.71	34.40	34.40	38.36	33.47
	600482	中国动力	26.15	26.23	30.91	31.51	26.08
	600550	保变电气	33.47	33.47	44.56	44.56	44.56
	600559	老白干酒	28.85	28.85	26.56	25.63	25.63
	600722	金牛化工	29.99	29.99	29.99	20.00	36.05
	600803	新奥股份	30.97	30.97	31.04	33.04	52.72
	600812	华北制药	21.60	21.60	21.60	21.60	25.33
	600956	新天绿能	—	—	—	—	48.73
	600965	福成股份	35.51	35.51	35.51	35.51	35.51
	600997	开滦股份	56.74	44.12	44.12	44.12	46.12

续表

所属板块	股票代码	公司简称	2016年	2017年	2018年	2019年	2020年
沪市A股	601000	唐山港	44.55	44.55	44.88	44.88	44.88
	601258	庞大集团	20.42	20.42	20.42	36.07	13.37
	601326	秦港股份	—	54.27	54.27	54.27	54.27
	601633	长城汽车	56.04	56.04	56.04	56.04	55.74
	603050	科林电气	—	12.15	11.98	11.99	11.07
	603156	养元饮品	—	—	21.15	21.15	21.15
	603385	惠达卫浴	—	16.82	17.14	17.14	17.64
	603938	三孚股份	—	40.28	40.28	40.28	40.28
深市A股	000158	常山北明	27.32	27.32	27.55	28.48	28.48
	000401	冀东水泥	30.00	30.00	30.00	30.00	30.00
	000413	东旭光电	11.32	15.90	15.97	15.97	15.97
	000600	建投能源	67.31	65.63	65.63	65.63	65.63
	000687	华讯方舟	29.80	29.46	29.46	29.46	29.46
	000709	河钢股份	39.69	39.73	39.73	39.73	39.73
	000778	新兴铸管	45.38	39.00	39.96	39.96	39.96
	000848	承德露露	40.68	40.68	40.68	40.68	40.68
	000856	冀东装备	30.00	30.00	30.00	30.00	30.00
	000889	中嘉博创	33.46	23.86	22.17	22.17	22.18
	000923	河钢资源	35.54	23.20	23.75	23.81	23.81
	000937	冀中能源	44.12	44.12	44.48	44.48	44.48
	000958	东方能源	33.37	33.37	33.37	33.37	58.10
中小企业板	002049	紫光国微	36.39	36.39	36.39	36.39	32.39
	002108	沧州明珠	29.16	29.16	29.80	29.80	29.8
	002146	荣盛发展	35.23	35.65	35.65	35.65	35.65
	002282	博深股份	54.15	44.31	45.63	45.63	10.46
	002342	巨力索具	20.03	20.03	20.03	20.03	20.03
	002442	龙星化工	27.19	20.40	20.40	20.40	20.40
	002459	晶澳科技	36.39	36.39	36.39	59.71	50.22
	002494	华斯股份	31.31	31.31	31.31	31.31	31.31
	002603	以岭药业	25.36	23.76	23.73	31.26	31.26
	002691	冀凯股份	29.00	29.00	30.19	31.47	32.00
	002960	青鸟消防	—	—	—	38.27	37.30

续表

所属板块	股票代码	公司简称	2016年	2017年	2018年	2019年	2020年
创业板	300107	建新股份	39.64	39.47	39.39	39.26	39.14
	300137	先河环保	13.86	13.86	14.86	14.86	14.86
	300138	晨光生物	18.58	18.58	19.12	19.18	25.09
	300152	科融环境	29.46	29.50	29.50	29.32	29.32
	300255	常山药业	38.28	36.41	35.69	35.69	35.69
	300368	汇金股份	35.48	35.07	28.86	29.93	28.93
	300371	汇中股份	37.88	37.88	37.88	37.92	37.93
	300428	四通新材	11.88	11.88	11.88	39.42	39.42
	300446	乐凯新材	30.61	30.61	30.61	30.61	45.68
	300491	通合科技	52.64	52.67	52.89	32.82	32.82
	300765	新诺威	—	—	—	74.02	74.02
	300847	中船汉光	—	—	—	—	48.97
	300869	康泰医学	—	—	—	—	46.84
	300922	天秦装备	—	—	—	—	34.69

数据来源：国泰安数据库和上市公司年报。

（三）实际控制人性质

《中华人民共和国公司法（2018修正）》第二百一十六条第三款规定，实际控制人，是指虽不是公司的股东，但通过投资关系、协议或者其他安排，能够实际支配公司行为的人。实际控制人的性质主要有：企业经营单位、国有企业、集体所有制企业、民营企业、港澳台资企业、外国企业、行政机关、事业单位、中央机构、地方机构、社会团体、自然人、国内自然人等。由于河北上市公司实际控制人性质主要为国内自然人、国有企业、地方机构以及中央机构，因此本报告仅对这四种情况进行分析。

1. 河北上市公司实际控制人性质分布情况

2016～2020年，国内自然人控制的河北上市公司数量最多，每年均超过1/2；其次是国有企业和地方机构；实际控制人为中央机构的河北上市公司数量最少，2017～2019年只有1家企业（见图5）。由于实际控制人类型比较多，不再对比河北上市公司和全国上市公司实际控制人性质情况。

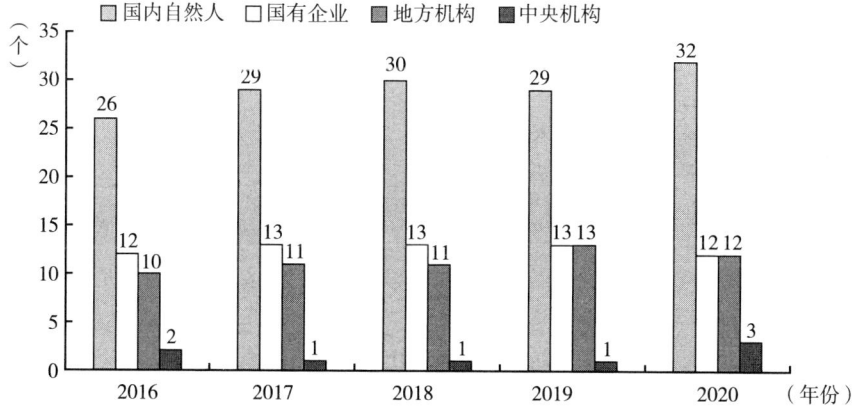

图5 2016～2020年河北上市公司实际控制人性质分布对比

数据来源：国泰安数据库和上市公司年报。

2. 河北上市公司实际控制人性质

表3对2016～2020年河北上市公司实际控制人的具体情况进行了列示。

表3 2016～2020年河北上市公司实际控制人情况

所属板块	股票代码	公司简称	2016年	2017年	2018年	2019年	2020年
沪市A股	600135	乐凯胶片	1	1	1	1	1
	600149	廊坊发展	1	1	1	1	1
	600230	沧州大化	1	1	1	1	1
	600340	华夏幸福	4	4	4	4	4
	600409	三友化工	1	1	1	1	1
	600480	凌云股份	1	1	1	1	1
	600482	中国动力	1	1	1	1	1
	600550	保变电气	1	1	1	1	1
	600559	老白干酒	3	3	3	3	3
	600722	金牛化工	1	1	1	1	1
	600803	新奥股份	4	4	4	4	4
	600812	华北制药	1	1	1	1	1

续表

所属板块	股票代码	公司简称	2016年	2017年	2018年	2019年	2020年
沪市A股	600956	新天绿能	—	—	—	—	3
	600965	福成股份	4	4	4	4	4
	600997	开滦股份	1	1	1	1	1
	601000	唐山港	3	3	3	3	3
	601258	庞大集团	4	4	4	4	4
	601326	秦港股份	—	3	3	3	3
	601633	长城汽车	4	4	4	4	4
	603050	科林电气	—	4	4	4	4
	603156	养元饮品	—	—	4	4	4
	603385	惠达卫浴	—	4	4	4	4
	603938	三孚股份	—	4	4	4	4
深市A股	000158	常山北明	3	3	3	3	3
	000401	冀东水泥	3	3	3	3	3
	000413	东旭光电	4	4	4	4	4
	000600	建投能源	3	3	3	3	3
	000687	华讯方舟	4	4	4	4	4
	000709	河钢股份	3	3	3	3	3
	000778	新兴铸管	1	1	1	1	1
	000848	承德露露	4	4	4	4	4
	000856	冀东装备	3	3	3	3	3
	000889	中嘉博创	3	3	3	3	—
	000923	河钢资源	3	3	3	3	3
	000937	冀中能源	3	3	3	3	3
	000958	东方能源	2	2	2	2	2
中小企业板	002049	紫光国微	2	1	1	1	2
	002108	沧州明珠	4	4	4	4	4
	002146	荣盛发展	4	4	4	4	4
	002282	博深股份	4	4	4	4	4
	002342	巨力索具	4	4	4	4	4
	002442	龙星化工	4	4	4	4	4
	002459	晶澳科技	4	4	4	4	4
	002494	华斯股份	4	4	4	4	4
	002603	以岭药业	4	4	4	4	4
	002691	冀凯股份	4	4	4	4	4
	002960	青鸟消防	—	—	—	—	—

续表

所属板块	股票代码	公司简称	2016年	2017年	2018年	2019年	2020年
创业板	300107	建新股份	4	4	4	4	4
	300137	先河环保	4	4	4	4	4
	300138	晨光生物	4	4	4	4	4
	300152	科融环境	4	4	4	4	4
	300255	常山药业	4	4	4	4	4
	300368	汇金股份	4	4	4	3	3
	300371	汇中股份	4	4	4	4	4
	300428	四通新材	4	4	4	3	4
	300446	乐凯新材	1	1	1	1	1
	300491	通合科技	4	4	4	4	4
	300765	新诺威	—	—	—	4	—
	300847	中船汉光	—	—	—	—	2
	300869	康泰医学	—	—	—	—	4
	300922	天秦装备	—	—	—	—	4

注：1＝国有企业；2＝中央机构；3＝地方机构；4＝国内自然人。
数据来源：国泰安数据库和上市公司年报。

二 股权集中度

股权集中度是指不同的股东持有的股权份额之比，这是衡量一个公司股权结构重要的指标，也是判断公司稳定性、衡量上市公司股权治理情况以及公司股权结构最重要的指标。股权集中度会影响企业业绩①、公司自主创新行为②、公司盈余管理行为③等。CR指数和H指数是衡量上市企业股权集中度的重要指标，CR指数和H指数越大，说明股权越集中在大股东手中，反之则说明股权越分散，反映了大股东和小股东之间的股权关系。股权集中

---

① 贺炎林、张瀛文、莫建明：《不同区域治理环境下股权集中度对公司业绩的影响》，《金融研究》2014年第12期，第148~163页。
② 李婧、贺小刚：《股权集中度与创新绩效：国有企业与家族企业的比较研究》，《商业经济与管理》2012年第10期，第40~51页。
③ 杨志强、王华：《公司内部薪酬差距、股权集中度与盈余管理行为——基于高管团队内和高管与员工之间薪酬的比较分析》，《会计研究》2014年第6期，第57~65页。

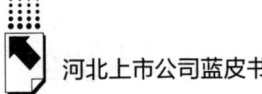

度一般区分为三类：一是股权高度集中，绝对控股股东一般拥有50%以上的公司股份，对公司拥有绝对控制权；二是股权高度分散，公司没有大股东，所有权与经营权基本完全分离、单个股东所持股份的比例在10%以下；三是公司拥有较大的相对控股股东，同时还拥有其他大股东，所持股份比例在10%~50%。基于此，本报告股权集中度情况主要从CR指数、H指数两个指标进行分析。

（一）CR指数

CR指数是指公司前N大股东持股比例，本报告取第一大股东持股比例CR_1指数平均值、前三大股东持股比例CR_3指数平均值、前五大股东持股比例CR_5指数平均值及前十大股东持股比例CR_{10}指数平均值进行统计分析。

1. 河北上市公司和全国上市公司CR指数平均值

2016~2020年河北上市公司以及全国上市公司四个CR指数平均值总体来看比较稳定，河北上市公司第一大股东的持股比例约为公司全部股份的1/3，前三大股东的持股比例约为公司全部股份的1/2，前五大股东控股了公司超过1/2的股份，前十大股东的持股比例近2/3。河北上市公司的CR_1和CR_{10}指数较为稳定，且全国上市公司CR_1和CR_{10}指数平均水平略高于河北上市公司CR_1和CR_{10}指数平均水平。全国上市公司第一大股东的持股比例在近五年中呈现递增趋势，前十大股东的持股比例在呈现波动式增长的趋势，而河北上市公司第一大股东的持股比例和前十大股东的持股比例在近五年中变化趋势一致，均在2016~2018年有所下降，在2019年开始增长（见表4和图6）。

表4 2016~2020年河北上市公司和全国上市公司CR指数平均值

项目	CR指数	2016年	2017年	2018年	2019年	2020年
河北	CR_1	33.02	31.70	31.34	33.65	34.27
	CR_3	48.76	47.60	47.56	49.74	51.20
	CR_5	53.73	52.75	52.81	54.29	55.58
	CR_{10}	59.35	58.48	58.28	59.22	59.95

续表

项目	CR 指数	2016 年	2017 年	2018 年	2019 年	2020 年
全国	CR_1	38.63	39.76	41.12	43.48	44.80
	CR_3	47.26	47.56	45.72	45.22	45.70
	CR_5	54.13	54.81	53.48	52.92	53.70
	CR_{10}	58.95	60.44	60.20	59.51	60.96

数据来源：国泰安数据库和上市公司年报。

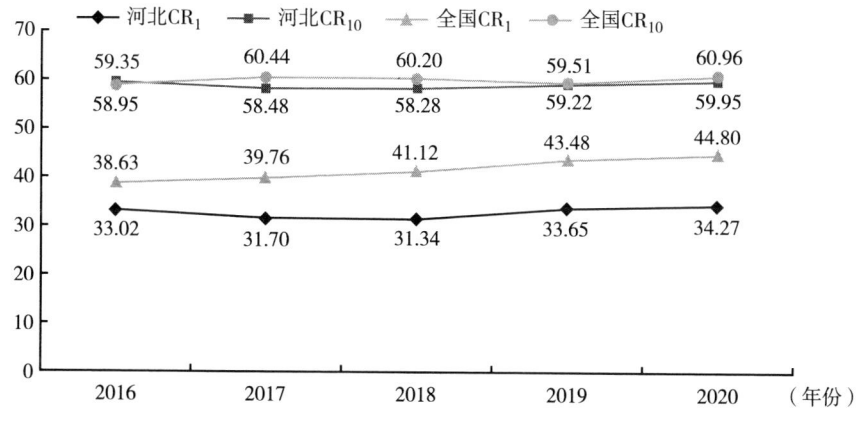

图 6 2016～2020 年河北上市公司和全国上市公司
CR_1 和 CR_{10} 指数平均值变化趋势

数据来源：国泰安数据库和上市公司年报。

2. 河北上市公司各板块 CR_1、CR_{10} 指数平均值

2016～2017 年，沪市 A 股和深市 A 股 CR_1 指数平均值的差距较小，中小企业板和创业板的差距较小，但是前两者与后两者有明显的差距，从 2018～2020 年的数据来看，这种差距在逐渐缩小。2020 年，创业板第一大股东的持股比例接近深市 A 股，逼近沪市 A 股；沪市 A 股、深市 A 股的 CR_1 指数平均值始终维持在 30% 以上，中小企业板和创业板基本在 26%～35%。

CR_{10} 指数平均值与 CR_1 指数平均值的整体变化趋势有所差异。2016 年，四个板块的差距不大，但 2017 年深市 A 股、中小企业板和创业板开始与沪市 A 股拉开差距。除沪市 A 股以外，2017～2020 年各板块 CR_{10} 指数平均值较为稳定，即前十大股东在上市公司中的持股比例波动不明显（见表 5）。

表 5　2016～2020 年河北上市公司各板块 CR_1、CR_{10} 指数平均值

CR 指数	所属板块	2016 年	2017 年	2018 年	2019 年	2020 年
CR_1	沪市 A 股	36.69	34.51	33.53	34.56	35.17
	深市 A 股	36.00	34.03	31.23	34.13	36.09
	中小企业板	28.39	27.34	34.06	31.46	30.07
	创业板	27.54	27.12	26.76	33.46	34.43
CR_{10}	沪市 A 股	61.17	62.57	61.72	63.80	65.48
	深市 A 股	60.67	57.14	57.28	56.56	57.52
	中小企业板	58.55	56.51	58.38	58.26	55.81
	创业板	55.36	53.21	53.04	54.18	56.37

数据来源：国泰安数据库和上市公司年报。

3. 河北上市公司 CR 指数

（1）CR_1 指数

表 6 对 2016～2020 年河北上市公司 CR_1 指数的具体情况进行了列示。

表 6　2016～2020 年河北上市公司 CR_1 指数

所属板块	股票代码	公司简称	2016 年	2017 年	2018 年	2019 年	2020 年
沪市 A 股	600135	乐凯胶片	34.11	34.11	34.11	50.70	45.68
	600149	廊坊发展	20.00	20.00	20.00	20.00	20.00
	600230	沧州大化	48.01	46.25	46.25	46.25	46.25
	600340	华夏幸福	61.67	57.61	36.22	30.93	28.14
	600409	三友化工	39.98	37.15	36.20	36.20	36.20
	600480	凌云股份	34.71	34.40	34.40	38.36	33.47
	600482	中国动力	26.15	26.23	30.91	31.51	26.08
	600550	保变电气	33.47	33.47	44.56	44.56	44.56
	600559	老白干酒	28.85	28.85	26.56	25.63	25.63
	600722	金牛化工	29.99	29.99	29.99	20.00	36.05
	600803	新奥股份	30.97	30.97	31.04	33.04	52.72
	600812	华北制药	21.60	21.60	21.60	21.60	25.33
	600956	新天绿能	—	—	—	—	48.73
	600965	福成股份	35.51	35.51	35.51	35.51	35.51
	600997	开滦股份	56.74	44.12	44.12	44.12	46.12
	601000	唐山港	44.55	44.55	44.88	44.88	44.88
	601258	庞大集团	21.42	20.42	20.42	36.07	13.37
	601326	秦港股份	—	54.27	54.27	54.27	54.27
	601633	长城汽车	56.04	56.04	56.04	56.04	55.74
	603050	科林电气	—	12.15	11.98	11.99	11.07
	603156	养元饮品	—	—	21.15	21.15	21.15

续表

所属板块	股票代码	公司简称	2016年	2017年	2018年	2019年	2020年
沪市A股	603385	惠达卫浴	—	16.82	17.14	17.14	17.64
	603938	三孚股份	—	40.28	40.28	40.28	40.28
深市A股	000158	常山北明	27.32	27.32	27.55	28.48	28.48
	000401	冀东水泥	30.00	30.00	30.00	30.00	30.00
	000413	东旭光电	11.32	15.90	15.97	15.97	15.97
	000600	建投能源	67.31	65.63	65.63	65.63	65.63
	000687	华讯方舟	29.80	29.64	29.46	29.46	29.46
	000709	河钢股份	39.69	39.73	39.73	39.73	39.73
	000778	新兴铸管	45.38	39.00	39.96	39.96	39.96
	000848	承德露露	40.68	40.68	40.68	40.68	40.68
	000856	冀东装备	30.00	30.00	30.00	30.00	30.00
	000889	中嘉博创	33.46	23.86	22.17	22.17	22.81
	000923	河钢资源	35.54	23.20	23.75	23.81	23.81
	000937	冀中能源	44.12	44.12	44.48	44.48	44.48
	000958	东方能源	33.37	33.37	33.37	33.37	58.10
中小企业板	002049	紫光国微	36.39	36.39	36.39	36.39	32.39
	002108	沧州明珠	29.16	29.16	29.80	29.80	29.80
	000923	荣盛发展	35.23	35.65	35.65	35.65	35.65
	002282	博深股份	13.83	11.32	11.72	11.72	10.46
	002342	巨力索具	20.03	20.03	20.03	20.03	20.03
	002442	龙星化工	27.19	20.40	20.40	20.40	20.40
	002459	晶澳科技	36.39	36.39	36.39	59.71	50.22
	002494	华斯股份	31.31	31.31	31.31	31.31	31.31
	002603	以岭药业	25.36	23.76	23.73	31.26	31.26
	002691	冀凯股份	29.00	29.00	30.19	31.47	32.00
	002960	青鸟消防	—	—	—	38.27	37.30
创业板	300107	建新股份	39.64	39.47	39.39	39.26	39.14
	300137	先河环保	13.86	13.86	14.86	14.86	14.86
	300138	晨光生物	18.58	18.58	19.12	19.18	18.87
	300152	科融环境	29.46	29.50	29.50	29.32	21.12
	300255	常山药业	38.28	34.61	35.69	35.69	35.69
	300368	汇金股份	35.48	35.07	28.86	29.93	28.93
	300371	汇中股份	37.88	37.88	37.88	37.92	37.93
	300428	四通新材	11.88	11.88	11.88	39.42	39.42

055

续表

所属板块	股票代码	公司简称	2016年	2017年	2018年	2019年	2020年
创业板	300446	乐凯新材	30.61	30.61	30.61	30.61	45.68
	300491	通合科技	19.72	19.73	19.81	17.89	17.89
	300765	新诺威	—	—	—	74.02	74.02
	300847	中船汉光	—	—	—	—	26.89
	300869	康泰医学	—	—	—	—	46.84
	300922	天秦装备	—	—	—	—	34.69

数据来源：国泰安数据库和上市公司年报。

(2) CR_3 指数

表7对2016~2020年河北上市公司 CR_3 指数的具体情况进行了列示。

表7　2016~2020年河北上市公司 CR_3 指数

所属板块	股票代码	公司简称	2016年	2017年	2018年	2019年	2020年
沪市A股	600135	乐凯胶片	38.06	36.45	35.39	51.89	56.18
	600149	廊坊发展	36.05	35.30	36.67	37.16	37.15
	600230	沧州大化	50.18	47.01	47.51	49.55	50.07
	600340	华夏幸福	65.03	63.44	50.72	49.87	47.11
	600409	三友化工	52.31	48.20	47.25	47.25	47.25
	600480	凌云股份	45.24	44.83	44.83	48.79	48.96
	600482	中国动力	52.12	52.25	57.23	58.15	52.60
	600550	保变电气	58.80	58.80	65.66	65.66	65.66
	600559	老白干酒	38.83	38.83	37.49	34.80	34.73
	600722	金牛化工	59.09	56.89	56.84	56.05	56.65
	600803	新奥股份	48.90	48.62	48.74	50.74	72.92
	600812	华北制药	52.66	52.66	52.66	52.66	52.66
	600956	新天绿能	—	—	—	—	96.41
	600965	福成股份	60.17	60.17	60.17	60.17	60.17
	600997	开滦股份	59.92	67.63	67.63	67.63	69.63
	601000	唐山港	56.87	56.57	56.90	56.90	56.90
	601258	庞大集团	23.97	23.97	24.23	50.72	30.99
	601326	秦港股份	—	80.21	80.21	80.21	80.20
	601633	长城汽车	91.44	91.73	91.98	91.99	91.51
	603050	科林电气	—	28.18	26.91	26.92	24.65
	603156	养元饮品	—	—	49.37	49.40	49.40

续表

所属板块	股票代码	公司简称	2016年	2017年	2018年	2019年	2020年
沪市A股	603385	惠达卫浴	—	40.94	41.26	41.26	41.10
	603938	三孚股份	—	68.84	68.25	68.25	68.47
深市A股	000158	常山北明	47.38	47.45	48.49	45.77	43.44
	000401	冀东水泥	53.93	38.22	40.84	39.26	39.69
	000413	东旭光电	22.56	26.28	26.35	26.35	24.94
	000600	建投能源	72.62	68.75	68.75	69.56	69.26
	000687	华讯方舟	48.42	45.62	45.64	45.64	45.33
	000709	河钢股份	61.21	61.25	61.25	61.25	61.25
	000778	新兴铸管	46.58	43.17	44.33	45.18	45.45
	000848	承德露露	53.50	48.14	50.69	49.92	48.14
	000856	冀东装备	46.22	37.05	33.41	31.03	31.28
	000889	中嘉博创	61.57	57.32	53.27	53.27	44.19
	000923	河钢资源	46.8	43.56	44.11	44.17	44.09
	000937	冀中能源	67.90	67.90	68.26	68.26	68.26
	000958	东方能源	43.04	40.06	39.66	39.76	81.96
中小企业板	002049	紫光国微	45.34	45.05	41.38	39.90	39.14
	002108	沧州明珠	37.90	37.79	37.79	36.62	36.58
	002146	荣盛发展	61.77	62.19	62.33	59.96	59.96
	002282	博深股份	37.29	30.59	31.57	31.57	29.57
	002342	巨力索具	30.45	30.45	30.45	30.45	30.45
	002442	龙星化工	53.67	42.38	42.38	42.38	42.38
	002459	晶澳科技	44.06	42.81	41.82	75.42	63.44
	002494	华斯股份	36.26	34.29	35.21	34.47	35.16
	002603	以岭药业	55.27	51.79	51.78	57.62	55.51
	002691	冀凯股份	66.00	66.00	70.19	71.47	69.00
	002960	青鸟消防	—	—	—	62.15	58.47
创业板	300107	建新股份	49.92	49.70	49.60	45.09	49.28
	300137	先河环保	21.49	17.11	18.11	18.11	18.11
	300138	晨光生物	26.41	26.41	26.95	25.55	28.50
	300152	科融环境	30.85	31.83	32.33	32.23	29.98
	300255	常山药业	54.78	52.81	51.36	51.70	51.67
	300368	汇金股份	49.51	48.94	45.23	44.78	40.93
	300371	汇中股份	52.55	51.69	51.83	51.88	51.77
	300428	四通新材	34.16	34.16	34.16	51.00	51.00

续表

所属板块	股票代码	公司简称	2016年	2017年	2018年	2019年	2020年
创业板	300446	乐凯新材	36.17	35.58	35.58	34.63	56.18
	300491	通合科技	52.64	52.67	52.89	47.75	45.84
	300765	新诺威	—	—	—	75.19	75.23
	300847	中船汉光	—	—	—	—	48.97
	300869	康泰医学	—	—	—	—	67.92
	300922	天秦装备	—	—	—	—	49.63

数据来源：国泰安数据库和上市公司年报。

（3）CR_5 指数

表8对2016~2020年河北上市公司 CR_5 指数的具体情况进行了列示。

表8 2016~2020年河北上市公司 CR_5 指数

所属板块	股票代码	公司简称	2016年	2017年	2018年	2019年	2020年
沪市A股	600135	乐凯胶片	40.26	37.54	36.32	52.58	56.85
	600149	廊坊发展	37.07	35.94	38.64	38.79	39.50
	600230	沧州大化	51.52	47.69	48.31	50.35	51.18
	600340	华夏幸福	67.13	65.81	60.72	61.01	58.84
	600409	三友化工	55.12	51.02	49.68	49.77	51.58
	600480	凌云股份	49.77	49.46	47.10	50.17	51.55
	600482	中国动力	60.80	60.90	66.13	67.16	61.92
	600550	保变电气	59.95	59.48	66.05	66.06	66.29
	600559	老白干酒	46.10	45.84	45.40	38.89	37.29
	600722	金牛化工	60.21	58.06	57.47	57.31	57.47
	600803	新奥股份	61.12	57.84	57.98	59.98	80.12
	600812	华北制药	57.13	57.13	57.13	58.13	57.13
	600956	新天绿能	—	—	—	—	96.45
	600965	福成股份	64.70	64.70	64.32	64.32	64.32
	600997	开滦股份	61.79	68.65	68.89	68.26	70.51
	601000	唐山港	61.09	60.79	61.47	61.10	62.14
	601258	庞大集团	27.33	27.33	27.47	53.17	37.81
	601326	秦港股份	—	84.96	84.96	84.74	84.73
	601633	长城汽车	92.95	93.45	92.84	92.65	92.42
	603050	科林电气	—	37.66	33.06	32.29	30.53
	603156	养元饮品	—	—	62.30	62.35	62.35
	603385	惠达卫浴	—	51.94	52.59	52.59	53.72
	603938	三孚股份	—	72.50	71.14	71.18	71.40

续表

所属板块	股票代码	公司简称	2016 年	2017 年	2018 年	2019 年	2020 年
深市 A 股	000158	常山北明	54.99	55.29	56.27	49.93	45.86
	000401	冀东水泥	63.04	40.66	44.39	42.29	43.07
	000413	东旭光电	29.3	30.98	29.50	28.37	26.74
	000600	建投能源	74.32	74.32	70.82	71.91	71.01
	000687	华讯方舟	50.92	47.07	47.48	47.48	46.65
	000709	河钢股份	64.94	63.38	64.29	65.27	66.33
	000778	新兴铸管	47.48	44.68	47.72	47.72	47.00
	000848	承德露露	57.58	51.51	55.27	54.5	51.67
	000856	冀东装备	52.10	50.15	37.92	32.87	32.28
	000889	中嘉博创	65.46	63.57	68.59	66.12	54.04
	000923	河钢资源	47.29	55.62	56.17	56.23	54.15
	000937	冀中能源	72.46	72.46	72.82	72.82	73.77
	000958	东方能源	47.76	40.76	40.08	40.27	86.37
中小企业板	002049	紫光国微	50.90	49.11	44.39	42.63	42.13
	002108	沧州明珠	40.22	39.72	39.73	38.89	38.77
	002146	荣盛发展	68.21	66.67	65.78	65.19	64.28
	002282	博深股份	54.14	46.41	47.43	47.43	29.57
	002342	巨力索具	35.44	33.91	35.67	35.67	45.14
	002442	龙星化工	62.39	54.08	54.08	48.25	44.73
	002459	晶澳科技	47.80	46.51	45.56	80.04	68.15
	002494	华斯股份	39.90	36.37	38.40	36.67	37.73
	002603	以岭药业	63.85	59.84	59.81	61.36	59.08
	002691	冀凯股份	71.84	75.21	72.97	74.38	70.80
	002960	青鸟消防	—	—	—	65.86	63.24
创业板	300107	建新股份	53.01	52.18	52.44	51.81	51.64
	300137	先河环保	27.14	19.07	20.47	20.60	21.05
	300138	晨光生物	32.73	32.23	32.04	29.59	32.34
	300152	科融环境	31.77	32.78	33.63	33.45	31.14
	300255	常山药业	59.97	57.67	56.11	56.02	55.81
	300368	汇金股份	58.61	57.20	53.45	52.01	43.93
	300371	汇中股份	58.10	56.67	56.79	56.78	56.67
	300428	四通新材	55.21	55.21	55.21	62.20	62.20
	300446	乐凯新材	38.78	37.31	37.66	36.85	56.85
	300491	通合科技	54.77	61.23	61.49	54.77	52.35
	300765	新诺威	—	—	—	75.39	75.63
	300847	中船汉光	—	—	—	—	62.75
	300869	康泰医学	—	—	—	—	73.43
	300922	天秦装备	—	—	—	—	55.87

数据来源：国泰安数据库和上市公司年报。

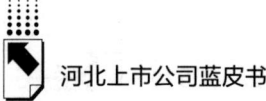

(4) CR_{10} 指数

表9对2016~2020年河北上市公司 CR_{10} 的具体情况进行了列示。

表9　2016~2020年河北上市公司 CR_{10} 指数

所属板块	股票代码	公司简称	2016年	2017年	2018年	2019年	2020年
沪市A股	600135	乐凯胶片	42.98	38.67	37.69	53.74	58.06
	600149	廊坊发展	39.07	37.09	41.26	41.16	42.85
	600230	沧州大化	54.30	48.87	49.31	51.45	52.79
	600340	华夏幸福	72.17	68.94	67.38	69.51	68.51
	600409	三友化工	60.23	55.77	53.66	54.05	56.62
	600480	凌云股份	54.71	53.19	49.07	51.90	55.28
	600482	中国动力	73.22	71.74	78.18	79.14	74.13
	600550	保变电气	61.05	60.18	60.80	66.81	66.97
	600559	老白干酒	57.93	58.76	57.88	47.94	40.61
	600722	金牛化工	61.50	59.66	58.65	58.91	58.90
	600803	新奥股份	70.92	64.70	63.60	66.56	86.17
	600812	华北制药	62.28	62.28	62.28	61.56	62.28
	600956	新天绿能	—	—	—	—	96.54
	600965	福成股份	71.09	73.25	71.53	71.20	70.96
	600997	开滦股份	64.86	70.06	70.44	69.40	71.66
	601000	唐山港	65.53	63.53	64.50	64.82	66.78
	601258	庞大集团	34.19	33.63	33.53	57.60	45.30
	601326	秦港股份	—	88.69	88.69	88.44	88.22
	601633	长城汽车	93.82	94.33	93.68	93.61	93.29
	603050	科林电气	—	50.30	44.59	41.74	36.79
	603156	养元饮品	—	79.44	71.63	71.70	71.70
	603385	惠达卫浴	—	67.34	66.41	68.99	68.24
	603938	三孚股份	—	76.11	73.13	73.27	73.49
深市A股	000158	常山北明	68.35	59.45	63.25	54.11	49.30
	000401	冀东水泥	69.70	43.76	48.47	46.03	47.91
	000413	东旭光电	40.53	36.06	34.69	31.00	27.70
	000600	建投能源	75.52	70.79	72.63	73.02	72.28
	000687	华讯方舟	55.48	49.43	50.34	50.23	48.96
	000709	河钢股份	67.10	64.23	66.22	66.93	70.26
	000778	新兴铸管	48.90	47.22	50.63	51.31	50.11
	000848	承德露露	61.35	56.30	62.01	58.09	54.22
	000856	冀东装备	55.95	51.13	39.22	34.40	34.18
	000889	中嘉博创	68.57	69.77	76.33	73.85	60.24
	000923	河钢资源	48.33	78.72	79.36	79.42	68.54

续表

所属板块	股票代码	公司简称	2016年	2017年	2018年	2019年	2020年
深市A股	000937	冀中能源	74.31	74.28	74.99	75.60	75.70
	000958	东方能源	54.58	41.62	40.82	41.28	88.41
中小企业板	002049	紫光国微	57.19	53.57	47.92	46.23	47.11
	002108	沧州明珠	44.21	42.06	41.49	40.47	40.97
	002146	荣盛发展	74.74	70.28	69.36	69.24	67.14
	002282	博深股份	61.79	61.69	62.20	62.21	49.77
	002342	巨力索具	40.79	37.01	38.73	38.73	48.44
	002442	龙星化工	64.74	64.84	68.61	51.8	46.41
	002459	晶澳科技	50.99	50.92	48.81	81.97	71.91
	002494	华斯股份	47.35	39.70	42.03	38.68	39.88
	002603	以岭药业	66.57	65.11	64.29	65.33	61.66
	002691	冀凯股份	77.11	79.93	74.93	75.45	71.93
	002960	青鸟消防	—	—	—	70.71	68.71
创业板	300107	建新股份	58.09	55.30	55.57	53.54	55.08
	300137	先河环保	33.77	22.48	23.66	24.07	25.81
	300138	晨光生物	42.53	42.38	41.64	38.30	41.14
	300152	科融环境	33.01	34.68	34.84	34.33	32.57
	300255	常山药业	63.62	60.99	58.84	57.76	57.69
	300368	汇金股份	68.67	63.55	61.66	57.98	46.41
	300371	汇中股份	69.67	67.77	67.99	67.28	66.87
	300428	四通新材	74.47	74.47	74.51	79.04	77.50
	300446	乐凯新材	43.23	40.84	41.8	40.72	58.06
	300491	通合科技	66.50	69.66	69.92	67.19	62.12
	300765	新诺威	—	—	—	75.8	76.38
	300847	中船汉光	—	—	—	—	47.99
	300869	康泰医学	—	—	—	—	79.88
	300922	天秦装备	—	—	—	—	61.67

数据来源：国泰安数据库和上市公司年报。

（二）H指数

H指数是前N大股东持股比例的平方和，该指数取值在0~1。H指数越大，说明股权越集中在大股东手中，反之则说明股权越分散，它反映的是大股东和小股东之间的股权关系，本报告取 H_1、H_{10}，即第一大股东持股比例平方和、前十大股东持股比例平方和进行分析。

1. 河北上市公司和全国上市公司 H_1、H_{10} 指数平均值

2016~2020 年全国的 H_1 和 H_{10} 指数平均值在 2016~2018 年较为稳定，虽然 H_1 在 2017 年有所下降，但相对于河北上市公司的波动幅度来说变化较小。河北上市公司的 H_1 和 H_{10} 指数平均值在近几年有所波动，具体表现为在 2017 年比上年有所下降，2019 年比上年有所上升。整体来说，与上述的 CR 指数表明的股权集中度的变化情况一致（见表10）。

表10　2016~2020 年河北上市公司和全国上市公司 H_1、H_{10} 指数平均值

项目	H 指数	2016 年	2017 年	2018 年	2019 年	2020 年
河北	H_1	0.14	0.11	0.11	0.13	0.13
	H_{10}	0.15	0.14	0.14	0.15	0.16
全国	H_1	0.14	0.13	0.13	0.13	0.13
	H_{10}	0.16	0.16	0.16	0.15	0.16

数据来源：国泰安数据库和上市公司年报。

2. 河北上市公司各板块 H_1、H_{10} 指数平均值

2016~2020 年河北上市公司各板块中，除 2018 年外，沪市 A 股和深市 A 股的 H_1 指数平均值略高于或等于中小企业板和创业板的 H_1 指数平均值，中小企业板的 H_1 指数平均值在 2016~2017 年基本持平，创业板的 H_1 指数平均值在 2016~2018 年基本持平，而 2019 年创业板的 H_1 指数由 2018 年的 0.08 提高到 0.13，超过了中小企业板。2016~2020 年，沪市 A 股 H_1 指数平均值达到了最大值 0.15，创业板达到了最小值 0.08。此外，2018~2020 年创业板 H_1 指数平均值均呈现稳步上升趋势，2019 年创业板 H_1 指数平均值快速增长到 0.13，增长了 62.5%，2020 年增长到 0.14，增长幅度较小，比上年增长了 7.69%。

河北上市公司各板块中，2016 年沪市 A 股与深市 A 股的 H_{10} 指数平均

值差距较小,中小企业板和创业板的 H_{10} 指数平均值差距较小,2018 年以后,创业板的 H_{10} 指数平均值稳步上升,缩小了与沪市 A 股和深市 A 股的 H_{10} 指数平均值之间的差距,2019 年,创业板的 H_{10} 指数平均值由 2018 年的 0.11 增长到 0.15,增长了 36.36%,而中小企业板的 H_{10} 指数平均值由 2018 年的 0.15 降低到 0.14 降低了 6.67%。除中小企业板外,各个板块的 H_{10} 指数平均值相较于 2018 年均有所增加。沪市 A 股的 H_{10} 指数平均值在近五年较为稳定(见表 11、图 7)。

表 11　2016~2020 年河北上市公司各板块 H_1、H_{10} 指数平均值

H 指数	所属板块	2016 年	2017 年	2018 年	2019 年	2020 年
H_1	沪市 A 股	0.15	0.13	0.13	0.13	0.14
	深市 A 股	0.14	0.13	0.11	0.13	0.15
	中小企业板	0.08	0.08	0.13	0.11	0.10
	创业板	0.09	0.08	0.08	0.13	0.14
H_{10}	沪市 A 股	0.18	0.17	0.16	0.17	0.18
	深市 A 股	0.17	0.15	0.13	0.15	0.17
	中小企业板	0.11	0.11	0.15	0.14	0.13
	创业板	0.11	0.10	0.11	0.15	0.16

数据来源:国泰安数据库和上市公司年报。

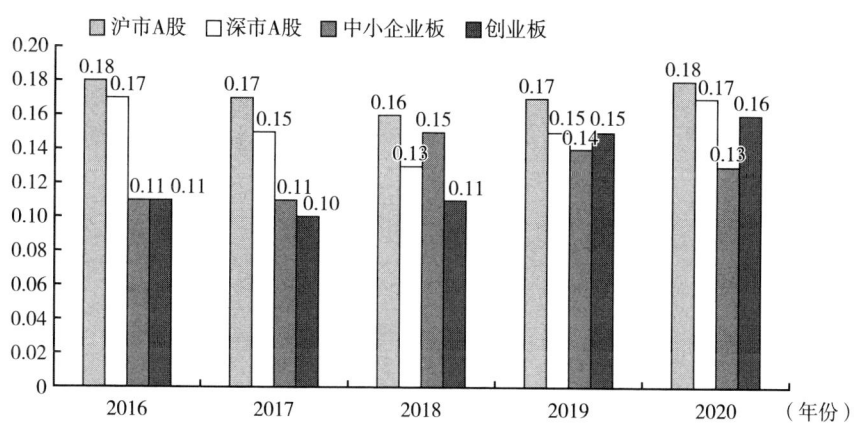

图 7　2016~2020 年河北上市公司各板块 H_{10} 指数平均值对比

数据来源:国泰安数据库和上市公司年报。

3. 河北上市公司 H 指数

（1）H_1 指数

表 12 对 2016~2020 年河北上市公司 H_1 指数的具体情况进行了列示。

表 12　2016~2020 年河北上市公司 H_1 指数

所属板块	股票代码	公司简称	2016 年	2017 年	2018 年	2019 年	2020 年
沪市 A 股	600135	乐凯胶片	0.12	0.12	0.12	0.26	0.21
	600149	廊坊发展	0.04	0.04	0.04	0.04	0.04
	600230	沧州大化	0.23	0.21	0.21	0.21	0.21
	600340	华夏幸福	0.38	0.33	0.13	0.10	0.08
	600409	三友化工	0.16	0.14	0.13	0.13	0.13
	600480	凌云股份	0.12	0.12	0.12	0.15	0.11
	600482	中国动力	0.07	0.07	0.10	0.10	0.07
	600550	保变电气	0.11	0.11	0.20	0.20	0.20
	600559	老白干酒	0.08	0.08	0.07	0.07	0.07
	600722	金牛化工	0.09	0.09	0.09	0.04	0.13
	600803	新奥股份	0.10	0.10	0.10	0.11	0.28
	600812	华北制药	0.05	0.05	0.05	0.05	0.06
	600956	新天绿能	—	—	—	—	0.24
	600965	福成股份	0.13	0.13	0.13	0.13	0.13
	600997	开滦股份	0.32	0.19	0.19	0.19	0.21
	601000	唐山港	0.20	0.20	0.20	0.20	0.20
	601258	庞大集团	0.04	0.04	0.04	0.13	0.02
	601326	秦港股份	—	0.29	0.29	0.29	0.29
	601633	长城汽车	0.31	0.31	0.31	0.31	0.31
	603050	科林电气	—	0.01	0.01	0.01	0.01
	603156	养元饮品	—	—	0.04	0.04	0.04
	603385	惠达卫浴	—	0.03	0.03	0.03	0.03
	603938	三孚股份	—	0.16	0.16	0.16	0.16

续表

所属板块	股票代码	公司简称	2016年	2017年	2018年	2019年	2020年
深市A股	000158	常山北明	0.07	0.07	0.08	0.08	0.08
	000401	冀东水泥	0.09	0.09	0.09	0.09	0.09
	000413	东旭光电	0.01	0.03	0.03	0.03	0.03
	000600	建投能源	0.45	0.43	0.43	0.43	0.43
	000687	华讯方舟	0.09	0.09	0.09	0.09	0.09
	000709	河钢股份	0.16	0.16	0.16	0.16	0.16
	000778	新兴铸管	0.21	0.15	0.15	0.16	0.16
	000848	承德露露	0.17	0.17	0.17	0.17	0.17
	000856	冀东装备	0.09	0.09	0.09	0.09	0.09
	000889	中嘉博创	0.11	0.06	0.05	0.05	0.05
	000923	河钢资源	0.13	0.05	0.06	0.06	0.06
	000937	冀中能源	0.19	0.19	0.20	0.20	0.20
	000958	东方能源	0.11	0.11	0.11	0.11	0.34
中小企业板	002049	紫光国微	0.13	0.13	0.13	0.13	0.10
	002108	沧州明珠	0.09	0.09	0.09	0.09	0.09
	002146	荣盛发展	0.12	0.13	0.13	0.13	0.13
	002282	博深股份	0.02	0.01	0.01	0.01	0.01
	002342	巨力索具	0.04	0.04	0.04	0.04	0.04
	002442	龙星化工	0.07	0.04	0.04	0.04	0.04
	002459	晶澳科技	0.13	0.13	0.13	0.36	0.25
	002494	华斯股份	0.10	0.10	0.10	0.10	0.10
	002603	以岭药业	0.06	0.06	0.06	0.10	0.10
	002691	冀凯股份	0.08	0.08	0.09	0.10	0.10
	002960	青鸟消防	—	—	—	0.15	0.14
创业板	300107	建新股份	0.16	0.16	0.16	0.15	0.15
	300137	先河环保	0.02	0.02	0.02	0.02	0.02
	300138	晨光生物	0.03	0.03	0.04	0.04	0.04
	300152	科融环境	0.09	0.09	0.09	0.09	0.04
	300255	常山药业	0.15	0.13	0.13	0.13	0.13
	300368	汇金股份	0.13	0.13	0.08	0.09	0.08
	300371	汇中股份	0.14	0.14	0.14	0.14	0.14
	300428	四通新材	0.01	0.01	0.01	0.15	0.16
	300446	乐凯新材	0.09	0.09	0.09	0.09	0.21
	300491	通合科技	0.04	0.04	0.04	0.03	0.03

续表

所属板块	股票代码	公司简称	2016年	2017年	2018年	2019年	2020年
创业板	300765	新诺威	—	—	—	0.55	0.55
	300847	中船汉光	—	—	—	—	0.07
	300869	康泰医学	—	—	—	—	0.22
	300922	天秦装备	—	—	—	—	0.12

数据来源：国泰安数据库和上市公司年报。

（2）H_{10}指数

表13对2016~2020年河北上市公司H_{10}指数的具体情况进行了列示。

表13 2016~2020河北上市公司H_{10}指数

所属板块	股票代码	公司简称	2016年	2017年	2018年	2019年	2020年
沪市A股	600135	乐凯胶片	0.12	0.12	0.12	0.26	0.22
	600149	廊坊发展	0.06	0.06	0.06	0.06	0.06
	600230	沧州大化	0.23	0.21	0.21	0.21	0.22
	600340	华夏幸福	0.38	0.33	0.15	0.12	0.11
	600409	三友化工	0.17	0.15	0.14	0.14	0.14
	600480	凌云股份	0.13	0.13	0.13	0.15	0.13
	600482	中国动力	0.11	0.12	0.15	0.15	0.12
	600550	保变电气	0.17	0.17	0.24	0.24	0.24
	600559	老白干酒	0.09	0.09	0.08	0.07	0.07
	600722	金牛化工	0.16	0.16	0.16	0.11	0.17
	600803	新奥股份	0.11	0.12	0.12	0.12	0.31
	600812	华北制药	0.10	0.10	0.10	0.10	0.10
	600956	新天绿能	—	—	—	—	0.46
	600965	福成股份	0.16	0.16	0.16	0.16	0.16
	600997	开滦股份	0.32	0.24	0.24	0.24	0.26
	601000	唐山港	0.21	0.21	0.21	0.21	0.21
	601258	庞大集团	0.04	0.04	0.04	0.15	0.04
	601326	秦港股份	—	0.33	0.33	0.33	0.33
	601633	长城汽车	0.43	0.43	0.43	0.43	0.43
	603050	科林电气	—	0.04	0.03	0.03	0.02
	603156	养元饮品	—	—	0.10	0.10	0.10

续表

所属板块	股票代码	公司简称	2016年	2017年	2018年	2019年	2020年
沪市A股	603385	惠达卫浴	—	0.07	0.07	0.07	0.07
	603938	三孚股份	—	0.23	0.23	0.23	0.23
深市A股	000158	常山北明	0.10	0.10	0.11	0.10	0.10
	000401	冀东水泥	0.13	0.09	0.10	0.10	0.10
	000413	东旭光电	0.02	0.03	0.03	0.03	0.03
	000600	建投能源	0.45	0.43	0.43	0.43	0.43
	000687	华讯方舟	0.12	0.11	0.11	0.11	0.11
	000709	河钢股份	0.19	0.19	0.19	0.19	0.19
	000778	新兴铸管	0.21	0.15	0.15	0.16	0.16
	000848	承德露露	0.18	0.17	0.17	0.17	0.17
	000856	冀东装备	0.11	0.09	0.09	0.09	0.09
	000889	中嘉博创	0.17	0.12	0.10	0.10	0.08
	000923	河钢资源	0.13	0.14	0.10	0.10	0.09
	000937	冀中能源	0.23	0.23	0.23	0.23	0.23
	000958	东方能源	0.12	0.12	0.12	0.12	0.37
中小企业板	002049	紫光国微	0.14	0.14	0.13	0.13	0.11
	002108	沧州明珠	0.09	0.09	0.09	0.09	0.09
	002146	荣盛发展	0.16	0.16	0.16	0.16	0.16
	002282	博深股份	0.06	0.05	0.05	0.05	0.05
	002342	巨力索具	0.05	0.05	0.05	0.05	0.05
	002442	龙星化工	0.11	0.08	0.08	0.08	0.07
	002459	晶澳科技	0.14	0.14	0.13	0.37	0.26
	002494	华斯股份	0.10	0.10	0.10	0.10	0.10
	002603	以岭药业	0.12	0.11	0.11	0.11	0.14
	002691	冀凯股份	0.17	0.17	0.19	0.20	0.19
	002960	青鸟消防	—	—	—	0.18	0.16
创业板	300107	建新股份	0.18	0.16	0.18	0.20	0.16
	300137	先河环保	0.02	0.02	0.02	0.02	0.02
	300138	晨光生物	0.04	0.04	0.05	0.04	0.04
	300152	科融环境	0.09	0.09	0.09	0.09	0.05
	300255	常山药业	0.17	0.15	0.15	0.15	0.15
	300368	汇金股份	0.15	0.14	0.15	0.11	0.09
	300371	汇中股份	0.16	0.16	0.16	0.16	0.16
	300428	四通新材	0.06	0.06	0.06	0.17	0.17

续表

所属板块	股票代码	公司简称	2016年	2017年	2018年	2019年	2020年
创业板	300446	乐凯新材	0.10	0.10	0.10	0.10	0.22
	300491	通合科技	0.10	0.10	0.10	0.08	0.08
	300765	新诺威	—	—	—	0.55	0.55
	300847	中船汉光	—	—	—	—	0.11
	300869	康泰医学	—	—	—	—	0.25
	300922	天秦装备	—	—	—	—	0.13

数据来源：国泰安数据库和上市公司年报。

三 股权制衡度情况

股权制衡是指公司控制权由几个大股东分享，通过内部牵制使得任何一个大股东都无法单独控制公司的决策，从而使得大股东相互监督，这种股权安排模式既能保留股权相对集中的优势，又能有效抑制大股东对上市公司利益的侵害，保证公司经营决策科学化，① 确保投资决策的可持续发展，② 有效分散企业投资自主创新项目带来的巨大风险。③ 股权制衡度是第二大股东与第一大股东持股比例的比值，或第二至 N 大股东持股比例之和与第一大股东持股比例的比值。本报告使用 Z 指数衡量大股东之间的力量对比，Z 指数是第一大股东持股比例与第二大股东持股比例的比值，该指数的取值在 1 到无穷大，Z 指数越大，说明第一大股东的力量相对于第二大股东越强。

---

① 朱德胜、周晓珮：《股权制衡、高管持股与企业创新效率》，《南开管理评论》2016 年第 3 期，第 136~144 页。
② Gomes, A., Novaes, W., *Sharing of Control as a Corporate Governance Mechanism* (Pennsylvania, USA: University of Pennsylvania, 2005), P.01-029.
③ Maury, B., Pajuste, A., "Multiple Large Shareholders and Firm Value", *Journal of Banking & Finance* 29 (2005): 1813-1834.

（一）河北上市公司和全国上市公司 Z 指数

2016～2019 年，全国上市公司 Z 指数平均值呈现下降的趋势，说明第一大股东的力量相对于第二大股东在减弱。河北上市公司的 Z 指数平均值除 2019 年外，其余年份 Z 指数平均值均低于全国水平。河北的 Z 指数平均值整体来说波动较为明显，2018 年，比上年降低了 10.36%，2019 年又迅速上升，同比增长了 19.69%，2020 年又迅速下降，降低了 23.96%（表14）。

表 14 2016～2020 年河北上市公司和全国上市公司 Z 指数平均值

	2016 年	2017 年	2018 年	2019 年	2020 年
河北	7.77	7.82	7.01	8.39	6.38
全国	8.67	7.94	7.41	7.28	7.65

数据来源：国泰安数据库和上市公司年报。

（二）河北上市公司各板块 Z 指数

2016～2020 年河北上市公司各板块的 Z 指数平均值波动较大，2016 年沪市 A 股的 Z 指数平均值为 9.24，深市 A 股的指数与沪市 A 股相差不大，为 9.38。2017 年，深市 A 股开始下降，同比降低了 23.13%，其他三个板块均有所增长。2018 年，沪市 A 股 Z 指数平均值开始下降，同比降低了 20.40%，四个板块除中小企业板外，Z 指数平均值均有所下降，四个板块之间的差距变小。2019 年，创业板 Z 指数平均值达到了 12.81，这也是近五年来 Z 指数平均值的峰值。2020 年，沪市 A 股 Z 指数平均值仅为 3.13。近五年，沪市 A 股 Z 指数平均值波动幅度较大，创业板 Z 指数平均值在 2019 年波动幅度较大（见表15）。

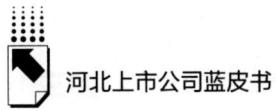

表 15 2016~2020 年河北上市公司各板块 Z 指数平均值

所属板块	2016 年	2017 年	2018 年	2019 年	2020 年
沪市 A 股	9.24	9.95	7.92	6.54	3.13
深市 A 股	9.38	7.21	6.59	9.97	8.95
中小企业板	4.40	5.19	7.60	5.66	4.28
创业板	6.57	6.79	5.97	12.81	9.14

数据来源：国泰安数据库和上市公司年报。

（三）河北上市公司 Z 指数

表 16 对 2016~2020 年河北上市公司 Z 指数的具体情况进行了列示。

表 16 2016~2020 年河北上市公司 Z 指数

所属板块	股票代码	公司简称	2016 年	2017 年	2018 年	2019 年	2020 年
沪市 A 股	600135	乐凯胶片	14.15	23.36	48.72	73.47	4.61
	600149	廊坊发展	1.31	1.31	1.31	1.31	1.31
	600230	沧州大化	35.83	115.63	66.07	17.93	17.93
	600340	华夏幸福	26.70	14.19	4.31	2.93	2.66
	600409	三友化工	4.42	4.59	4.47	4.47	4.47
	600480	凌云股份	4.80	4.80	4.80	4.97	2.62
	600482	中国动力	1.30	1.30	1.51	1.52	1.24
	600550	保变电气	1.46	1.46	2.33	2.33	2.33
	600559	老白干酒	5.78	5.78	4.20	4.19	5.01
	600722	金牛化工	1.15	1.15	1.15	1.00	1.80
	600803	新奥股份	3.10	3.20	3.20	3.40	3.38
	600812	华北制药	1.37	1.37	1.37	1.37	1.61
	600956	新天绿能	—	—	—	—	1.02
	600965	福成股份	2.27	2.27	2.27	2.27	2.27
	600997	开滦股份	34.81	1.98	1.97	1.97	2.07
	601000	唐山港	5.49	5.49	5.53	5.53	5.53
	601258	庞大集团	11.41	11.41	10.10	2.71	1.11

续表

所属板块	股票代码	公司简称	2016 年	2017 年	2018 年	2019 年	2020 年
沪市 A 股	601326	秦港股份	—	3.66	3.66	3.66	3.66
	601633	长城汽车	1.66	1.66	1.66	1.66	1.66
	603050	科林电气	—	1.50	1.53	1.53	1.59
	603156	养元饮品	—	—	1.15	1.15	1.15
	603385	惠达卫浴	—	1.24	1.27	1.27	1.34
	603938	三孚股份	—	1.57	1.57	1.57	1.57
深市 A 股	000158	常山北明	1.78	1.78	1.73	2.01	2.32
	000401	冀东水泥	2.15	5.67	4.29	4.29	4.29
	000413	东旭光电	1.68	2.74	2.75	2.75	3.49
	000600	建投能源	22.51	36.87	36.87	30.53	29.17
	000687	华讯方舟	1.82	1.97	1.97	1.97	1.97
	000709	河钢股份	2.27	2.28	2.28	2.28	2.28
	000778	新兴铸管	69.81	18.66	17.52	12.77	9.19
	000848	承德露露	4.69	7.98	7.98	7.98	7.98
	000856	冀东装备	2.60	4.59	12.00	53.57	44.12
	000889	中嘉博创	1.40	1.07	1.07	1.07	1.77
	000923	河钢资源	3.26	2.15	2.20	2.21	2.21
	000937	冀中能源	2.61	2.61	2.63	2.63	2.63
	000958	东方能源	5.41	5.41	5.54	5.54	4.87
中小企业板	002049	紫光国微	7.29	9.60	12.17	18.29	6.82
	002108	沧州明珠	4.35	4.42	4.52	5.52	5.52
	002146	荣盛发展	2.55	2.58	2.58	2.77	2.77
	002282	博深股份	1.05	1.05	1.06	1.06	1.06
	002342	巨力索具	3.84	3.84	3.84	3.84	3.84
	002442	龙星化工	1.80	1.35	1.35	1.35	1.35
	002459	晶澳科技	8.50	8.50	11.06	5.67	5.66
	002494	华斯股份	12.38	18.31	14.04	18.31	14.63

续表

所属板块	股票代码	公司简称	2016年	2017年	2018年	2019年	2020年
中小企业板	002603	以岭药业	1.16	1.16	1.15	1.52	1.52
	002691	冀凯股份	1.12	1.12	1.04	1.09	1.10
	002960	青鸟消防	—	—	—	2.80	2.80
创业板	300107	建新股份	6.00	6.00	6.00	6.00	6.00
	300137	先河环保	3.59	8.30	8.90	8.90	8.90
	300138	晨光生物	4.46	4.46	4.59	4.96	3.24
	300152	科融环境	28.88	24.38	16.39	15.93	2.58
	300255	常山药业	3.05	2.90	2.84	2.84	2.84
	300368	汇金股份	4.00	3.99	3.08	3.13	3.63
	300371	汇中股份	3.38	3.38	3.38	3.38	3.42
	300428	四通新材	1.07	1.07	1.07	6.59	6.59
	300446	乐凯新材	10.04	12.20	12.20	12.44	4.61
	300491	通合科技	1.20	1.20	1.20	1.20	1.20
	300765	新诺威	—	—	—	75.53	75.53
	300847	中船汉光	—	—	—	—	2.11
	300869	康泰医学	—	—	—	—	3.19
	300922	天秦装备	—	—	—	—	4.15

数据来源：国泰安数据库和上市公司年报。

四 两权分离度情况

两权分离是指所有权和经营权分离，它意味着对投资者和管理者的专业化程度要求更高，一般来说，有限责任公司的两权分离度较低，上市公司的两权分离度较高。两权分离度是对两权分离程度的度量，在数值计算上是控制权与所有权之间的差值，代表实际控制人拥有对企业的现金流权和控制权的分离，是实际控制人控制权与所有权之间的差值。在集中的股权结构下，上市公司控股股东享有的控制权可能超过其持有的现金流权，造成控制权和现金流权的"两权分离"，两权分离致使股权结构更加复杂，为控股股东关联交易、掏空上市公司和利润转移等行为提供了便利，① 从而影响到公司的发展。

（一）河北上市公司和全国上市公司两权分离度

2016~2020年，河北上市公司两权分离度平均值高于全国水平，全国两权分离度平均值整体呈现稳定状态，维持在5.00左右。河北上市公司的两权分离度变化呈波动趋势，在2017年达到峰值，由2016年的5.96提高到6.12，在2018年又降到5.92，整体上呈现波动式下降的趋势（见表17）。

表17　2016~2020年河北上市公司和全国上市公司两权分离度平均值

	2016年	2017年	2018年	2019年	2020年
河北	5.96	6.12	5.92	5.61	5.63
全国	4.98	4.98	5.00	5.00	5.39

数据来源：国泰安数据库和上市公司年报。

（二）河北上市公司各板块两权分离度

2016年，河北上市公司沪市A股、深市A股与中小企业板的两权分离度平均值的差距较小。深市A股的两权分离度平均值在提高，2016~2020年，深市A股的两权分离度平均值呈现波动式增长的趋势。沪市A股和中小企业板的两权分离度平均值整体在减弱，创业板在四个板块中的两权分离度平均值与其他板块相差较大（见表18）。

---

① 宋玉：《最终控制人性质、两权分离度与机构投资者持股——兼论不同类型机构投资者的差异》，《南开管理评论》2009年第5期，第55~64页。

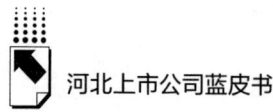

表 18　2016～2020 年河北上市公司各板块的平均两权分离度平均值

所属板块	2016 年	2017 年	2018 年	2019 年	2020 年
沪市 A 股	7.73	6.77	6.81	6.64	6.92
深市 A 股	6.55	8.14	7.20	7.97	8.42
中小企业板	7.25	7.25	7.87	4.91	5.20
创业板	1.05	1.04	1.04	1.46	1.45

数据来源：国泰安数据库和上市公司年报。

（三）河北上市公司两权分离度

表 19 对 2016～2020 年河北上市公司两权分离度的具体情况进行了列示。

表 19　2016～2020 年河北上市公司两权分离度

所属板块	股票代码	公司简称	2016 年	2017 年	2018 年	2019 年	2020 年
沪市 A 股	600135	乐凯胶片	—	0.00	0.00	0.00	0.00
	600149	廊坊发展	0.00	0.00	0.00	0.00	0.00
	600230	沧州大化	23.52	22.66	22.67	22.67	22.67
	600340	华夏幸福	11.54	9.80	6.64	5.71	5.71
	600409	三友化工	0.00	16.52	16.81	16.81	16.81
	600480	凌云股份	12.05	11.94	11.94	13.32	13.32
	600482	中国动力	12.80	12.02	11.08	7.52	7.52
	600550	保变电气	0.00	0.00	0.00	0.00	0.00
	600559	老白干酒	0.00	0.00	0.00	0.00	0.00
	600722	金牛化工	8.14	8.14	8.05	6.03	6.03
	600803	新奥股份	9.87	13.36	13.05	11.80	11.80
	600812	华北制药	8.57	8.57	8.51	8.51	8.51
	600956	新天绿能	—	—	—	—	0.00
	600965	福成股份	16.01	16.01	16.01	16.01	16.01
	600997	开滦股份	0.00	0.00	0.00	0.00	0.00
	601000	唐山港	0.00	0.00	0.00	0.00	0.00
	601258	庞大集团	0.00	0.00	0.00	0.00	0.00
	601326	秦港股份	—	1.61	1.61	1.61	1.61
	601633	长城汽车	21.10	21.10	21.10	21.10	21.11
	603050	科林电气	—	0.00	0.00	0.00	0.00

续表

所属板块	股票代码	公司简称	2016年	2017年	2018年	2019年	2020年
沪市A股	603156	养元饮品	—	—	11.95	11.95	11.95
	603385	惠达卫浴	—	0.35	0.35	3.08	0.34
	603938	三孚股份	—	0.00	0.00	0.00	0.00
深市A股	000158	常山北明	0.00	0.00	0.00	0.00	0.00
	000401	冀东水泥	22.59	22.59	26.44	26.44	26.44
	000413	东旭光电	9.74	16.40	11.13	11.08	16.82
	000600	建投能源	0.00	0.00	0.00	0.00	0.00
	000687	华讯方舟	17.89	17.68	19.39	19.48	19.48
	000709	河钢股份	0.00	0.00	0.00	1.28	1.28
	000778	新兴铸管	0.00	0.00	0.00	0.00	0.00
	000848	承德露露	4.07	2.03	0.00	0.00	0.00
	000856	冀东装备	22.59	22.59	22.59	22.59	22.58
	000889	中嘉博创	5.80	21.98	20.42	20.42	20.42
	000923	河钢资源	0.00	0.00	0.00	0.00	0.00
	000937	冀中能源	2.50	2.49	2.29	2.29	2.49
	000958	东方能源	0.00	0.00	0.00	0.00	0.00
中小企业板	002049	紫光国微	17.83	17.83	17.83	17.83	17.83
	002108	沧州明珠	19.84	19.84	20.28	14.46	14.46
	002146	荣盛发展	19.70	19.61	19.61	18.68	18.68
	002282	博深股份	0.00	0.00	0.00	0.00	0.00
	002342	巨力索具	1.00	1.00	1.00	1.00	1.00
	002442	龙星化工	0.00	0.00	0.00	0.00	0.00
	002459	晶澳科技	13.37	13.37	4.58	2.99	0.00
	002494	华斯股份	0.00	0.00	0.00	0.00	0.00
	002603	以岭药业	0.00	0.00	0.00	0.00	0.00
	002691	冀凯股份	0.80	0.80	0.00	0.00	0.00
	002960	青鸟消防	—	—	—	0.00	0.00
创业板	300107	建新股份	0.00	0.00	0.00	0.00	0.00
	300137	先河环保	0.00	0.00	0.00	0.00	0.00
	300138	晨光生物	0.00	0.00	0.00	0.00	0.00

续表

所属板块	股票代码	公司简称	2016年	2017年	2018年	2019年	2020年
创业板	300152	科融环境	10.52	10.40	10.40	10.33	10.33
	300255	常山药业	0.00	0.00	0.00	0.00	0.00
	300368	汇金股份	0.00	0.00	0.00	0.00	0.00
	300371	汇中股份	0.00	0.00	0.00	0.00	0.00
	300428	四通新材	0.00	0.00	0.00	0.00	0.00
	300446	乐凯新材	0.00	0.00	0.00	0.00	0.00
	300491	通合科技	0.00	0.00	0.00	0.00	0.00
	300765	新诺威	—	—	—	5.74	5.79
	300847	中船汉光	—	—	—	—	—
	300869	康泰医学	—	—	—	—	—
	300922	天秦装备	—	—	—	—	—

数据来源：国泰安数据库和上市公司年报。

五 股东大会运行情况

根据《中华人民共和国公司法（2018修正）》第四章第二节的相关条款，股东大会是股份公司的权力机关，它由全体股东组成，对公司重大事项进行决策，有权选任和解除董事，并对公司的经营管理有广泛的决定权；股东大会是对公司经营管理和各种涉及公司及股东利益的事项拥有决策权的机构，是股东在公司内部行使股东权的法定组织。股东大会会议召开次数越多，股东们就有越多的时间交流和解决公司未来发展的战略决策问题，并能够及时对董事会和监事会的工作进行考核和评价，提高公司治理效率和审计质量。[1] 互联网环境可以提高中小股东投票的便捷性，加大股票市场的流动

---

[1] 肖作平：《公司治理影响审计质量吗？——来自中国资本市场的经验证据》，《管理世界》2006年第7期，第22~33页。

性①。股东大会会议出席股份比例代表着股东的积极性，对公司的决策和发展也有着重要影响。基于此，本报告股东大会运行情况主要从股东大会会议次数、会议召开方式、会议表决方式和出席股份比例三个指标进行分析。

（一）股东大会会议次数

《上市公司股东大会规则（2016年修订）》第四条规定，股东大会分为年度股东大会和临时股东大会，年度股东大会每年召开一次，应于上一会计年度结束后的6个月内举行。临时股东大会不定期召开，出现《中华人民共和国公司法（2018修正）》第一百零一条规定的应当召开临时股东大会的情形时，临时股东大会应当在2个月内召开。公司在上述期限内不能召开股东大会的，应当报告公司所在地中国证监会派出机构和公司股票挂牌交易的证券交易所，说明原因并公告。在实际中，多数公司一年召开一次定期会议，召开临时会议的时间并不固定，应由法定主体提议后才能召开。

1. 河北上市公司和全国上市公司股东大会会议次数

2016~2020年，全国上市公司股东大会会议次数平均值维持在3~4次，说明各上市公司除了召开了每年至少一次的年度股东大会之外，还会召开平均2~3次的临时股东大会，但整体仍呈现下降的趋势，2019年下降趋势明显，降低了6.49%。河北上市公司近五年召开股东大会次数平均值也维持在3~4次，但波动幅度较大，2018年召开会议次数最多，平均召开了3.89次，2019年召开次数最低，平均召开了3.56次（见图8）。

2. 河北上市公司各板块股东大会平均召开次数

2016~2017年，河北上市公司各板块召开股东大会次数平均值差距较

---

① 胡茜茜、朱永祥、杜勇：《网络环境下中小股东的治理效应研究——基于代理成本视角》，《财经研究》2018年第5期，第109~120页。

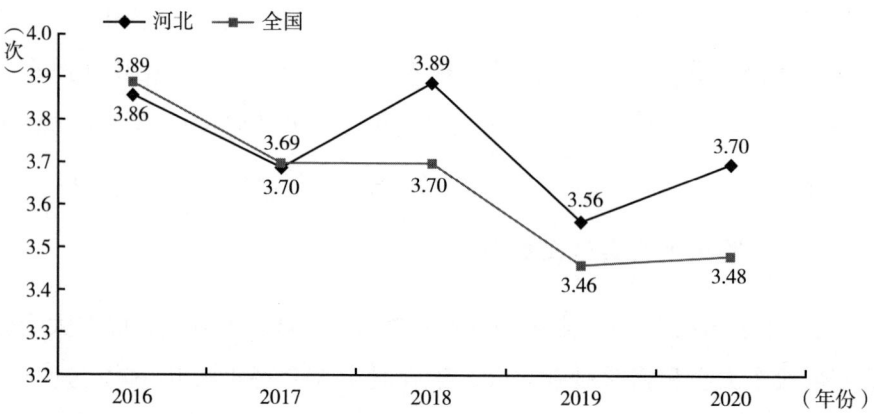

图8　2016～2020年河北上市公司和全国上市公司股东大会次数平均值变化趋势

数据来源：国泰安数据库和上市公司年报。

小，2018年中小企业板股东大会次数平均值增长到5.15次，同比增长了43.06%，是2016～2020年来平均召开股东大会会议最多的一年。除2018年以外，各个板块股东大会会议召开的平均次数在3～4.5次，差别较小（见图9）。

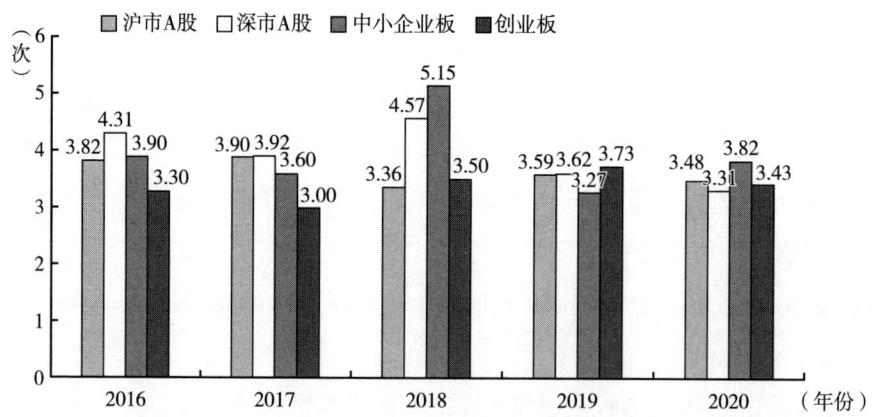

图9　2016～2020年河北上市公司各板块股东大会会议次数平均值对比

数据来源：国泰安数据库和上市公司年报。

3. 河北上市公司股东大会会议次数

表20对2016~2020年河北上市公司股东大会会议次数的具体情况进行了列示。

表20　2016~2020年河北上市公司股东大会召开次数

单位：次

所属板块	股票代码	公司简称	2016年	2017年	2018年	2019年	2020年
沪市A股	600135	乐凯胶片	2	2	2	1	3
	600149	廊坊发展	3	3	2	2	2
	600230	沧州大化	2	2	2	2	2
	600340	华夏幸福	15	16	14	15	11
	600409	三友化工	4	6	2	4	3
	600480	凌云股份	3	6	4	4	5
	600482	中国动力	7	5	4	3	4
	600550	保变电气	4	5	3	3	6
	600559	老白干酒	2	2	1	1	1
	600722	金牛化工	2	3	4	2	3
	600803	新奥股份	5	6	7	8	6
	600812	华北制药	3	1	3	1	2
	600956	新天绿能	—	—	—	—	3
	600965	福成股份	2	4	1	3	2
	600997	开滦股份	4	4	1	3	2
	601000	唐山港	3	2	2	3	1
	601258	庞大集团	3	1	6	5	2
	601326	秦港股份		4	2	2	1
	601633	长城汽车	1	3	3	9	11
	603050	科林电气	—	2	3	3	2
	603156	养元饮品	—	—	1	1	1
	603385	惠达卫浴		2	4	2	3
	603938	三孚股份			3	3	2	4
深市A股	000158	常山北明	3	4	5	1	1
	000401	冀东水泥	3	4	5	4	1
	000413	东旭光电	5	9	10	5	6
	000600	建投能源	6	5	4	5	4
	000687	华讯方舟	6	5	3	3	5
	000709	河钢股份	1	2	4	4	3

续表

所属板块	股票代码	公司简称	2016年	2017年	2018年	2019年	2020年
深市A股	000778	新兴铸管	5	3	3	4	3
	000848	承德露露	2	1	3	2	2
	000856	冀东装备	6	3	4	4	4
	000889	中嘉博创	4	3	8	5	7
	000923	河钢资源	5	5	7	3	4
	000937	冀中能源	7	4	4	2	2
	000958	东方能源	3	3	7	5	1
中小企业板	002049	紫光国微	2	4	2	4	5
	002108	沧州明珠	5	3	3	3	1
	002146	荣盛发展	12	10	7	7	9
	002282	博深股份	2	3	3	2	4
	002342	巨力索具	2	1	3	4	2
	002442	龙星化工	3	4	3	1	2
	002459	晶澳科技	2	1	6	4	7
	002494	华斯股份	3	4	4	3	1
	002603	以岭药业	4	4	3	4	5
	002691	冀凯股份	4	2	4	1	3
	002960	青鸟消防	—	—	—	3	3
创业板	300107	建新股份	3	3	1	3	3
	300137	先河环保	3	2	2	3	1
	300138	晨光生物	3	1	2	3	3
	300152	科融环境	4	8	8	6	5
	300255	常山药业	3	4	2	3	2
	300368	汇金股份	3	5	7	10	4
	300371	汇中股份	2	1	4	3	3
	300428	四通新材	5	2	3	3	5
	300446	乐凯新材	5	1	1	1	3
	300491	通合科技	2	3	5	2	2
	300765	新诺威	—	—	—	4	2
	300847	中船汉光	—	—	—	—	3
	300869	康泰医学	—	—	—	—	6
	300922	天秦装备	—	—	—	—	6

数据来源：国泰安数据库和上市公司年报。

（二）股东大会会议召开方式

《上市公司股东大会规则（2016 年修订）》第二十条规定，公司应当在公司住所地或公司章程规定的地点召开股东大会。股东大会应当设置会场，以现场会议形式召开，并应当按照法律、行政法规、中国证监会或公司章程的规定，采用安全、经济、便捷的网络和其他方式为股东参加股东大会提供便利。股东通过上述方式参加股东大会的，视为出席。股东可以亲自出席股东大会并行使表决权，也可以委托他人代为出席和在授权范围内行使表决权。第二十一条规定，公司股东大会采用网络或其他方式的，应当在股东大会通知中明确载明网络或其他方式的表决时间以及表决程序。第三十五条规定，同一表决权只能选择现场、网络或其他表决方式中的一种，同一表决权出现重复表决的以第一次投票结果为准。目前采用其他方式进行投票的企业较少，现上市公司多采用现场投票与网上投票相结合的方式。

1. 河北上市公司股东大会会议召开方式

2016～2020 年，河北上市公司 96% 以上的股东大会中采用了现场投票与网上投票相结合的方式，在一定程度上使中小股东可以参与进来，保护了中小股东的权益（见表 21）。另外，通过查看全国上市公司和河北上市公司各板块股东大会会议召开方式的原始数据发现，上市公司大多采用现场和网上投票相结合的方式召开股东大会。

表 21　2016～2020 年河北上市公司股东大会现场投票与网上投票情况

单位：次，%

项目	2016 年	2017 年	2018 年	2019 年	2020 年
现场投票与网上投票相结合	50	52	55	53	53
占总会议次数比例	100	96	100	96	96

数据来源：国泰安数据库和上市公司年报。

2. 河北上市公司股东大会会议召开方式

表22对2016~2020年河北上市公司股东大会召开方式的具体情况进行了列示。

表22 2016~2020年河北上市公司股东大会召开方式

所属板块	股票代码	公司简称	2016年	2017年	2018年	2019年	2020年
沪市A股	600135	乐凯胶片	1+2	1+2	1+2	1+2	1+2
	600149	廊坊发展	1+2	1+2	1+2	1+2	1+2
	600230	沧州大化	1+2	1+2	1+2	1+2	1+2+4
	600340	华夏幸福	1+2	1+2	1+2	1+2	1+2
	600409	三友化工	1+2	1+2	1+2	1+2	1+2
	600480	凌云股份	1+2	1+2	1+2	1+2	1+2+4
	600482	中国动力	1+2	1+2+3	1+2	1+2	1+2
	600550	保变电气	1+2	1+2	1+2	1+2	1+2
	600559	老白干酒	1+2	1+2	1+2	1+2	1+2
	600722	金牛化工	1+2	1+2	1+2	1+2	1+2
	600803	新奥股份	1+2	1+2	1+2	1+2	1+2
	600812	华北制药	1+2	1+2	1+2	1+2	1+2
	600956	新天绿能	—	—	—	—	—
	600965	福成股份	1+2	1+2	1+2	1+2	1+2
	600997	开滦股份	1+2	1+2	1+2	1+2	1+2
	601000	唐山港	1+2	1+2	1+2	1+2	1+2
	601258	庞大集团	1+2	1+2	1+2	1+2	1+2
	601326	秦港股份	—	1+2	1+2	1+2	1+2
	601633	长城汽车	1+2	1+2	1+2	1+2	1+2
	603050	科林电气	—	1+2	1+2	1+2	1+2
	603156	养元饮品	—	—	1+2	1+2	1+2
	603385	惠达卫浴	—	1+2	1+2	1+2	1+2
	603938	三孚股份	—	1+2	1+2	1+2	1+2
深市A股	000158	常山北明	1+2	1+2	1+2	1+2	1+2
	000401	冀东水泥	1+2	1+2	1+2	1+2	1+2
	000413	东旭光电	1+2	1+2	1+2	1+2	1+2
	000600	建投能源	1+2	1+2	1+2	1+2	1+2
	000687	华讯方舟	1+2	1+2	1+2	1+2	1+2
	000709	河钢股份	1+2	1+2	1+2	1+2	1+2

河北上市公司股东治理研究报告（2021）

续表

所属板块	股票代码	公司简称	2016 年	2017 年	2018 年	2019 年	2020 年
深市 A 股	000778	新兴铸管	1+2	1+2	1+2	1+2	1+2
	000848	承德露露	1+2	1+2	1+2	1+2	1+2
	000856	冀东装备	1+2	1+2	1+2	1+2	1+2
	000889	中嘉博创	1+2	1+2	1+2	1+2	1+2
	000923	河钢资源	1+2	1+2	1+2	1+2	1+2
	000937	冀中能源	1+2	1+2	1+2	1+2	1+2
	000958	东方能源	1+2	1+2	1+2	1+2	1+2
中小企业板	002049	紫光国微	1+2	1+2	1+2	1+2	1+2
	002108	沧州明珠	1+2	1+2	1+2	1+2	1+2
	002146	荣盛发展	1+2	1+2	1+2	1+2	1+2
	002282	博深股份	1+2	1+2	1+2	1+2	1+2
	002342	巨力索具	1+2	1+2	1+2	1+2	1+2
	002442	龙星化工	1+2	1+2	1+2	1+2	1+2
	002459	晶澳科技	1+2	1+2+3	1+2+3	1+2	1+2
	002494	华斯股份	1+2	1+2	1+2	1+2	1+2
	002603	以岭药业	1+2	1+2	1+2	1+2	1+2
	002691	冀凯股份	1+2	1+2	1+2	1+2	1+2
	002960	青鸟消防	—	—	—	1+2	1+2
创业板	300107	建新股份	1+2	1+2	1+2	1+2	1+2
	300137	先河环保	1+2	1+2	1+2	1+2	1+2
	300138	晨光生物	1+2	1+2	1+2	1+2	1+2
	300152	科融环境	1+2	1+2	1+2	1+2	1+2
	300255	常山药业	1+2	1+2	1+2	1+2	1+2
	300368	汇金股份	1+2	1+2	1+2	1+2	1+2
	300371	汇中股份	1+2	1+2	1+2	1+2	1+2
	300428	四通新材	1+2	1+2	1+2	1+2	1+2
	300446	乐凯新材	1+2	1+2	1+2	1+2	1+2
	300491	通合科技	1+2	1+2	1+2	1+2	1+2
	300765	新诺威	—	—	—	1+2	1+2
	300847	中船汉光	—	—	—	1	1+2
	300869	康泰医学	—	—	—	—	1+2
	300922	天秦装备	—	—	—	—	—

注：1＝现场投票；2＝网络投票；3＝委托董事会投票；4＝其他方式。
数据来源：国泰安数据库和上市公司年报。

（三）股东大会会议表决方式

股东大会的表决方式主要有三种方式：逐项表决、累积投票、逐项表决和累积投票。《中华人民共和国公司法（2018修正）》第四十二条规定，股东大会会议由股东按照出资比例行使表决权；但是，公司章程另有规定的除外。《上市公司股东大会规则（2016年修订）》第三十二条规定，股东大会就选举董事、监事进行表决时，根据公司章程的规定或者股东大会的决议，可以实行累积投票制。第三十三条规定，除累积投票制外，股东大会对所有提案应当逐项表决。对同一事项有不同提案的，应当按提案提出的时间顺序进行表决。除因不可抗力等特殊原因导致股东大会中止或不能做出决议外，股东大会不得对提案进行搁置或不予表决。

1. 河北上市公司各板块股东大会会议表决方式次数

2016～2020年，河北上市公司在股东大会中采用的表决方式多为逐项投票，其次数远多于另两种表决方式。累积投票与逐项表决和累积投票两者差距不大。同时还可以看出，除沪市A股外，各个板块在2016～2020年中，选择的表决方式差距不大。沪市A股在2017年逐项表决方式迅速增加，到2020年又恢复到了2016年的水平（见表23）。通过查看全国上市公司的原始数据发现也是逐项表决的会议表决方式最多。

表23 2016～2020年河北上市公司各板块股东大会会议表决方式次数

单位：次

表决方式	所属板块	2016年	2017年	2018年	2019年	2020年
逐项表决	沪市A股	12	20	17	18	11
	深市A股	9	12	13	12	12
	中小企业板	9	8	8	11	9
	创业板	8	8	10	11	10

续表

表决方式	所属板块	2016年	2017年	2018年	2019年	2020年
累积投票	沪市A股	3	1	4	4	8
	深市A股	0	1	0	1	1
	中小企业板	1	2	2	0	1
	创业板	1	0	0	1	1
逐项表决和累积投票	沪市A股	2	0	1	0	3
	深市A股	1	0	0	0	0
	中小企业板	0	0	0	0	1
	创业板	1	2	0	0	3

数据来源：国泰安数据库和上市公司年报。

2. 河北上市公司股东大会会议表决方式

表24对2016~2020年河北上市公司股东大会表决方式的具体情况进行了列示。

表24　2016~2020年河北上市公司股东大会表决方式次数

所属板块	股票代码	公司简称	2016年	2017年	2018年	2019年	2020年
沪市A股	600135	乐凯胶片	1	1	1	1	2
	600149	廊坊发展	1	1	1	1	1
	600230	沧州大化	2	1	2	1	3
	600340	华夏幸福	1	1	1	1	2
	600409	三友化工	1	1	1	1	3
	600480	凌云股份	2	1	1	1	1
	600482	中国动力	2	1	1	1	2
	600550	保变电气	1	1	1	2	1
	600559	老白干酒	1	1	2	1	2
	600722	金牛化工	3	1	1	2	2
	600803	新奥股份	1	1	1	1	1
	600812	华北制药	3	1	1	2	1
	600956	新天绿能	—	—	—	—	1
	600965	福成股份	1	1	1	1	1
	600997	开滦股份	1	1	1	1	3
	601000	唐山港	1	1	2	1	2
	601258	庞大集团	1	2	1	1	2
	601326	秦港股份	—	1	2	1	—
	601633	长城汽车	1	1	1	1	1
	603050	科林电气	—	1	1	1	1
	603156	养元饮品	—	—	1	2	2

续表

所属板块	股票代码	公司简称	2016年	2017年	2018年	2019年	2020年
沪市A股	603385	惠达卫浴	—	1	3	1	1
	603938	三孚股份	—	1	1	1	1
深市A股	000158	常山北明	1	1	1	1	1
	000401	冀东水泥	1	1	1	1	1
	000413	东旭光电	1	1	1	1	1
	000600	建投能源	1	1	1	1	1
	000687	华讯方舟	1	2	1	2	2
	000709	河钢股份	1	1	1	1	1
	000778	新兴铸管	1	1	1	1	1
	000848	承德露露	1	1	1	1	1
	000856	冀东装备	1	1	1	1	1
	000889	中嘉博创	1	1	1	1	1
	000923	河钢资源	3	1	1	1	1
	000937	冀中能源	1	1	1	1	1
	000958	东方能源	1	1	1	1	1
中小企业板	002049	紫光国微	1	2	2	1	1
	002108	沧州明珠	1	1	1	1	1
	002146	荣盛发展	1	1	1	1	1
	002282	博深股份	1	1	1	1	1
	002342	巨力索具	1	1	1	1	1
	002442	龙星化工	1	1	2	1	1
	002459	晶澳科技	2	2	1	1	1
	002494	华斯股份	1	1	1	1	2
	002603	以岭药业	1	1	1	1	3
	002691	冀凯股份	1	1	1	1	1
	002960	青鸟消防	—	—	—	1	1
创业板	300107	建新股份	3	1	1	1	1
	300137	先河环保	1	3	1	1	3
	300138	晨光生物	2	1	1	2	1
	300152	科融环境	1	1	1	1	1
	300255	常山药业	1	1	1	1	1
	300368	汇金股份	1	1	1	1	1
	300371	汇中股份	1	1	1	1	1
	300428	四通新材	1	1	1	1	1

续表

所属板块	股票代码	公司简称	2016年	2017年	2018年	2019年	2020年
创业板	300446	乐凯新材	1	3	1	1	3
	300491	通合科技	1	1	1	1	1
	300765	新诺威	—	—	—	1	3
	300847	中船汉光	—	—	—	1	1
	300869	康泰医学	—	—	—	—	1
	300922	天秦装备	—	—	—	—	2

注：1＝逐项表决，2＝累积投票，3＝逐项表决和累积投票。
数据来源：国泰安数据库和上市公司年报。

（四）股东大会出席股份比例

《中华人民共和国公司法（2018修正）》《上市公司股东大会规则（2016年修订）》以及股份公司章程标准版本（地方工商部门官网可见）均规定"普通决议由出席会议的股东过半数通过，特殊决议（一般为修改章程、公司合并分立、对外对内担保超过一定比例等）由出席会议的股东所持表决权三分之二以上（含本数）通过"。股东大会出席股份比例是指在召开股东大会时出席股东所持股份占上市公司总股份的比例。如果出席会议的股份比例较大，某种层面上可以理解为直接参与会议的股东人数较多，这就更能表达股东各自的利益倾向，从而可以更好地调解股东各方利益，综合各方意见的会议结果也能更好地引导公司经营方向，规避部分可避免的风险。①

1. 河北上市公司与全国上市公司股东大会出席股份比例平均值

河北上市公司股东大会出席股份比例平均值虽然在2016～2019年较稳定，但整体上呈现波动下降趋势，2017年河北上市公司的股东大会出席股份比例平均值降低了2.37%。全国上市公司股东大会平均出席股份比例平均值在近五年发展平稳，维持在47%～49%，波动较小，河北上市公司股

---

① 国泰安数据库。

东大会出席股份比例平均值波动较大，在53%~61%的范围内变化。2020年河北上市公司股东大会出席股份比例平均值明显下降，但仍然高于全国平均水平（见图10）。

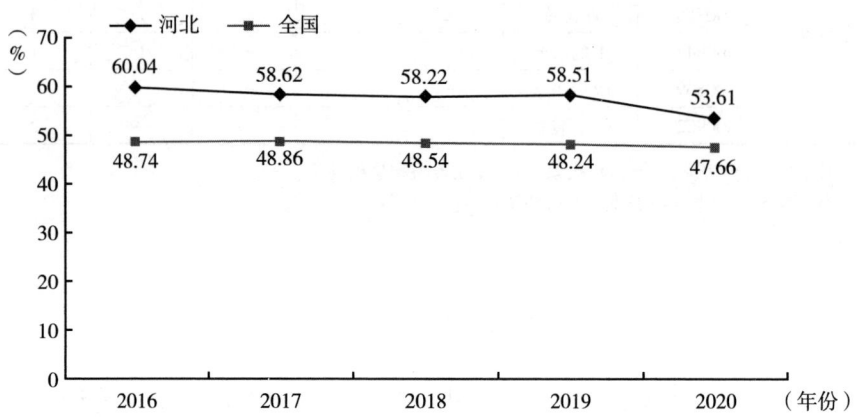

图10　2016~2020年河北上市公司和全国上市公司股东大会出席股份比例平均值变化趋势

数据来源：国泰安数据库和上市公司年报。

2. 河北上市公司各板块股东大会出席股份比例

2016~2020年，河北上市公司各板块股东大会平均出席比例平均值在47%~66%，2020年沪市A股股东大会出席股份比例平均值达到了近五年最高，为65.13%。自2017年开始，深市A股、中小企业板和创业板开始波动式下降，2020年创业板下降趋势明显，从2019年的56.69%下降到了2020年的47.63%，降低了9.06个百分点。同时还可以看出2016~2020年沪市A股股东大会出席股份比例平均值稳步提升，深市A股、中小企业板和创业板均呈现下降的趋势（见图11）。

3. 河北上市公司股东大会出席股份比例

表25对2016~2020年河北上市公司股东大会出席股份比例的具体情况进行了列示。

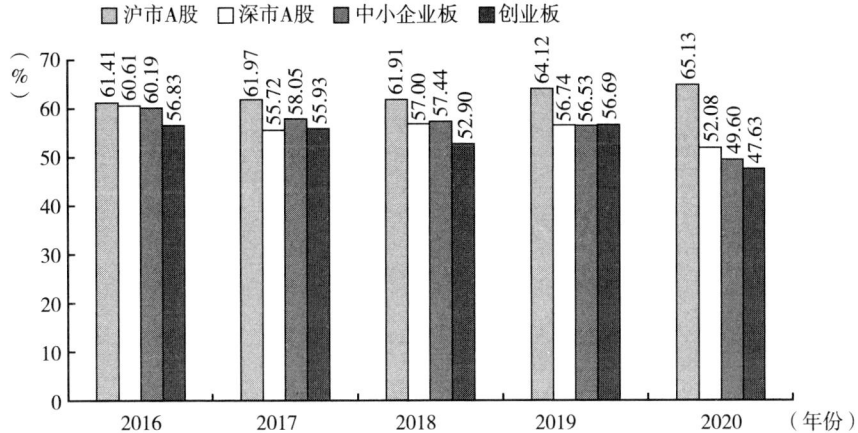

图 11 2016~2020 河北上市公司各板块间股东大会出席股份比例平均值对比

数据来源：国泰安数据库和上市公司年报。

表 25 2016~2020 年河北上市公司股东大会出席股份比例

单位：%

所属板块	股票代码	公司简称	2016 年	2017 年	2018 年	2019 年	2020 年
沪市 A 股	600135	乐凯胶片	42.98	38.67	37.69	53.74	45.68
	600149	廊坊发展	39.07	37.09	41.26	41.16	42.85
	600230	沧州大化	54.3	48.87	49.31	51.45	52.79
	600340	华夏幸福	72.17	68.94	67.38	69.51	68.51
	600409	三友化工	60.23	55.77	53.66	54.05	56.62
	600480	凌云股份	54.71	53.19	49.07	51.9	55.28
	600482	中国动力	73.22	71.74	78.18	79.14	74.13
	600550	保变电气	61.05	60.18	60.80	66.81	66.97
	600559	老白干酒	57.93	58.76	57.88	47.94	40.61
	600722	金牛化工	61.50	59.66	58.65	58.91	58.90
	600803	新奥股份	70.92	64.70	63.60	66.56	86.17
	600812	华北制药	66.40	66.40	66.40	68.77	66.40
	600956	新天绿能	—	—	—	—	96.54
	600965	福成股份	71.09	73.25	71.53	71.20	70.96
	600997	开滦股份	64.86	70.06	70.44	69.40	71.66
	601000	唐山港	65.53	63.53	64.50	64.82	66.78
	601258	庞大集团	34.19	33.63	33.53	57.6	45.30

续表

所属板块	股票代码	公司简称	2016年	2017年	2018年	2019年	2020年
沪市A股	601326	秦港股份	—	88.69	88.69	88.44	88.22
	601633	长城汽车	93.82	94.33	93.68	93.61	93.29
	603050	科林电气	—	50.30	44.59	41.74	36.79
	603156	养元饮品	—	—	71.63	71.70	71.70
	603385	惠达卫浴	—	67.34	66.41	68.99	68.24
	603938	三孚股份	—	76.30	73.13	73.27	73.49
深市A股	000158	常山北明	68.35	59.45	63.25	54.3	49.30
	000401	冀东水泥	69.70	43.76	48.47	46.03	47.91
	000413	东旭光电	40.53	36.06	34.69	31.00	27.70
	000600	建投能源	75.52	70.79	72.63	73.02	72.28
	000687	华讯方舟	55.48	49.43	50.34	50.23	48.96
	000709	河钢股份	67.10	64.23	66.22	66.93	70.26
	000778	新兴铸管	48.90	47.22	50.63	51.31	50.3
	000848	承德露露	58.65	60.70	58.41	61.96	50.72
	000856	冀东装备	51.45	52.56	37.84	33.27	30.08
	000889	中嘉博创	66.63	69.31	69.49	73.79	67.47
	000923	河钢资源	51.09	49.07	78.72	79.36	34.67
	000937	冀中能源	77.30	74.24	74.82	75.08	65.55
	000958	东方能源	57.22	47.51	41.16	41.38	61.86
中小企业板	002049	紫光国微	59.97	57.02	50.53	47.27	40.29
	002108	沧州明珠	47.03	46.44	41.85	40.98	35.33
	002146	荣盛发展	73.92	74.74	68.30	68.19	61.37
	002282	博深股份	62.75	61.80	62.20	62.20	57.48
	002342	巨力索具	38.78	40.50	38.15	38.79	35.3
	002442	龙星化工	66.87	65.29	67.24	67.39	29.40
	002459	晶澳科技	64.22	50.81	49.79	48.28	81.30
	002494	华斯股份	48.02	44.13	40.09	38.48	34.32
	002603	以岭药业	67.38	64.67	65.12	64.65	54.85
	002691	冀凯股份	72.94	75.10	81.05	74.96	62.37
	002960	青鸟消防	—	—	—	70.62	53.58
创业板	300107	建新股份	58.83	57.01	53.97	54.85	47.21
	300137	先河环保	34.26	30.26	23.07	25.07	18.13
	300138	晨光生物	48.54	44.33	41.15	41.06	35.02
	300152	科融环境	36.32	38.44	35.02	34.3	0.07

续表

所属板块	股票代码	公司简称	2016 年	2017 年	2018 年	2019 年	2020 年
创业板	300255	常山药业	61.57	63.47	61.22	60.95	36.70
	300368	汇金股份	68.66	68.25	61.98	63.20	44.67
	300371	汇中股份	68.85	67.69	67.55	67.89	42.93
	300428	四通新材	75.00	74.59	74.41	83.82	76.77
	300446	乐凯新材	42.64	42.68	40.92	46.55	34.21
	300491	通合科技	73.63	72.60	69.73	69.55	60.49
	300765	新诺威	—	—	—	76.33	75.60
	300847	中船汉光	—	—	—	—	47.38
	300869	康泰医学	—	—	—	—	100.00
	300922	天秦装备	—	—	—	—	—

数据来源：国泰安数据库和上市公司年报。

B.3
河北上市公司董事会治理研究报告（2021）

石晓飞*

摘　要： 董事会是重要的决策机构，是制定企业战略的主体，是上市公司治理的核心。本报告从董事会规模、董事会结构、独立董事制度、董事会行为、董事会运行五个重要的董事会治理维度对河北上市公司董事会治理状况进行研究。报告为有效规范董事会成员行为，充分发挥董事会职能，提升河北上市公司董事会治理有效性提供有益参考。

关键词： 上市公司　董事会治理　河北

董事会有权选聘和激励主要经理人员，对全体股东负责并向股东报告公司的经营状况，以确保公司的管理行为符合国家法规，有助于股东进行战略决策、制定政策和制度、履行监督职责。董事会治理是指董事会各项职能发挥的效果，包括董事会的制度建设、董事会的结构设置、董事会的战略决策能力以及对管理层经营行为的监控能力等。基于此，本报告以《中华人民共和国公司法（2018修正）》相关条例为依据，结合2016~2020年上市公司年报和国泰安数据库中的数据，分析了河北上市公司董事会治理情况。主要从以下五类指标对河北上市公司董事会治理情况进行了分析：一是董事会

---

* 石晓飞，博士，河北经贸大学工商管理学院副院长、公司治理与企业成长研究中心主任，副教授，硕士生导师，主要研究领域为公司治理。

规模,二是董事会结构,三是独立董事制度,四是董事会行为,五是董事会运行。

一 董事会规模

董事会规模一般用董事会人数表示。《中华人民共和国公司法(2018修正)》第一百零八条明确规定:股份有限公司设董事会,其成员为五人至十九人。董事会的规模常常被视为影响董事会效率的关键性因素,董事会规模对治理效率和外部投资者保护的影响方向,以及对股价信息含量的影响方向一直存在争议。有研究显示,董事会规模与企业绩效呈倒 U 形的二次曲线关系,董事会规模过大或过小都不利于提高企业绩效。[①]

(一)河北上市公司和全国上市公司董事会规模

2016~2020 年,全国上市公司董事会人数平均值呈现下降趋势,河北上市公司董事会人数平均值在 2017 年变化较为明显,比 2016 年降低了 2.54%。从图中可以看出,整体上全国上市公司董事会人数平均值要少于河北上市公司董事会人数平均值,并且近几年呈现缓步下降的趋势(见图1)。

(二)河北上市公司各板块董事会规模

2016~2020 年,河北上市公司各板块中沪市 A 股董事会人数平均值虽然在 2017 年下降明显,降低了 5.50%,但在 2017~2020 年间始终保持平稳,并且始终比其他板块大。深市 A 股在 2018 年波动幅度较大,达到了其五年内的最高值 8.85 人。中小企业板在 2017 年减少到了 7.90 人后,在 2018 年又增加到了 8.40 人,增加了 6.33%,波动幅度较大。2016~2019 年创业板董事会人数平均值整体上呈现下降趋势,且董事会规模较小(见图2)。

---

① 李维安、张耀伟:《上市公司董事会治理与绩效倒 U 形曲线关系研究》,《经济理论与经济管理》2004 年第 8 期,第 36~42 页。

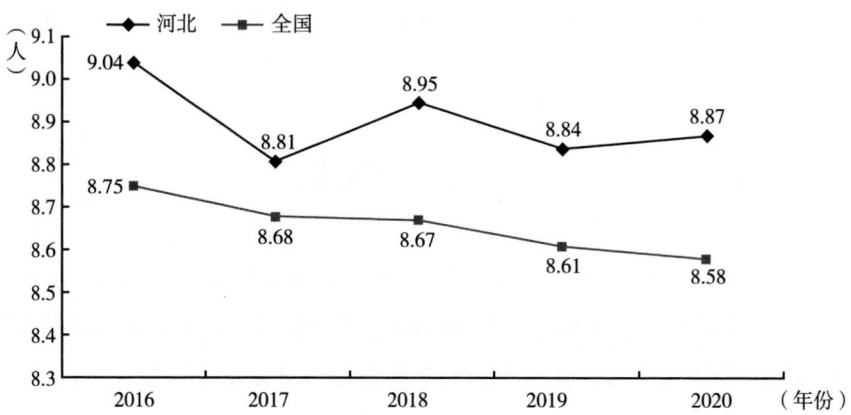

图 1　2016～2020 年河北上市公司和全国上市公司董事会人数平均值变化趋势

数据来源：国泰安数据库和上市公司年报。

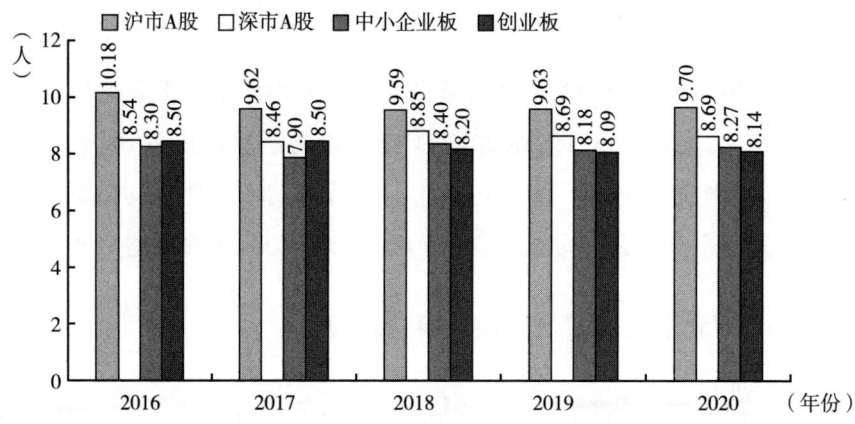

图 2　2016～2020 年河北上市公司各板块董事会人数平均值对比

数据来源：国泰安数据库和上市公司年报。

（三）河北上市公司董事会规模

表 1 对 2016～2020 年河北上市公司董事会人数的具体情况进行了列示。

表1 2016～2020年河北上市公司董事会人数

单位：人

所属板块	股票代码	公司简称	2016年	2017年	2018年	2019年	2020年
沪市A股	600135	乐凯胶片	10	10	9	9	9
	600149	廊坊发展	10	13	13	12	12
	600230	沧州大化	9	9	9	9	7
	600340	华夏幸福	8	8	10	10	9
	600409	三友化工	15	15	15	15	15
	600480	凌云股份	10	9	9	9	9
	600482	中国动力	9	9	9	7	11
	600550	保变电气	9	9	9	9	8
	600559	老白干酒	9	9	9	9	9
	600722	金牛化工	7	7	7	9	9
	600803	新奥股份	12	8	9	9	12
	600812	华北制药	10	9	11	11	10
	600956	新天绿能	—	—	—	—	9
	600965	福成股份	7	8	6	7	7
	600997	开滦股份	9	9	9	9	9
	601000	唐山港	15	15	15	15	15
	601258	庞大集团	14	14	14	14	14
	601326	秦港股份	—	10	10	10	10
	601633	长城汽车	10	9	7	7	7
	603050	科林电气	—	7	7	7	7
	603156	养元饮品	—	—	8	9	9
	603385	惠达卫浴	—	8	9	9	9
	603938	三孚股份	—	7	7	7	7
深市A股	000158	常山北明	11	11	11	11	11
	000401	冀东水泥	9	7	9	8	7
	000413	东旭光电	7	6	7	7	7
	000600	建投能源	8	9	9	9	9
	000687	华讯方舟	7	8	7	7	6
	000709	河钢股份	9	9	11	11	11

续表

所属板块	股票代码	公司简称	2016年	2017年	2018年	2019年	2020年
深市A股	000778	新兴铸管	9	9	9	8	8
	000848	承德露露	9	9	9	9	9
	000856	冀东装备	7	7	7	7	7
	000889	中嘉博创	9	9	8	8	9
	000923	河钢资源	10	9	9	9	9
	000937	冀中能源	9	11	11	11	11
	000958	东方能源	7	6	8	8	9
中小企业板	002049	紫光国微	7	6	7	7	7
	002108	沧州明珠	9	9	9	9	9
	002146	荣盛发展	9	8	9	9	9
	002282	博深股份	9	9	12	9	9
	002342	巨力索具	7	7	7	7	7
	002442	龙星化工	7	8	7	8	9
	002459	晶澳科技	8	8	8	9	9
	002494	华斯股份	9	7	7	7	7
	002603	以岭药业	9	8	9	9	9
	002691	冀凯股份	9	9	9	9	9
	002960	青鸟消防	—	—	—	7	7
创业板	300107	建新股份	9	9	9	9	9
	300137	先河环保	7	8	9	9	9
	300138	晨光生物	8	8	7	6	6
	300152	科融环境	9	7	7	7	7
	300255	常山药业	8	8	5	5	5
	300368	汇金股份	9	9	9	9	9
	300371	汇中股份	9	9	9	9	9
	300428	四通新材	9	9	9	9	9
	300446	乐凯新材	8	9	9	9	7
	300491	通合科技	9	9	9	8	8
	300765	新诺威	—	—	—	9	9
	300847	中船汉光	—	—	—	—	9
	300869	康泰医学	—	—	—	—	9
	300922	天秦装备	—	—	—	—	9

数据来源：国泰安数据库和上市公司年报。

二 董事会结构

董事会结构是指董事会内部的组成以及各组成部分相互之间的关系。董事会成员年龄异质性可以提升会计信息的质量,年龄不同的董事对风险的态度不同,也有助于减少情感冲突,① 进而影响到公司的决策和绩效。董事会成员性别多元化可以优化董事会决策、扩展董事会的决策视野、强化董事会的监督能力,并最终有助于提升公司财务绩效或市场表现。② 董事会专业委员会的设立和良好运行则可以帮助董事会形成议案,并在董事会闭会期间发挥董事会的相关职能,以克服董事会作为会议体机构的缺陷。③ 基于此,本报告董事会结构情况主要从董事会成员年龄、董事会成员女性占比以及董事会专业委员会三个指标进行了分析。

(一)董事会成员年龄

1. 河北上市公司和全国上市公司董事会成员年龄

2016~2019年,全国上市公司董事会成员年龄平均值呈稳步增长态势,河北上市公司董事会成员年龄平均值同样呈现增长的趋势,在2018年增长趋势最为明显,增长了1.59%,2020年呈现下降趋势。此外,可以看出整体上全国上市公司董事会成员年龄平均值要低于河北上市公司董事会成员年龄平均值,但二者的变化趋势是一致的(见图3)。

2. 河北上市公司各板块董事成员年龄

2016~2020年沪市A股董事会成员年龄平均值整体上呈现稳步上升趋势,2016~2019年中深市A股董事会成员年龄平均值稳步上升后,

---

① Lisa Hope Pelled, Kathleen M. Eisenhardt, Katherine R. Xin, "Exploring the Black Box: An Analysis of Work Group Diversity, Conflict and Performance," *Administrative Science Quarterly* 44 (1999): 1-28.
② 陈丹、李红军:《公司治理的性别视角:董事会性别结构对上市公司违规行为的影响》,《社会科学研究》2020年第4期,第99~106页。
③ 谢增毅:《董事会委员会与公司治理》,《法学研究》2005年第5期,第60~69页。

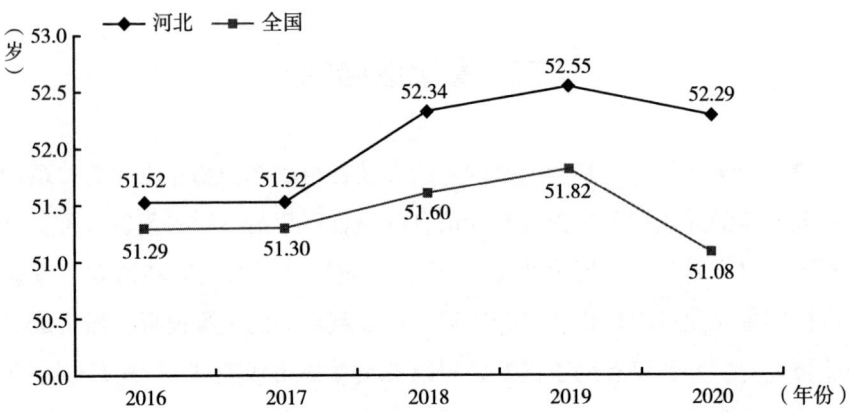

图3　2016～2020年河北上市公司和全国上市公司董事会成员年龄平均值变化趋势

数据来源：国泰安数据库和上市公司年报。

在2020年又开始下降，由2019年的53.21岁下降到了52.86岁，降低了0.66%，而中小企业板在2016～2020年呈现波动下降的趋势（见图4）。

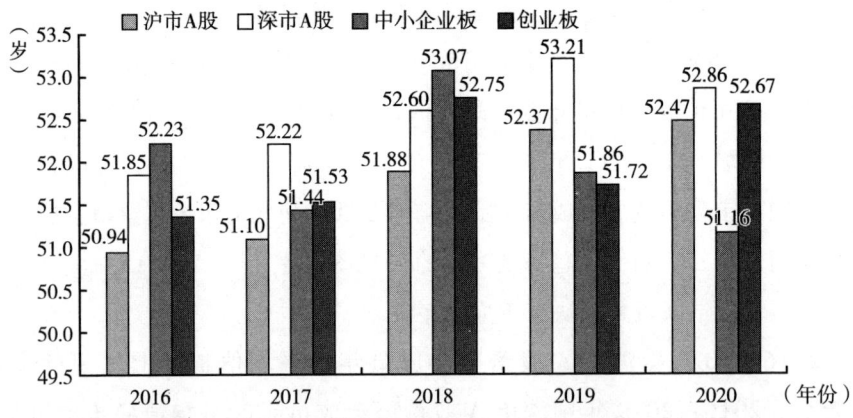

图4　2016～2020年河北上市公司各板块董事会成员年龄平均值对比

数据来源：国泰安数据库和上市公司年报。

3. 河北上市公司董事成员年龄

表2对2016～2020年河北上市公司董事会成员年龄平均值情况进行了列示。

表2 2016～2020年河北上市公司董事会成员年龄平均值

单位：岁

所属板块	股票代码	公司简称	2016年	2017年	2018年	2019年	2020年
沪市A股	600135	乐凯胶片	51.90	52.30	54.33	52.44	53.44
	600149	廊坊发展	39.64	42.55	43.55	44.91	45.73
	600230	沧州大化	51.30	49.44	48.89	51.00	48.00
	600340	华夏幸福	49.63	43.78	49.60	49.89	53.78
	600409	三友化工	51.80	53.00	54.00	54.60	55.93
	600480	凌云股份	51.40	52.30	51.98	51.67	52.50
	600482	中国动力	56.30	57.30	56.30	56.71	55.50
	600550	保变电气	49.55	51.33	53.30	54.78	55.25
	600559	老白干酒	52.50	52.67	52.89	53.89	53.00
	600722	金牛化工	45.71	45.86	48.71	51.30	50.78
	600803	新奥股份	53.75	52.63	51.30	51.20	51.50
	600812	华北制药	57.22	58.22	56.00	55.73	56.30
	600956	新天绿能	—	—	—	—	51.22
	600965	福成股份	50.29	44.71	48.83	49.12	49.29
	600997	开滦股份	53.44	51.22	52.22	51.30	51.77
	601000	唐山港	50.80	51.80	53.60	54.67	54.53
	601258	庞大集团	54.50	55.57	56.79	54.31	51.71
	601326	秦港股份	—	53.40	52.60	53.60	54.60
	601633	长城汽车	46.22	48.30	49.71	50.71	51.38
	603050	科林电气		53.14	53.43	54.43	54.14
	603156	养元饮品	—		49.56	50.30	51.30
	603385	惠达卫浴	—	55.63	54.67	55.67	56.67
	603938	三孚股份	—	48.00	49.00	50.00	48.57

续表

所属板块	股票代码	公司简称	2016年	2017年	2018年	2019年	2020年
深市A股	000158	常山北明	51.55	51.73	51.27	52.27	53.27
	000401	冀东水泥	54.33	51.86	52.00	52.88	49.89
	000413	东旭光电	47.14	49.83	49.43	51.00	50.00
	000600	建投能源	55.25	54.56	55.56	56.56	55.00
	000687	华讯方舟	52.14	56.00	55.57	55.57	47.67
	000709	河钢股份	53.30	53.55	55.18	50.09	56.64
	000778	新兴铸管	54.22	55.33	56.33	57.13	57.75
	000848	承德露露	46.33	47.78	50.00	50.00	48.78
	000856	冀东装备	47.43	47.00	50.14	48.29	49.29
	000889	中嘉博创	47.56	48.56	51.38	52.88	52.78
	000923	河钢资源	54.20	56.22	54.89	54.89	55.89
	000937	冀中能源	57.56	55.00	55.82	56.82	57.91
	000958	东方能源	53.00	51.50	52.38	53.38	52.30
中小企业板	002049	紫光国微	56.29	60.33	61.00	57.14	53.29
	002108	沧州明珠	54.89	55.44	53.33	53.33	54.56
	002146	荣盛发展	54.33	51.25	49.89	50.89	51.89
	002282	博深股份	54.44	55.44	55.08	52.56	54.33
	002342	巨力索具	47.71	48.71	56.86	51.57	48.57
	002442	龙星化工	51.86	43.00	41.57	44.50	48.89
	002459	晶澳科技	51.88	50.38	50.38	53.44	48.78
	002494	华斯股份	50.56	48.57	49.43	50.43	51.43
	002603	以岭药业	53.33	53.88	53.78	54.78	52.44
	002691	冀凯股份	47.00	47.44	48.44	49.44	50.20
	002960	青鸟消防	—	—	—	52.43	48.33
创业板	300107	建新股份	48.00	47.30	48.30	48.56	49.56
	300137	先河环保	58.28	51.88	53.89	54.89	55.33
	300138	晨光生物	54.50	55.50	57.43	56.00	57.00
	300152	科融环境	46.00	50.57	52.71	53.71	54.57
	300255	常山药业	52.38	54.00	57.00	55.00	56.00
	300368	汇金股份	48.89	49.89	49.56	48.67	50.78
	300371	汇中股份	48.22	48.30	48.22	50.56	51.56
	300428	四通新材	47.33	49.30	50.30	51.30	50.75
	300446	乐凯新材	55.63	53.30	54.30	52.67	53.44

续表

所属板块	股票代码	公司简称	2016年	2017年	2018年	2019年	2020年
创业板	300491	通合科技	54.30	55.30	55.78	46.75	47.57
	300765	新诺威	—	—	—	50.78	49.78
	300847	中船汉光	—	—	—	—	53.33
	300869	康泰医学	—	—	—	—	54.44
	300922	天秦装备	—	—	—	—	53.33

数据来源：国泰安数据库和上市公司年报。

（二）董事会成员女性占比

1. 河北上市公司和全国上市公司董事会成员女性占比平均值

2016～2020年，河北上市公司董事会成员女性占比平均值呈稳步增长态势，全国上市公司董事会成员中女性董事占比平均值在2017～2019年有所增加，但在2020年迅速下降，并且低于河北。同时还可以看出，2016～2019年全国上市公司董事会成员女性占比平均值要高于河北上市公司董事会成员女性占比平均值（见图5）。

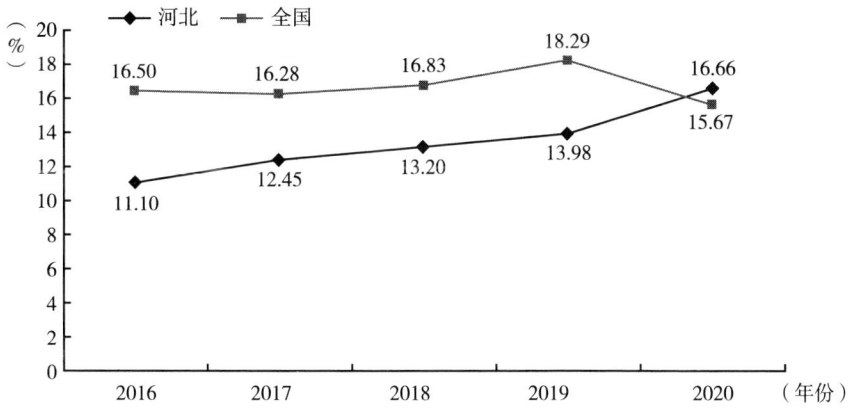

图5 2016～2020年河北上市公司和全国上市公司董事会成员女性占比

数据来源：国泰安数据库和上市公司年报。

2. 河北上市公司各板块女性董事会成员占比平均值

2016～2020年深市A股董事会成员女性占比平均值呈现稳步增长的趋势，沪市A股、创业板近五年呈现波动式增长的趋势，但波动幅度较小。中小企业板的波动幅度较大，在2018年董事会成员女性占比上升到20.94%，增长幅度较大，在2019年又减少到了19.00%（见图6）。

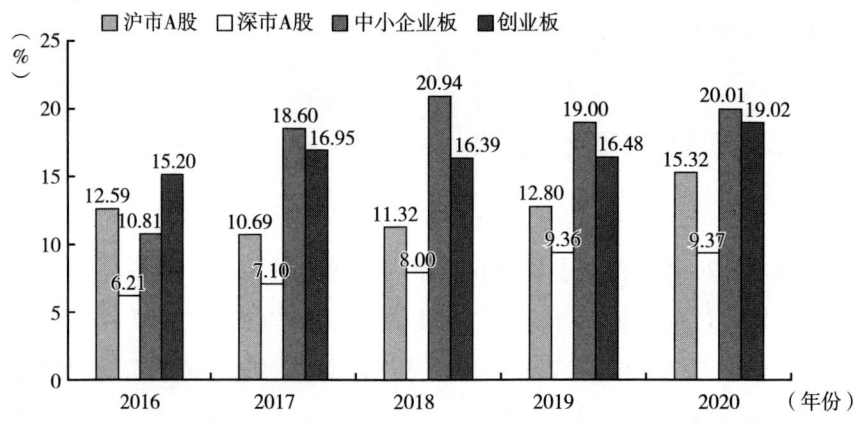

图6　2016～2020年河北上市公司各板块女性董事会成员占比

数据来源：国泰安数据库和上市公司年报。

3. 河北上市公司女性董事会成员占比

表3对2016～2020年河北上市公司董事会成员女性占比的具体情况进行了列示。

表3　2016～2020年河北省上市公司董事会成员女性占比

单位：%

所属板块	股票代码	公司简称	2016年	2017年	2018年	2019年	2020年
沪市A股	600135	乐凯胶片	10.00	10.00	3.30	0.00	0.00
	600149	廊坊发展	54.55	45.45	45.45	54.55	54.55
	600230	沧州大化	22.22	3.30	3.30	3.30	16.67

续表

所属板块	股票代码	公司简称	2016 年	2017 年	2018 年	2019 年	2020 年
沪市 A 股	600340	华夏幸福	0.00	0.00	0.00	0.00	0.00
	600409	三友化工	0.00	0.00	0.00	6.67	6.67
	600480	凌云股份	0.00	0.00	0.00	3.30	12.50
	600482	中国动力	0.00	0.00	0.00	0.00	10.00
	600550	保变电气	3.30	3.30	3.30	3.30	12.50
	600559	老白干酒	0.00	0.00	0.00	0.00	3.30
	600722	金牛化工	42.86	42.86	42.86	33.33	33.33
	600803	新奥股份	0.00	0.00	0.00	0.00	8.33
	600812	华北制药	22.22	22.22	18.18	18.18	20.00
	600956	新天绿能	—	—	—	—	0.00
	600965	福成股份	0.00	0.00	0.00	14.29	14.29
	600997	开滦股份	3.30	3.30	3.30	3.30	3.30
	601000	唐山港	33.33	33.33	26.67	20.00	20.00
	601258	庞大集团	0.00	0.00	0.00	7.69	14.29
	601326	秦港股份	—	10.00	20.00	20.00	20.00
	601633	长城汽车	22.22	22.22	28.57	28.57	37.50
	603050	科林电气	—	14.29	14.29	14.29	14.29
	603156	养元饮品	—	—	22.22	33.33	33.33
	603385	惠达卫浴	—	0.00	3.30	3.30	3.30
	603938	三孚股份	—	14.29	14.29	14.29	14.29
深市 A 股	000158	常山北明	9.09	9.09	9.09	9.09	9.09
	000401	冀东水泥	3.33	28.57	22.22	25.00	22.22
	000413	东旭光电	14.29	16.67	14.29	14.29	0.00
	000600	建投能源	0.00	0.00	0.00	0.00	3.33
	000687	华讯方舟	14.29	0.00	0.00	0.00	16.67
	000709	河钢股份	0.00	0.00	0.00	9.09	9.09
	000778	新兴铸管	0.00	3.33	3.33	12.50	12.50
	000848	承德露露	00.00	00.00	3.33	3.33	3.33
	000856	冀东装备	00.00	00.00	14.29	14.29	14.29
	000889	中嘉博创	22.22	22.22	25.00	25.00	22.22
	000923	河钢资源	00.00	3.33	3.33	00.00	00.00
	000937	冀中能源	3.33	9.09	9.09	9.09	9.09
	000958	东方能源	14.29	00.00	00.00	00.00	00.00

续表

所属板块	股票代码	公司简称	2016年	2017年	2018年	2019年	2020年
中小企业板	002049	紫光国微	00.00	00.00	00.00	14.29	14.29
	002108	沧州明珠	3.33	3.33	3.33	3.33	3.33
	002146	荣盛发展	22.22	25.00	22.22	22.22	22.22
	002282	博深股份	3.30	3.30	25.00	22.22	22.22
	002342	巨力索具	14.29	14.29	28.57	28.57	28.57
	002442	龙星化工	00.00	37.50	28.57	25.00	22.22
	002459	晶澳科技	25.00	25.00	33.33	25.00	22.22
	002494	华斯股份	33.33	42.86	42.86	42.86	42.86
	002603	以岭药业	3.33	12.50	3.33	3.33	22.22
	002691	冀凯股份	3.33	22.22	22.22	22.22	20.00
	002960	青鸟消防	—	—	—	0.00	0.00
创业板	300107	建新股份	33.33	33.33	33.33	33.33	33.33
	300137	先河环保	14.29	0.00	3.33	3.33	3.33
	300138	晨光生物	37.50	37.50	42.86	50.00	50.00
	300152	科融环境	3.33	14.29	0.00	0.00	0.00
	300255	常山药业	00.00	00.00	00.00	20.00	20.00
	300368	汇金股份	22.22	22.22	3.30	00.00	00.00
	300371	汇中股份	3.33	3.33	22.22	33.33	33.33
	300428	四通新材	22.22	3.33	3.33	3.33	0.00
	300446	乐凯新材	12.50	33.33	33.33	22.22	25.00
	300491	通合科技	3.33	22.22	22.22	12.50	12.50
	300765	新诺威	—	—	—	3.33	0.00
	300847	中船汉光	—	—	—	—	22.22
	300869	康泰医学	—	—	—	—	33.33
	300922	天秦装备	—	—	—	—	33.33

数据来源：国泰安数据库和上市公司年报。

(三)董事会专业委员会

根据2002年证监会与前国家经贸委联合发布的《上市公司治理准则(2018年修订)》第三十八条:"上市公司董事会应当设立审计委员会,并可以根据需要设立战略、提名、薪酬与考核等相关委员会。"董事会下可设四个委员会,分别是审计委员会、提名委员会、薪酬与考核委员会和战略委员会。

1. 河北上市公司和全国上市公司专业委员会

2016~2020年全国上市公司专业委员会设立个数平均值总体上呈稳定增长趋势,河北上市公司专业委员会设立个数平均值在2018年出现明显下降,2019~2020年整体呈现上升趋势。同时还可以看出,全国上市公司专业委员会设立个数平均值虽然在2016~2019年要高于河北上市公司专业委员会设立个数平均值,但在2020年却低于河北上市公司专业委员会设立个数平均值(见图7)。

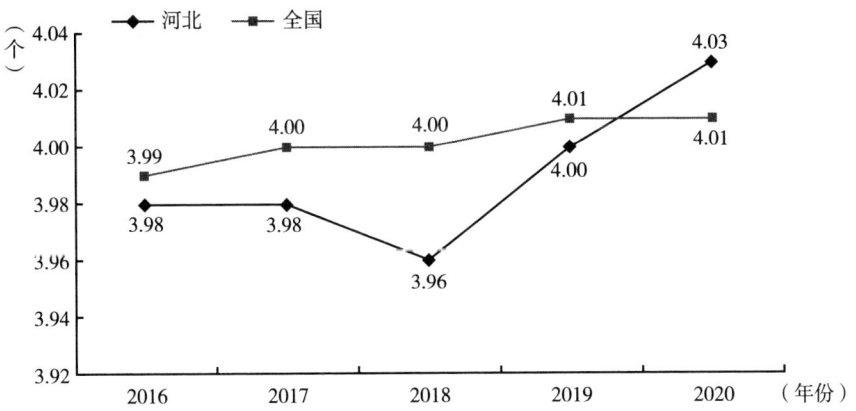

图7 2016~2020年河北上市公司和全国上市公司专业委员会设立平均个数

数据来源:国泰安数据库和上市公司年报。

2. 河北上市公司各板块专业委员会设立个数平均值

2016~2020年河北各个板块中除中小企业板和深市A股外,其他基

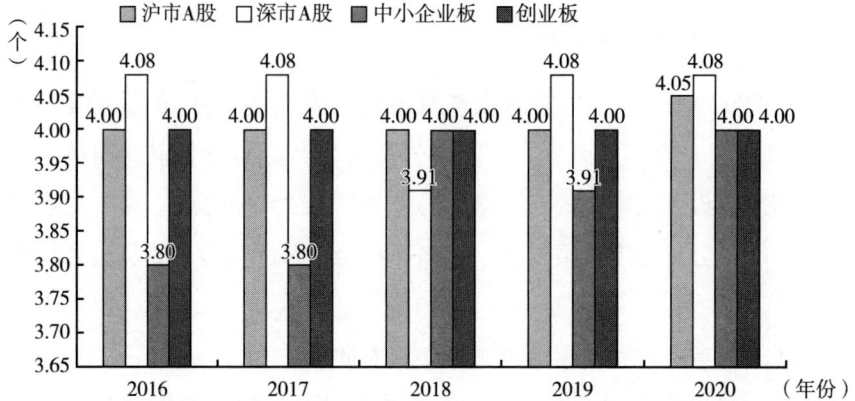

图8 2016~2020年河北上市公司各板块专业委员会设立个数平均值对比

数据来源:国泰安数据库和上市公司年报。

本保持平稳水平,中小企业板专业委员会设立个数在2016~2017年间维持稳定,在2018~2020年间波动幅度较大。深市A股在2018年波动幅度较大,由2017年的4.08个下降到了3.91个,又在2019年增长到了4.08个(见图8)。

3.河北上市公司专业委员会设立个数

表4对2016~2020年河北上市公司专业委员会设立个数的具体情况进行了列示。

表4 2016~2020年河北上市公司专业委员会设立个数

单位:个

所属板块	证券代码	证券名称	2016年	2017年	2018年	2019年	2020年
沪市A股	600135	乐凯胶片	4	4	4	4	4
	600149	廊坊发展	4	4	4	4	4
	600230	沧州大化	4	4	4	4	4
	600340	华夏幸福	4	4	4	4	4
	600409	三友化工	4	4	4	4	4
	600480	凌云股份	4	4	4	4	4
	600482	中国动力	4	4	4	4	

续表

所属板块	证券代码	证券名称	2016年	2017年	2018年	2019年	2020年
沪市A股	600550	保变电气	4	4	4	4	5
	600559	老白干酒	2	2	2	2	2
	600722	金牛化工	4	4	4	4	4
	600803	新奥股份	5	5	5	5	5
	600812	华北制药	5	5	5	5	5
	600956	新天绿能	—	—	—	—	4
	600965	福成股份	4	4	4	4	4
	600997	开滦股份	4	4	4	4	4
	601000	唐山港	4	4	4	4	4
	601258	庞大集团	4	4	4	4	4
	601326	秦港股份	—	4	4	4	4
	601633	长城汽车	4	4	4	4	4
	603050	科林电气	—	4	4	4	4
	603156	养元饮品		—	4	4	4
	603385	惠达卫浴	—	4	4	4	4
	603938	三孚股份	—	4	4	4	4
深市A股	000158	常山北明	4	4	3	3	3
	000401	冀东水泥	4	4	4	4	4
	000413	东旭光电	4	4	4	4	4
	000600	建投能源	3	3	3	3	3
	000687	华讯方舟	4	4	4	4	4
	000709	河钢股份	4	4	4	4	4
	000778	新兴铸管	4	4	4	4	4
	000848	承德露露	4	4	4	4	4
	000856	冀东装备	5	5	5	5	5
	000889	中嘉博创	4	4	4	4	4
	000923	河钢资源	5	5	5	5	5
	000937	冀中能源	4	4	4	5	5
	000958	东方能源	4	4	4	4	4

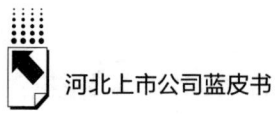

续表

所属板块	证券代码	证券名称	2016年	2017年	2018年	2019年	2020年
中小企业板	002049	紫光国微	3	3	3	3	4
	002108	沧州明珠	4	4	4	4	4
	002146	荣盛发展	4	4	4	4	4
	002282	博深股份	4	4	4	4	4
	002342	巨力索具	4	4	4	4	4
	002442	龙星化工	4	4	4	4	4
	002459	晶澳科技	4	4	4	4	4
	002494	华斯股份	3	3	3	4	4
	002603	以岭药业	4	4	4	4	4
	002691	冀凯股份	4	4	4	4	4
	002960	青鸟消防	—	—	—	4	4
创业板	300107	建新股份	4	4	4	4	4
	300137	先河环保	4	4	4	4	4
	300138	晨光生物	4	4	4	4	4
	300152	科融环境	4	4	4	4	4
	300255	常山药业	4	4	4	4	4
	300368	汇金股份	4	4	4	4	4
	300371	汇中股份	4	4	4	4	4
	300428	四通新材	4	4	4	4	4
	300446	乐凯新材	4	4	4	4	4
	300491	通合科技	4	4	4	4	4
	300765	新诺威	—	—	—	4	4
	300847	中船汉光	—	—	—	—	4
	300869	康泰医学	—	—	—	—	4
	300922	天秦装备	—	—	—	—	4

数据来源：国泰安数据库和上市公司年报。

三 独立董事制度

独立董事制度产生的本意是弱化企业内部人员控制、减少企业内部人员的代理成本、提高企业价值。董事会独立性越高，越可以增加董事会相对于经理层管理工作的客观性,也可以提高董事会参与公司战略管理的有效性。[①] 较高的董事会独立性有利于董事会更好地发挥监督作用,加强董事会的履职效果。独立董事年龄与公司绩效之间存在"倒U"形关系。[②] 公司任命异地工作的独立董事可以降低管理层限制信息披露的可能性,为包括智力资本信息披露在内的一系列决策提供战略指导。[③] 基于此,本报告独立董事制度情况主要从独立董事人数、董事会独立性、独立董事年龄以及独立董事与上市公司工作地点一致性四个指标进行了分析。

(一)独立董事人数

2001年8月公布《关于在上市公司建立独立董事制度的指导意见》要求,各境内上市公司应当按照本指导意见的要求修改公司章程,聘任适当人员担任独立董事,其中至少包括一名会计专业人士。董事会成员中拥有一定比例的独立董事将有助于加强董事会的客观性和独立性,可以更好地对执行董事的行为进行监控,同时也将更好地限制经营者的机会主义行为。

1. 河北上市公司和全国上市公司独立董事人数平均值

2016~2020年河北上市公司和全国上市公司独立董事人数平均值总体呈下降趋势,全国上市公司独立董事人数平均值在2018年增长到3.23人,高于河北上市公司,但整体呈现较为平缓的趋势。河北上市公司独立董事人数平均值在2018年下降较为明显,但2018年之后便恢复平缓的下降趋势。同时,除2018年外,全国上市公司独立董事人数平均值始终要低于或等于河北上市公司独立董事人数平均值(见图9)。

[①] 李国栋、薛有志:《董事会战略参与效应及其影响因素研究》,《管理评论》2011年第3期,第98~106页。

[②] 高雷、罗洋、张杰:《独立董事制度特征与公司绩效——基于中国上市公司的实证研究》,《经济与管理研究》2007年第3期,第60~66页。

[③] 傅传锐、洪运超:《公司治理、产品市场竞争与智力资本自愿信息披露——基于我国A股高科技行业的实证研究》,《中国软科学》2018年第5期,第123~134页。

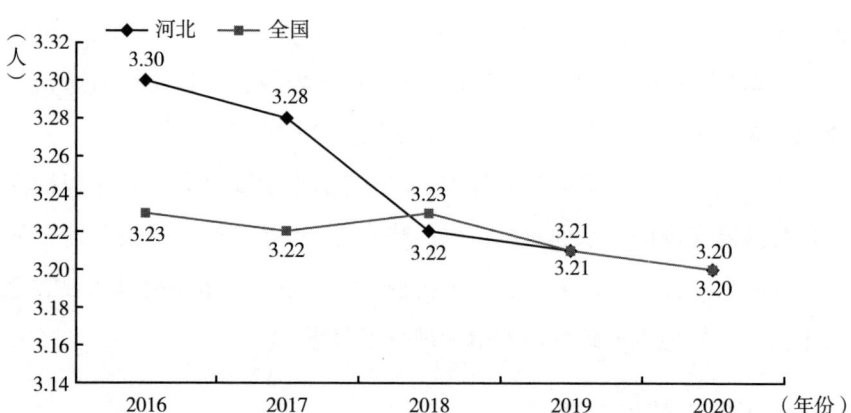

图9　2016～2020年河北上市公司和全国上市公司独立董事人数平均值对比

数据来源：国泰安数据库和上市公司年报。

2. 河北上市公司各板块独立董事人数

2016～2020年，河北上市公司各板块中深市A股、中小企业板和创业板的上市公司独立董事人数平均值变化趋势不太明显，沪市A股在2017年下降幅度较大，下降了5.24%，虽然在2019年有所提升，但是从总体来看，呈现下降的趋势（见图10）。

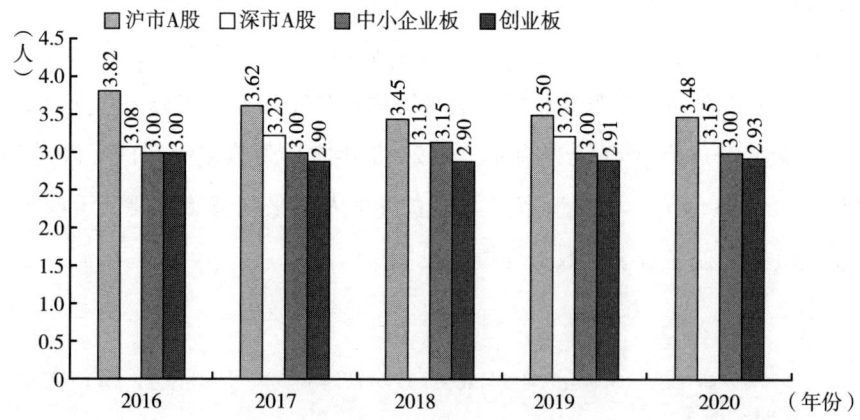

图10　2016～2020年河北上市公司各板块独立董事人数平均值对比

数据来源：国泰安数据库和上市公司年报。

3. 河北上市公司独立董事人数

表5对2016~2020年河北上市公司独立董事人数的具体情况进行了列示。

表5　2016~2020年河北上市公司独立董事人数

单位：人

所属板块	股票代码	公司简称	2016年	2017年	2018年	2019年	2020年
沪市A股	600135	乐凯胶片	5	4	3	3	3
	600149	廊坊发展	4	4	4	4	4
	600230	沧州大化	3	3	3	3	3
	600340	华夏幸福	3	3	3	3	3
	600409	三友化工	5	5	5	5	5
	600480	凌云股份	3	3	3	3	3
	600482	中国动力	3	3	3	3	3
	600550	保变电气	4	3	3	3	3
	600559	老白干酒	3	3	3	3	3
	600722	金牛化工	3	3	3	3	3
	600803	新奥股份	4	3	3	3	4
	600812	华北制药	5	5	5	5	5
	600956	新天绿能	—	—	—	—	3
	600965	福成股份	3	3	3	3	3
	600997	开滦股份	3	3	3	3	3
	601000	唐山港	5	5	5	5	5
	601258	庞大集团	5	5	5	5	5
	601326	秦港股份	—	4	4	4	4
	601633	长城汽车	4	5	3	3	3
	603050	科林电气		3	3	3	3
	603156	养元饮品	—	—	3	3	3
	603385	惠达卫浴	—	3	3	3	3
	603938	三孚股份	—	3	3	3	3
深市A股	000158	常山北明	4	4	4	4	4
	000401	冀东水泥	3	3	3	3	3
	000413	东旭光电	3	3	3	3	3

续表

所属板块	股票代码	公司简称	2016年	2017年	2018年	2019年	2020年
深市A股	000600	建投能源	2	3	3	3	3
	000687	华讯方舟	4	4	3	3	3
	000709	河钢股份	3	3	4	4	4
	000778	新兴铸管	3	3	3	3	2
	000848	承德露露	3	3	3	3	3
	000856	冀东装备	3	3	3	3	3
	000889	中嘉博创	3	3	2	3	3
	000923	河钢资源	3	3	3	3	3
	000937	冀中能源	3	4	4	4	4
	000958	东方能源	3	3	3	3	3
中小企业板	002049	紫光国微	3	3	3	3	3
	002108	沧州明珠	3	3	3	3	3
	002146	荣盛发展	3	3	3	3	3
	002282	博深股份	3	3	4	3	3
	002342	巨力索具	3	3	3	3	3
	002442	龙星化工	3	3	3	3	3
	002459	晶澳科技	3	3	3	3	3
	002494	华斯股份	3	3	3	3	3
	002603	以岭药业	3	3	3	3	3
	002691	冀凯股份	3	3	3	3	3
	002960	青鸟消防	—	—	—	3	3
创业板	300107	建新股份	3	3	3	3	3
	300137	先河环保	3	2	3	3	3
	300138	晨光生物	3	3	3	3	3
	300152	科融环境	3	3	3	3	3
	300255	常山药业	3	3	2	2	2
	300368	汇金股份	3	3	3	3	3
	300371	汇中股份	3	3	3	3	3
	300428	四通新材	3	3	3	3	3
	300446	乐凯新材	3	3	3	3	3
	300491	通合科技	3	3	3	3	3
	300765	新诺威	—	—	—	3	3
	300847	中船汉光	—	—	—	—	3
	300869	康泰医学	—	—	—	—	3
	300922	天秦装备	—	—	—	—	3

数据来源：国泰安数据库和上市公司年报。

（二）董事会独立性

2001年8月发布的《关于在上市公司建立独立董事制度的指导意见》要求，在2003年6月30日前，上市公司董事会成员中应当至少包括1/3独立董事。董事会独立性通常用董事会独立董事比例来衡量，即上市公司独立董事人数与董事会人数的比值，比值越大，董事会的独立性越高。

1. 河北上市公司和全国上市公司董事会独立性

2016~2020年，全国上市公司董事会独立性平均值呈现缓慢增长的趋势，河北上市公司董事会独立性平均值在2016~2018年波动明显，2017年比上年增长了0.87个百分点，2018年又迅速下降，降低了1.24个百分点。从整体上看，除2017年外，全国上市公司董事会独立性平均值均高于河北上市公司的董事会独立性平均值（见表6）。

表6　2016~2020年河北上市公司和全国上市公司董事会独立性平均值

单位：%

	2016年	2017年	2018年	2019年	2020年
河北	36.90	37.77	36.53	36.82	36.64
全国	37.08	37.22	37.38	37.48	37.53

数据来源：国泰安数据库和上市公司年报。

2. 河北上市公司各板块董事会独立性平均值

河北上市公司各板块董事会独立性平均值在2016~2018年的差距比较明显，在2019~2020年的差距较小。虽然沪市A股在2016~2017年平均值有所提升，但从总体上来看呈现下降的趋势。深市A股在2016~2018年波动幅度较大，先是增加了2.40个百分点后，又降低了3.19个百分点，在2020年，又恢复到了2016年的水平。中小企业板在2017~2020年呈现下降趋势，创业板虽然在2017年下降幅度较大，但整体呈现上升的趋势（见表11）。

3. 河北上市公司董事会独立性

表7对2016~2020年河北上市公司董事会独立性的具体情况进行了列示。

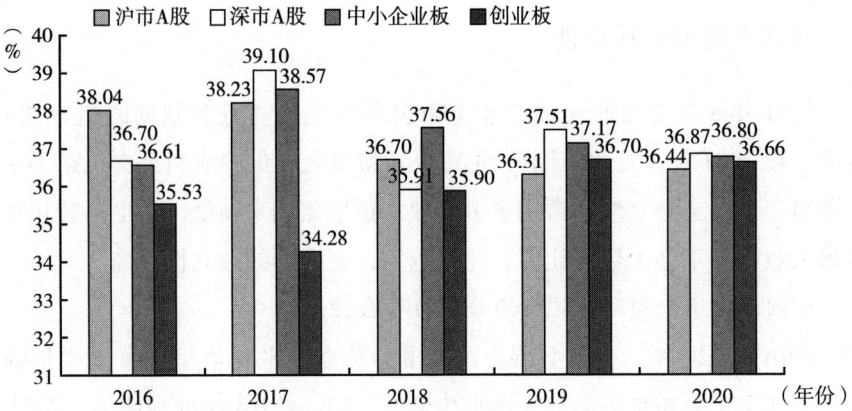

图 11　2016～2020 年河北上市公司各板块董事会独立性平均值对比

数据来源：国泰安数据库和上市公司年报。

表 7　2016～2020 年河北上市公司董事会独立性

单位：%

所属板块	股票代码	公司简称	2016 年	2017 年	2018 年	2019 年	2020 年
沪市 A 股	600135	乐凯胶片	50.00	40.00	33.33	33.33	33.33
	600149	廊坊发展	40.00	30.77	30.77	33.33	33.33
	600230	沧州大化	33.33	33.33	33.33	33.33	42.86
	600340	华夏幸福	37.50	37.50	30.00	30.00	33.33
	600409	三友化工	33.33	33.33	33.33	33.33	33.33
	600480	凌云股份	30.00	33.33	33.33	33.33	33.33
	600482	中国动力	33.33	33.33	33.33	42.86	27.27
	600550	保变电气	44.44	33.33	33.33	33.33	37.50
	600559	老白干酒	33.33	33.33	33.33	33.33	33.33
	600722	金牛化工	42.86	42.86	42.86	33.33	33.33
	600803	新奥股份	33.33	37.50	33.33	33.33	33.33
	600812	华北制药	50.00	55.56	45.45	45.45	50.00
	600956	新天绿能	—	—	—	—	33.33
	600965	福成股份	42.86	37.50	50.00	42.86	42.86
	600997	开滦股份	33.33	33.33	33.33	33.33	33.33

续表

所属板块	股票代码	公司简称	2016 年	2017 年	2018 年	2019 年	2020 年
沪市 A 股	601000	唐山港	33.33	33.33	33.33	33.33	33.33
	601258	庞大集团	35.71	35.71	35.71	35.71	35.71
	601326	秦港股份	—	40.00	40.00	40.00	40.00
	601633	长城汽车	40.00	55.56	42.86	42.86	42.86
	603050	科林电气	—	42.86	42.86	42.86	42.86
	603156	养元饮品	—	—	37.50	33.33	33.33
	603385	惠达卫浴	—	37.50	33.33	33.33	33.33
	603938	三孚股份	—	42.86	42.86	42.86	42.86
深市 A 股	000158	常山北明	36.36	36.36	36.36	36.36	36.36
	000401	冀东水泥	33.33	42.86	33.33	37.50	42.86
	000413	东旭光电	42.86	50.00	42.86	42.86	42.86
	000600	建投能源	25.00	33.33	33.33	33.33	33.33
	000687	华讯方舟	57.14	50.00	42.86	42.86	50.00
	000709	河钢股份	33.33	33.33	36.36	36.36	36.36
	000778	新兴铸管	33.33	33.33	33.33	37.50	25.00
	000848	承德露露	33.33	33.33	33.33	33.33	33.33
	000856	冀东装备	42.86	42.86	42.86	42.86	42.86
	000889	中嘉博创	33.33	33.33	25.00	37.50	33.33
	000923	河钢资源	30.00	33.33	33.33	33.33	33.33
	000937	冀中能源	33.33	36.36	36.36	36.36	36.36
	000958	东方能源	42.86	50.00	37.50	37.50	33.33
中小企业板	002049	紫光国微	42.86	50.00	42.86	42.86	42.86
	002108	沧州明珠	33.33	33.33	33.33	33.33	33.33
	002146	荣盛发展	33.33	37.50	33.33	33.33	33.33
	002282	博深股份	33.33	33.33	33.33	33.33	33.33
	002342	巨力索具	42.86	42.86	42.86	42.86	42.86
	002442	龙星化工	42.86	37.50	42.86	37.50	33.33
	002459	晶澳科技	37.50	37.50	37.50	33.33	33.33
	002494	华斯股份	33.33	42.86	42.86	42.86	42.86
	002603	以岭药业	33.33	37.50	33.33	33.33	33.33

续表

所属板块	股票代码	公司简称	2016年	2017年	2018年	2019年	2020年
中小企业板	002691	冀凯股份	33.33	33.33	33.33	33.33	33.33
	002960	青鸟消防	—	—	—	42.86	42.86
创业板	300107	建新股份	33.33	33.33	33.33	33.33	33.33
	300137	先河环保	42.86	25.00	33.33	33.33	33.33
	300138	晨光生物	37.50	37.50	42.86	50.00	50.00
	300152	科融环境	33.33	42.86	42.86	42.86	42.86
	300255	常山药业	37.50	37.50	40.00	40.00	40.00
	300368	汇金股份	33.33	33.33	33.33	33.33	33.33
	300371	汇中股份	33.33	33.33	33.33	33.33	33.33
	300428	四通新材	33.33	33.33	33.33	33.33	33.33
	300446	乐凯新材	37.50	33.33	33.33	33.33	42.86
	300491	通合科技	33.33	33.33	33.33	37.50	37.50
	300765	新诺威	—	—	—	33.33	33.33
	300847	中船汉光	—	—	—	—	33.33
	300869	康泰医学	—	—	—	—	33.33
	300922	天秦装备	—	—	—	—	—

数据来源：国泰安数据库和上市公司年报。

（三）独立董事年龄

1. 河北上市公司和全国上市公司独立董事年龄

2016~2020年河北上市公司独立董事年龄平均值呈现持续增长态势，全国上市公司独立董事年龄平均值在2016~2019年之间缓慢提升，但在2020年有所降低。此外还可以看出，2016~2018年全国上市公司独立董事年龄平均值要高于河北上市公司独立董事年龄平均值，2019年和2020年全国上市公司独立董事年龄平均值低于河北的平均水平（见图12）。

2. 河北上市公司各板块独立董事年龄

2016~2020年河北上市公司各板块中，沪市A股、深市A股的独立董事年龄平均值整体呈现上升趋势，中小企业板和创业板在五年的发展中不断波动。2016年，深市A股、中小企业板和创业板的差距较小。2019年中小企业板的独立董事平均年龄由2018年的55.39岁下降到了54.21岁，变化

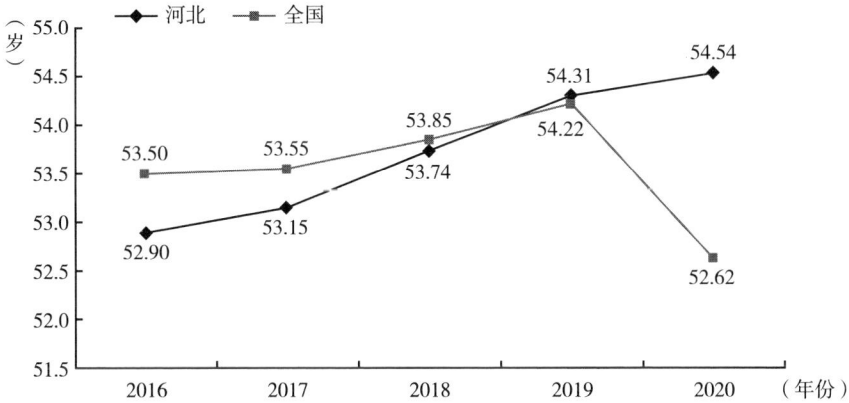

图 12 2016～2020 年河北上市公司和全国上市公司独立董事年龄平均值变化趋势

数据来源：国泰安数据库和上市公司年报。

幅度明显。2017～2020 年，创业板的独立董事年龄平均值呈现稳步增长的趋势（见图 13）。

图 13 2016～2020 年河北上市公司各板块独立董事年龄平均值对比

数据来源：国泰安数据库和上市公司年报。

3. 河北上市公司独立董事年龄

表 8 对 2016～2020 年河北上市公司独立董事年龄平均值的具体情况进行了列示。

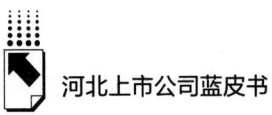

表8　2016～2020年河北上市公司独立董事年龄平均值

单位：岁

所属板块	股票代码	公司简称	2016年	2017年	2018年	2019年	2020年
沪市A股	600135	乐凯胶片	51.40	51.25	55.00	57.00	58.00
	600149	廊坊发展	40.25	43.00	44.00	45.00	45.75
	600230	沧州大化	50.00	50.33	50.30	52.33	41.67
	600340	华夏幸福	48.67	46.00	47.00	48.00	57.67
	600409	三友化工	45.80	47.40	48.40	53.00	55.00
	600480	凌云股份	54.00	54.00	56.00	55.33	52.33
	600482	中国动力	58.00	59.00	60.00	61.00	59.00
	600550	保变电气	50.75	50.00	51.00	54.00	55.00
	600559	老白干酒	51.67	52.67	53.67	54.67	56.00
	600722	金牛化工	42.33	43.33	44.33	45.33	46.33
	600803	新奥股份	55.25	56.00	57.00	54.00	56.75
	600812	华北制药	59.80	60.80	61.80	59.00	59.20
	600956	新天绿能	—	—	—	—	53.00
	600965	福成股份	46.67	47.67	48.67	55.00	54.00
	600997	开滦股份	49.33	50.67	51.67	52.67	53.67
	601000	唐山港	54.40	55.40	57.60	58.60	56.20
	601258	庞大集团	55.80	56.80	58.40	55.20	52.30
	601326	秦港股份	—	54.75	52.50	53.50	54.50
	601633	长城汽车	46.25	48.00	50.33	51.33	51.50
	603050	科林电气	—	49.00	48.33	49.33	47.33
	603156	养元饮品	—	—	50.00	50.67	51.67
	603385	惠达卫浴	—	56.33	53.33	54.33	55.33
	603938	三孚股份	—	48.67	49.67	50.67	47.33
深市A股	000158	常山北明	55.00	56.00	53.00	54.00	55.00
	000401	冀东水泥	56.67	52.00	53.00	54.00	54.67
	000413	东旭光电	52.00	53.00	54.00	53.00	54.33
	000600	建投能源	57.00	59.33	60.33	56.33	59.00
	000687	华讯方舟	57.75	66.33	67.33	68.33	56.00
	000709	河钢股份	47.67	51.33	56.50	60.00	65.00

续表

所属板块	股票代码	公司简称	2016年	2017年	2018年	2019年	2020年
深市A股	000778	新兴铸管	55.67	55.00	56.00	57.00	57.33
	000848	承德露露	48.33	49.33	51.33	52.33	48.67
	000856	冀东装备	47.00	46.00	48.00	49.00	50.00
	000889	中嘉博创	49.00	50.33	59.50	59.00	60.00
	000923	河钢资源	63.67	64.67	53.67	54.67	55.67
	000937	冀中能源	57.00	57.75	54.75	55.75	57.00
	000958	东方能源	51.33	51.67	52.67	53.67	54.67
中小企业板	002049	紫光国微	59.33	65.67	66.67	56.33	53.67
	002108	沧州明珠	54.33	56.00	57.00	55.33	54.56
	002146	荣盛发展	54.00	54.67	54.00	50.67	51.67
	002282	博深股份	56.00	57.00	56.75	56.33	58.00
	002342	巨力索具	48.00	49.00	50.00	51.33	52.33
	002442	龙星化工	54.00	48.33	43.33	45.00	49.67
	002459	晶澳科技	52.00	49.00	50.00	54.33	55.33
	002494	华斯股份	53.33	54.33	55.00	56.00	55.00
	002603	以岭药业	57.33	58.33	59.33	60.33	55.67
	002691	冀凯股份	54.67	54.00	55.00	56.00	48.67
	002960	青鸟消防	—	—	—	54.67	—
创业板	300107	建新股份	45.00	46.00	47.00	46.33	47.33
	300137	先河环保	70.67	49.50	54.33	55.33	56.33
	300138	晨光生物	60.33	61.33	62.33	63.33	64.33
	300152	科融环境	53.00	54.00	56.33	57.33	58.00
	300255	常山药业	54.00	56.67	55.00	56.00	57.00
	300368	汇金股份	51.00	52.00	53.00	53.00	54.00
	300371	汇中股份	51.33	51.00	52.33	56.00	57.00
	300428	四通新材	49.67	53.00	54.00	55.00	53.00
	300446	乐凯新材	54.33	51.67	52.67	52.67	58.00
	300491	通合科技	54.00	55.00	52.00	53.00	54.00
	300765	新诺威	—	—	—	50.67	51.67
	300847	中船汉光	—	—	—	—	60.67
	300869	康泰医学	—	—	—	—	57.67
	300922	天秦装备	—	—	—	—	51.00

数据来源：国泰安数据库和上市公司年报。

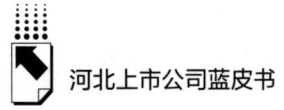

（四）独立董事与上市公司工作地点一致性

1. 河北上市公司和全国上市公司独立董事与上市公司工作地点一致性

2016~2020年，全国上市公司独立董事与上市公司工作地点一致性平均值呈现了上升的趋势。河北上市公司独立董事与上市公司工作地点一致性平均值在2016~2020年呈现波动上升趋势，独立董事工作地点与上市公司地点不一致的数量在增加。整体上看，全国上市公司独立董事与上市公司工作地点一致性平均值低于河北上市公司独立董事与上市公司工作地点一致性平均值（见表9；1表示一致，2表示不一致）。

表9　2016~2020年河北上市公司和全国上市公司独立董事与上市公司工作地点一致性平均值

	2016年	2017年	2018年	2019年	2020年
河北	1.66	1.63	1.80	1.88	1.80
全国	1.49	1.51	1.61	1.73	1.75

数据来源：国泰安数据库和上市公司年报。

2. 河北上市公司各板块独立董事与上市公司工作地点一致性

2016~2020年河北上市公司各板块独立董事与上市公司工作地点一致性平均值中，沪市A股在2017~2019年整体呈现稳定增长的趋势，2020年有所下降；深市A股和创业板，虽然在2017年有所下降，但是整体上来看是增长的，其中，创业板在2016~2018年间的波动幅度明显，先是由2016年的1.50下降到了2017年的1.20，降低了20%后，2018年又增加到了1.60，增加了33.33%；中小企业板在近五年中总体呈现稳步增长的趋势（见表10）。

表10　2016~2020年河北上市公司各板块独立董事与上市公司工作地点一致性平均值

所属板块	2016年	2017年	2018年	2019年	2020年
沪市A股	1.82	1.90	1.91	1.91	1.87
深市A股	1.62	1.54	1.78	1.77	1.77

续表

所属板块	2016年	2017年	2018年	2019年	2020年
中小企业板	1.60	1.60	1.77	1.91	1.91
创业板	1.50	1.20	1.60	1.73	1.64

数据来源：国泰安数据库和上市公司年报。

3. 河北上市公司独立董事与上市公司工作地点一致性统计

表11对2016~2020年河北上市公司独立董事与上市公司工作地点一致性统计的具体情况进行了列示。

表11 2016~2020年河北上市公司独立董事与上市公司工作地点一致性统计

所属板块	股票代码	公司简称	2016年	2017年	2018年	2019年	2020年
沪市A股	600135	乐凯胶片	1	2	2	2	2
	600149	廊坊发展	2	1	2	2	2
	600230	沧州大化	2	2	2	2	2
	600340	华夏幸福	2	2	2	2	2
	600409	三友化工	2	2	2	1	1
	600480	凌云股份	2	2	2	2	2
	600482	中国动力	2	2	2	2	2
	600550	保变电气	1	2	2	2	2
	600559	老白干酒	2	2	2	2	2
	600722	金牛化工	2	2	1	1	1
	600803	新奥股份	2	2	2	2	2
	600812	华北制药	2	2	2	2	2
	600956	新天绿能	—	—	—	—	1
	600965	福成股份	1	1	1	2	2
	600997	开滦股份	2	2	2	2	2
	601000	唐山港	2	2	2	2	2
	601258	庞大集团	2	2	2	2	2
	601326	秦港股份	—	2	2	2	2
	601633	长城汽车	2	2	2	2	2
	603050	科林电气	—	2	2	2	2
	603156	养元饮品	—	—	2	2	2
	603385	惠达卫浴	—	2	2	2	2
	603938	三孚股份	—	2	2	2	2

续表

所属板块	股票代码	公司简称	2016年	2017年	2018年	2019年	2020年
深市A股	000158	常山北明	1	1	2	2	2
	000401	冀东水泥	2	1	2	2	2
	000413	东旭光电	1	1	1	1	1
	000600	建投能源	2	2	2	2	2
	000687	华讯方舟	1	1	1	1	1
	000709	河钢股份	1	1	1	1	1
	000778	新兴铸管	2	2	2	2	2
	000848	承德露露	2	2	2	2	2
	000856	冀东装备	1	1	2	2	2
	000889	中嘉博创	2	2	2	2	2
	000923	河钢资源	2	2	2	2	2
	000937	冀中能源	2	2	2	2	2
	000958	东方能源	2	2	2	2	2
中小企业板	002049	紫光国微	2	2	2	2	2
	002108	沧州明珠	2	1	2	2	2
	002146	荣盛发展	1	1	2	2	2
	002282	博深股份	1	1	1	2	2
	002342	巨力索具	2	2	2	2	2
	002442	龙星化工	2	2	2	2	2
	002459	晶澳科技	2	2	2	2	2
	002494	华斯股份	2	2	2	2	2
	002603	以岭药业	1	1	1	2	2
	002691	冀凯股份	1	2	2	2	2
	002960	青鸟消防	—	—	—	1	1
创业板	300107	建新股份	2	1	1	2	2
	300137	先河环保	1	2	2	2	2
	300138	晨光生物	1	1	2	2	2
	300152	科融环境	2	2	2	2	2
	300255	常山药业	2	1	1	2	2
	300368	汇金股份	1	1	1	1	1

河北上市公司董事会治理研究报告（2021）

续表

所属板块	股票代码	公司简称	2016年	2017年	2018年	2019年	2020年
创业板	300371	汇中股份	1	1	2	1	1
	300428	四通新材	2	1	1	2	2
	300446	乐凯新材	2	1	2	2	2
	300491	通合科技	1	1	2	2	2
	300765	新诺威	—	—	—	1	1
	300847	中船汉光	—	—	—	—	2
	300869	康泰医学	—	—	—	—	1
	300922	天秦装备	—	—	—	—	1

注：独立董事与上市公司工作地点一致性统计按照 1 = 一致，2 = 不一致，每家公司若聘请多位独立董事，则按照会计专业的独立董事工作所在地为准，判断同城或异地。如果一家公司中有两个会计专业的独立董事，则只要有一人与上市公司注册地不同就算异地。

数据来源：国泰安数据库和上市公司年报。

四 董事会行为

有效的董事会激励，如董事会成员持股①、高管薪酬②③，不仅可以激发董事会成员作为监督管理者的动力，还能够降低公司的代理成本，提高公司绩效。未领取薪酬的董事人数与企业的税收规避行为产生显著正相关，董事会的决策越客观，高管被迫离职的可能性越大。④ 基于此，本报告中董事会行为情况主要从董事会持股数量、董事前三名薪酬总额以及未领取薪酬的董事人数三个指标进行分析。

---

① 韩忠雪、尚娟、周婷婷：《董事会激励、所有权结构与公司价值——基于中国上市公司面板数据的分析》，《山西财经大学学报》2009 年第 4 期，第 59~66 页。
② 杜兴强、王丽华：《高层管理当局薪酬与上市公司业绩的相关性实证研究》，《会计研究》2007 年第 1 期，第 58~65 页。
③ 方军雄：《我国上市公司高管的薪酬存在粘性吗?》，《经济研究》2009 年第 3 期，第 110~124 页。
④ 李延喜、董文辰、季侃：《我国上市公司董事会特征与盈余质量的实证研究》，《现代管理科学》2010 年第 12 期，第 12~15 页。

（一）董事会持股数量

1. 河北上市公司和全国上市公司董事会持股数量

全国上市公司董事会持股数量平均值在2016~2018年呈现增长趋势，在2019年开始下降。2016~2020年河北上市公司董事会持股数量平均值呈波动下降趋势，在2020年达到了最低，低于全国水平。总体上看，除2020年外，全国上市公司董事会持股数量平均值低于河北上市公司董事会持股数量平均值（见图14）。

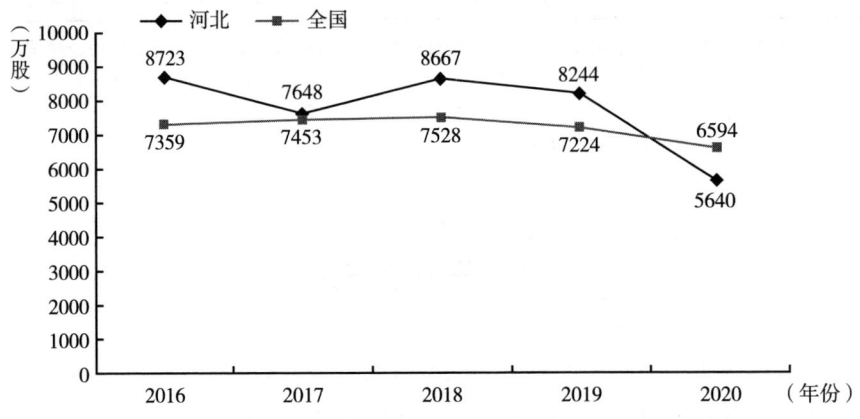

图14　2016~2020年河北上市公司和全国上市公司董事会
持股数量平均值变化趋势

数据来源：国泰安数据库和上市公司年报。

2. 河北上市公司各板块董事会持股数量

2016~2020年河北上市公司各板块中，沪市A股总体来说是呈下降趋势的，尤其在2017年下降十分明显；深市A股董事会持股数量平均值比较稳定；中小企业板在2016~2020年波动幅度较大，整体呈现波动中下降的趋势；创业板在2016~2020年呈现波动变化，在2019年下降明显，降低了39.65%（见图15）。

3. 河北上市公司董事会持股数量

表12对2016~2020年河北上市公司董事会持股数量的具体情况进行了列示。

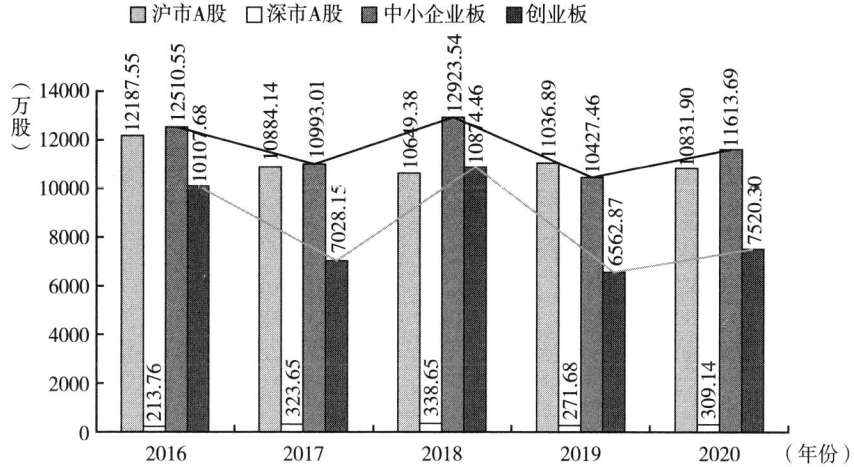

图 15　2016～2020 年河北上市公司各板块董事会持股数量平均值对比

数据来源：国泰安数据库和上市公司年报。

表 12　2016～2020 年河北上市公司董事会持股数量

单位：万股

所属板块	股票代码	公司简称	2016 年	2017 年	2018 年	2019 年	2020 年
沪市 A 股	600135	乐凯胶片	0.00	0.00	0.00	0.00	0.00
	600149	廊坊发展	0.00	0.00	0.00	0.00	0.00
	600230	沧州大化	0.00	0.00	0.00	0.00	0.00
	600340	华夏幸福	88.34	88.34	823.83	321.83	1458.38
	600409	三友化工	0.00	0.00	0.00	0.00	0.00
	600480	凌云股份	0.00	76.32	101.32	98.53	46.36
	600482	中国动力	9.74	26.31	26.31	26.31	26.31
	600550	保变电气	0.00	0.00	0.00	0.00	0.00
	600559	老白干酒	0.00	0.00	0.00	0.00	0.00
	600722	金牛化工	0.00	0.00	0.00	0.00	0.00
	600803	新奥股份	154.02	152.94	19.38	19.38	19.38
	600812	华北制药	0.00	0.00	0.00	0.00	0.00
	600956	新天绿能	—	—	—	—	10
	600965	福成股份	14579.39	14579.39	1765.67	1765.67	1765.67
	600997	开滦股份	0.00	0.00	0.00	0.00	0.00
	601000	唐山港	0.00	0.00	0.00	0.00	0.00
	601258	庞大集团	192356.92	194446.70	182498.61	177366.69	177366.69

续表

所属板块	股票代码	公司简称	2016年	2017年	2018年	2019年	2020年
沪市A股	601326	秦港股份	—	0.00	0.00	0.00	0.00
	601633	长城汽车	0.00	0.00	0.00	0.00	0.00
	603050	科林电气	—	4677.58	4777.58	4777.58	4408.39
	603156	养元饮品	—	—	35027.10	49189.13	56659.44
	603385	惠达卫浴	—	8292.30	3076.82	3076.82	1233.41
	603938	三孚股份	—	6227.00	6169.75	6169.75	6139.58
深市A股	000158	常山北明	2698.89	3508.81	3957.07	3104.07	2687.06
	000401	冀东水泥	9.67	2.76	2.76	2.76	2.76
	000413	东旭光电	23.20	10.00	10.00	0.00	0.00
	000600	建投能源	0.00	0.00	0.00	0.00	0.00
	000687	华讯方舟	2.93	645.93	395.93	388.32	786.32
	000709	河钢股份	0.19	0.38	0.87	0.87	0.68
	000778	新兴铸管	33.58	33.58	30.88	30.88	42.00
	000848	承德露露	10.40	0.00	0.00	0.00	0.00
	000856	冀东装备	0.00	0.00	0.00	0.00	0.00
	000889	中嘉博创	0.00	0.00	0.00	0.00	0.00
	000923	河钢资源	0.00	0.00	0.00	0.00	0.00
	000937	冀中能源	0.00	0.00	0.00	0.00	0.00
	000958	东方能源	0.00	6.00	5.00	5.00	50.00
中小企业板	002049	紫光国微	0.00	0.00	0.00	0.00	0.00
	002108	沧州明珠	0.00	0.00	0.00	0.00	0.00
	002146	荣盛发展	58672.57	58672.57	58393.79	58391.79	58438.98
	002282	博深股份	2637.67	493.58	19972.25	2062.84	15208.41
	002342	巨力索具	10380.25	10380.25	10434.25	10414.00	10414.00
	002442	龙星化工	13101.05	36.00	59.70	59.70	79.70
	002459	晶澳科技	68.54	68.54	67.69	0.00	85.57
	002494	华斯股份	12072.04	12072.04	12072.04	12072.04	12072.04
	002603	以岭药业	28106.87	28140.50	28202.50	28202.50	27996.61
	002691	冀凯股份	66.56	66.58	33.19	33.19	35.19
	002960	青鸟消防	—	—	—	3466.04	3420.06
创业板	300107	建新股份	28878.19	28552.54	28526.54	28494.54	28494.54
	300137	先河环保	5997.88	5894.90	9984.42	9984.42	9984.42
	300138	晨光生物	6812.23	9467.13	13530.84	12697.36	12697.36
	300152	科融环境	0.50	10.00	3.00	1.00	22.19
	300255	常山药业	40088.42	3814.04	33517.47	229.50	229.50

续表

所属板块	股票代码	公司简称	2016年	2017年	2018年	2019年	2020年
创业板	300368	汇金股份	3139.74	3109.74	8275.64	2942.41	2251.01
	300371	汇中股份	5806.48	5395.74	1819.69	7637.34	7637.34
	300428	四通新材	5281.20	5281.20	6337.44	6337.44	9577.44
	300446	乐凯新材	421.80	385.62	385.62	578.44	477.22
	300491	通合科技	4650.35	8370.63	6363.95	3289.11	3170.56
	300765	新诺威	—	—	—	0.00	0.00
	300847	中船汉光	—	—	—	—	0.00
	300869	康泰医学	—	—	—	—	25555.75
	300922	天秦装备	—	—	—	—	5186.86

数据来源：国泰安数据库和上市公司年报。

（二）董事前三名薪酬总额

1. 河北上市公司和全国上市公司董事前三名薪酬总额

2016~2020年河北上市公司董事前三名薪酬总额平均值和全国上市公司董事前三名薪酬总额平均值呈现增长趋势，且河北上市公司董事前三名薪酬总额平均值高于全国上市公司董事会前三名薪酬总额平均值（见图16）。

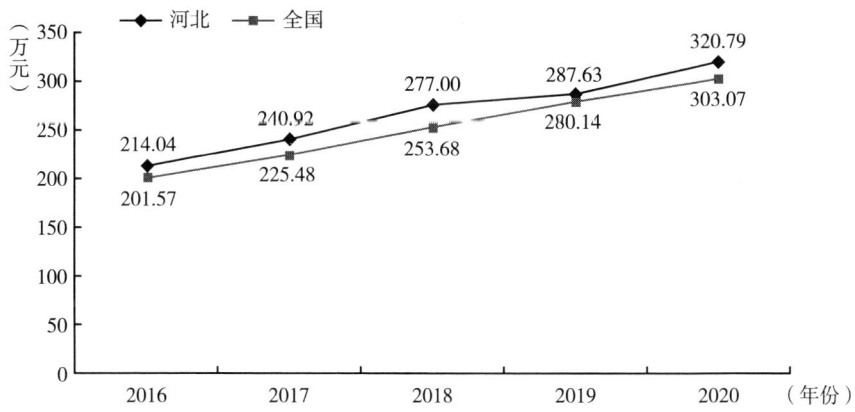

图16　2016~2020年河北上市公司和全国上市公司董事前三名薪酬总额平均值变化趋势

数据来源：国泰安数据库和上市公司年报。

2. 河北上市公司各板块董事前三名薪酬总额

2016~2018年,河北上市公司沪市A股和中小企业板董事前三名薪酬总额平均值呈现稳步增长趋势;深市A股董事前三名薪酬总额平均值呈现波动式变化趋势,在2018年达到近五年的最大值,比上年增长了59.85%,在2019年又迅速下降,降低了31.77%;创业板董事前三名薪酬总额平均值在2017年达到最高,增长了44.20%,但整体呈现波动式上升的趋势(见图17)。

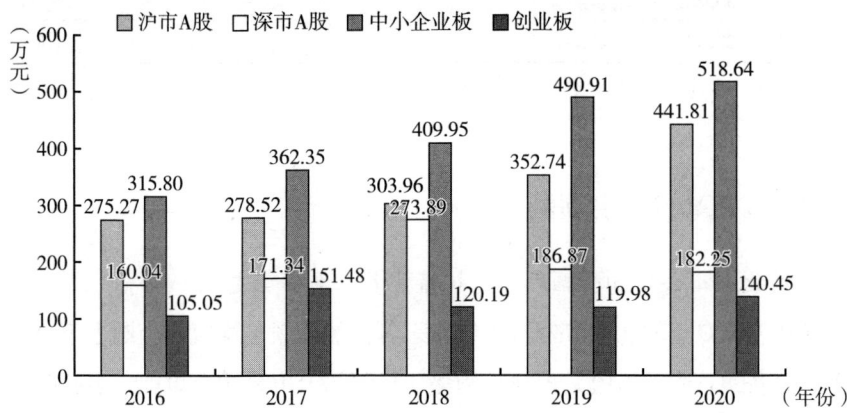

图17 2016~2020年河北上市公司各板块董事前三名薪酬总额平均值对比

数据来源:国泰安数据库和上市公司年报。

3. 河北上市公司董事前三名薪酬总额

表13对2016~2020年河北上市公司董事前三名薪酬总额的具体情况进行了列示。

表13 2016~2020年河北上市公司董事前三名薪酬总额

单位:万元

所属板块	股票代码	公司简称	2016年	2017年	2018年	2019年	2020年
沪市A股	600135	乐凯胶片	32.85	92.93	98.57	110.11	135.02
	600149	廊坊发展	153.38	149.09	149.17	151.28	155.75
	600230	沧州大化	67.71	72.31	85.04	100.40	126.60

续表

所属板块	股票代码	公司简称	2016年	2017年	2018年	2019年	2020年
沪市A股	600340	华夏幸福	1325.00	1589.00	2167.73	6744.86	4590.28
	600409	三友化工	212.33	294.08	515.73	556.85	602.60
	600480	凌云股份	171.90	147.10	283.75	200.41	219.41
	600482	中国动力	238.58	185.85	237.80	268.42	95.60
	600550	保变电气	159.41	220.21	207.38	136.87	192.42
	600559	老白干酒	48.00	48.00	48.00	86.00	84.20
	600722	金牛化工	1.24	18.00	18.00	13.17	80.00
	600803	新奥股份	365.58	429.00	399.00	354.72	759.00
	600812	华北制药	192.54	162.93	169.83	37.19	48.95
	600956	新天绿能	—	—	—	—	365.68
	600965	福成股份	108.00	108.00	144.00	144.00	144.00
	600997	开滦股份	63.36	73.53	72.61	85.15	63.41
	601000	唐山港	182.86	181.39	210.63	243.51	254.67
	601258	庞大集团	166.68	175.53	156.88	152.00	208.60
	601326	秦港股份	—	163.89	254.81	181.79	150.86
	601633	长城汽车	1190.16	679.63	1162.98	1185.14	397.87
	603050	科林电气	—	132.44	151.58	261.22	282.21
	603156	养元饮品	—	—	170.00	185.00	185.00
	603385	惠达卫浴	—	829.24	960.74	1008.07	921.80
	603938	三孚股份	—	96.71	96.13	97.76	97.59
深市A股	000158	常山北明	190.04	192.17	236.59	246.07	238.41
	000401	冀东水泥	256.00	316.95	343.30	410.51	465.94
	000413	东旭光电	136.30	302.06	268.56	62.49	268.44
	000600	建投能源	160.81	195.35	102.43	192.50	169.48
	000687	华讯方舟	269.72	214.21	194.49	62.27	121.08
	000709	河钢股份	61.86	51.04	133.02	85.41	151.82
	000778	新兴铸管	246.00	326.00	257.82	230.20	162.66
	000848	承德露露	301.00	35.60	100.00	176.94	199.00
	000856	冀东装备	128.00	53.19	67.33	57.66	73.12
	000889	中嘉博创	78.90	119.87	30.29	28.41	108.48
	000923	河钢资源	129.68	71.93	232.87	229.85	26.53

续表

所属板块	股票代码	公司简称	2016年	2017年	2018年	2019年	2020年
中小企业板	000937	冀中能源	9.97	123.10	246.01	214.96	23.27
	000958	东方能源	112.21	225.92	216.63	177.61	360.99
	002049	紫光国微	396.93	314.32	300.00	27.67	575.98
	002108	沧州明珠	681.65	694.65	431.79	585.37	58.32
	002146	荣盛发展	1067.88	1400.60	2076.32	2145.82	2414.05
	002282	博深股份	153.94	306.09	339.81	451.57	280.02
	002342	巨力索具	148.80	148.80	148.80	150.00	150.00
	002442	龙星化工	153.92	151.35	230.31	254.34	261.37
	002459	晶澳科技	160.00	140.01	116.67	863.16	1024.90
	002494	华斯股份	73.46	73.46	97.10	97.10	97.10
	002603	以岭药业	274.42	270.31	232.91	282.87	301.66
	002691	冀凯股份	46.96	123.91	125.75	129.21	96.94
	002960	青鸟消防	—	—	—	412.89	444.73
创业板	300107	建新股份	54.45	97.85	150.61	174.47	185.88
	300137	先河环保	121.23	129.13	109.70	167.03	198.21
	300138	晨光生物	93.55	343.14	105.47	107.19	217.25
	300152	科融环境	146.00	332.95	127.13	78.69	64.50
	300255	常山药业	188.00	149.95	149.07	79.49	107.34
	300368	汇金股份	101.16	103.18	151.49	230.13	259.59
	300371	汇中股份	166.24	152.03	145.72	173.95	235.98
	300428	四通新材	29.27	30.30	90.00	92.00	94.10
	300446	乐凯新材	38.77	64.45	60.96	66.59	70.14
	300491	通合科技	111.78	111.78	111.78	110.02	76.35
	300765	新诺威	—	—	—	40.17	156.68
	300847	中船汉光	—	—	—	—	51.51
	300869	康泰医学	—	—	—	—	73.50
	300922	天秦装备	—	—	—	—	175.28

数据来源：国泰安数据库和上市公司年报。

（三）未领取薪酬的董事人数

1. 河北上市公司和全国上市公司未领取薪酬的董事人数平均值

全国上市公司未领取薪酬董事人数（含只领取津贴的董事，不包含独立董事,下同)平均值在2016~2018年呈现下降趋势,2019年有所回升,2020年开始下降。河北上市公司未领取薪酬董事人数平均值在2017~2019年整体上呈现上升趋势,在2020年下降幅度较大,降低了34.05%。同时可以看出,全国上市公司未领取薪酬董事人数平均值低于河北上市公司未领取薪酬董事人数平均值(见图8)。

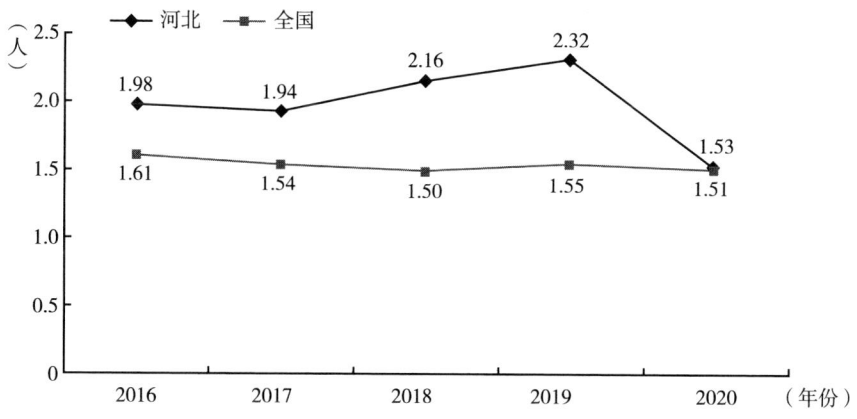

图18　2016~2020年河北上市公司和全国上市公司
未领取薪酬董事人数平均值变化趋势

数据来源:国泰安数据库和上市公司年报。

2. 河北上市公司各板块未领取薪酬的董事人数

从2016~2020年河北上市公司各板块未领取薪酬董事人数平均值情况可以看出,沪市A股在2016~2019年整体呈现上升的趋势,2020年开始下降且幅度较大;深市A股在近五年呈现持续下降趋势;中小企业板在2017年增长幅度较大,同比增长100%,之后持续下降,2020年下降至0.64人;创业板整体呈下降趋势(见图19)。

3. 河北上市公司未领取薪酬的董事人数

表14对2016~2020年河北上市公司未领取薪酬的董事人数的具体情况进行了列示。

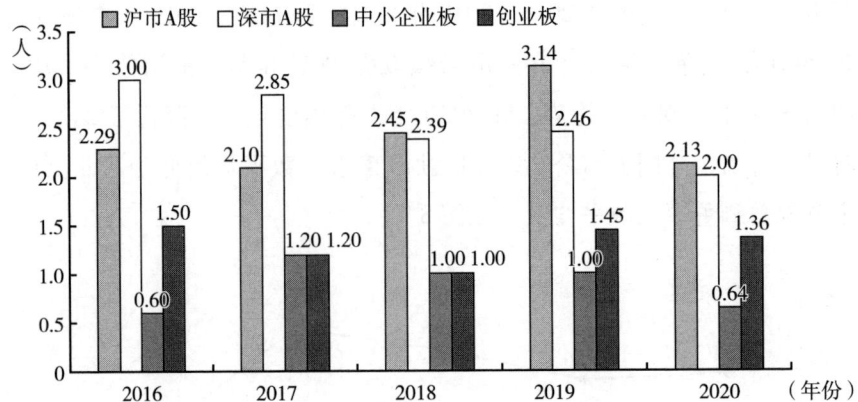

图 19　2016～2020 年河北上市公司各板块未领取薪酬董事人数平均值对比

数据来源：国泰安数据库和上市公司年报。

表 14　2016～2020 年河北上市公司未领取薪酬的董事人数

单位：人

所属板块	股票代码	公司简称	2016 年	2017 年	2018 年	2019 年	2020 年
沪市 A 股	600135	乐凯胶片	4	4	4	9	3
	600149	廊坊发展	6	5	9	8	3
	600230	沧州大化	2	2	2	2	2
	600340	华夏幸福	1	2	4	3	2
	600409	三友化工	1	1	1	3	1
	600480	凌云股份	3	1	0	1	0
	600482	中国动力	3	8	5	6	6
	600550	保变电气	4	2	3	4	3
	600559	老白干酒	0	0	0	1	1
	600722	金牛化工	4	4	4	4	3
	600803	新奥股份	0	1	3	0	1
	600812	华北制药	0	1	1	5	4
	600956	新天绿能	—	—	—	—	4
	600965	福成股份	1	2	1	4	1
	600997	开滦股份	3	3	3	3	3
	601000	唐山港	4	3	4	3	3
	601258	庞大集团	2	2	6	9	5
	601326	秦港股份	—	3	4	4	4

续表

所属板块	股票代码	公司简称	2016年	2017年	2018年	2019年	2020年
沪市A股	601633	长城汽车	1	0	0	0	0
	603050	科林电气	—	0	0	0	0
	603156	养元饮品	—	—	0	0	0
	603385	惠达卫浴	—	0	0	0	0
	603938	三孚股份	—	0	0	0	0
深市A股	000158	常山北明	1	2	2	2	2
	000401	冀东水泥	4	3	3	0	0
	000413	东旭光电	1	1	3	0	0
	000600	建投能源	5	4	4	3	0
	000687	华讯方舟	3	3	2	4	2
	000709	河钢股份	5	5	6	6	3
	000778	新兴铸管	3	4	4	4	5
	000848	承德露露	5	5	5	4	3
	000856	冀东装备	3	3	3	3	3
	000889	中嘉博创	0	0	0	0	0
	000923	河钢资源	2	1	7	3	2
	000937	冀中能源	5	2	0	0	3
	000958	东方能源	2	4	6	3	3
中小企业板	002049	紫光国微	2	3	3	4	3
	002108	沧州明珠	2	4	4	3	3
	002146	荣盛发展	0	0	0	0	0
	002282	博深股份	0	0	1	1	0
	002342	巨力索具	0	0	0	0	0
	002442	龙星化工	2	4	1	1	0
	002459	晶澳科技	0	0	0	1	1
	002494	华斯股份	0	0	0	0	0
	002603	以岭药业	0	0	0	0	0
	002691	冀凯股份	0	1	1	1	0
	002960	青鸟消防	—	—	—	0	0
创业板	300107	建新股份	1	1	0	1	0
	300137	先河环保	2	2	2	1	0
	300138	晨光生物	2	0	1	1	1
	300152	科融环境	2	0	1	1	0
	300255	常山药业	1	1	1	1	1
	300368	汇金股份	0	0	1	2	2

续表

所属板块	股票代码	公司简称	2016年	2017年	2018年	2019年	2020年
创业板	300371	汇中股份	0	0	0	0	0
	300428	四通新材	4	4	0	0	0
	300446	乐凯新材	3	4	4	4	4
	300491	通合科技	0	0	0	0	0
	300765	新诺威	—	—	—	5	4
	300847	中船汉光	—	—	—	—	4
	300869	康泰医学	—	—	—	—	2
	300922	天秦装备	—	—	—	—	1

数据来源：国泰安数据库和上市公司年报。

五 董事会运行

董事会会议频率、管理层定期会晤并保持行动上的一致性与董事会效率之间存在着重要的关系。① 根据《中华人民共和国公司法（2018修正）》相关规定，在每个公司年度内，董事会至少要召集两次会议，每次会议都应当在会议召开十日以前通知全部董事和监事，董事会召开会议的最低频率不低于每年度两次，但对董事会会议召开所采取的形式并无具体要求，在企业实践中应用的方式主要有两种，即现场会议形式和通讯会议形式，董事会现场会议与通讯会议的影响因素及价值效应差异性显著。② 基于此，本报告从董事会会议次数、董事会现场会议次数以及董事会通讯会议次数三个指标进行了分析。

---

① Chris C., "What Makes Boards Effective? An Examination of the Relationships between Board Inputs," *Structures, Processes and Effectiveness in Non-profit Organizations. Corporate Governance*, 9 (2001): 217-226.
② 马连福、石晓飞：《董事会会议"形"与"实"的权衡——来自中国上市公司的证据》，《中国工业经济》2014年第1期，第88~100页。

（一）董事会会议次数

1. 河北上市公司和全国上市公司董事会会议次数

2016~2020年全国上市公司董事会会议次数平均值呈现下降趋势，河北上市公司董事会会议次数平均值在2016~2017年下降，2017~2019年有所回升，2020年有所下降。同时可以看出，全国上市公司董事会会议次数平均值高于河北上市公司董事会会议次数平均值（见图20）。

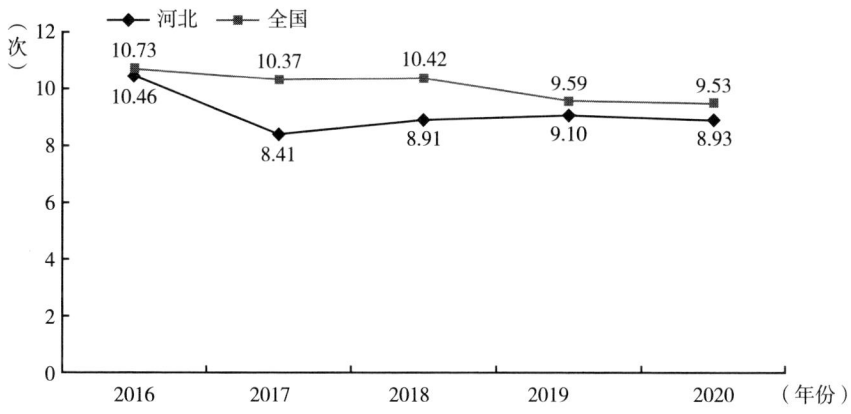

图20　2016~2020年河北上市公司和全国上市公司董事会会议次数平均值变化趋势

数据来源：国泰安数据库和上市公司年报。

2. 河北上市公司各板块董事会会议次数

2016~2020年深市A股、沪市A股董事会会议次数平均值呈现波动式下降趋势；2017年中小企业板董事会会议次数平均值波动的趋势较为明显，2017年降低了29.25%，2018年增长了29.20%，整体上呈现上升趋势。创业板在近五年呈现波动的趋势（见图21）。

3. 河北上市公司董事会会议次数

表15对2016~2020年河北上市公司董事会会议次数的具体情况进行了列示。

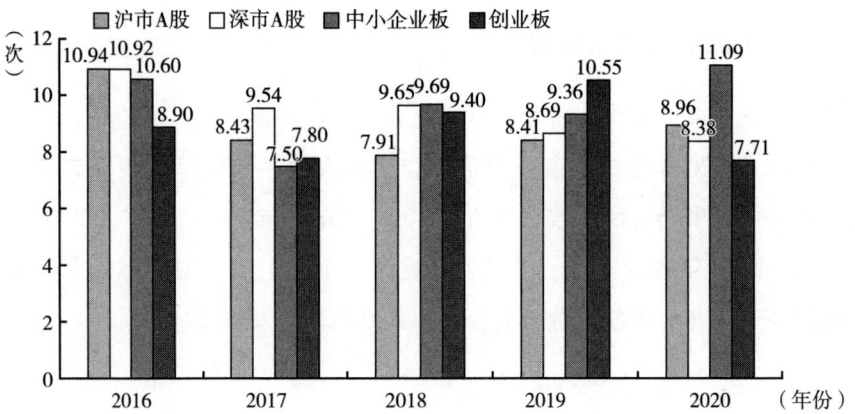

图21 2016~2020年河北上市公司各板块董事会会议次数平均值

数据来源：国泰安数据库和上市公司年报。

表15 2016~2020年河北上市公司董事会会议次数

单位：次

所属板块	股票代码	公司简称	2016年	2017年	2018年	2019年	2020年
沪市A股	600135	乐凯胶片	13	9	9	6	9
	600149	廊坊发展	12	7	4	5	6
	600230	沧州大化	5	7	5	5	8
	600340	华夏幸福	38	30	28	22	19
	600409	三友化工	13	7	5	7	6
	600480	凌云股份	12	3	9	9	10
	600482	中国动力	12	3	3	14	13
	600550	保变电气	13	14	13	3	3
	600559	老白干酒	4	6	4	3	4
	600722	金牛化工	7	8	8	9	9
	600803	新奥股份	3	13	18	18	12
	600812	华北制药	10	7	10	5	8
	600956	新天绿能	—	—	—	—	18
	600965	福成股份	10	7	5	7	7
	600997	开滦股份	6	7	5	6	6
	601000	唐山港	10	6	5	7	6

续表

所属板块	股票代码	公司简称	2016年	2017年	2018年	2019年	2020年
沪市A股	601258	庞大集团	10	8	10	8	10
	601326	秦港股份	—	7	3	8	7
	601633	长城汽车	8	3	8	14	17
	603050	科林电气	—	9	7	7	7
	603156	养元饮品	—	—	4	6	3
	603385	惠达卫浴	—	8	3	6	6
	603938	三孚股份	—	8	8	10	12
深市A股	000158	常山北明	8	10	3	7	8
	000401	冀东水泥	18	6	13	10	9
	000413	东旭光电	18	19	27	23	23
	000600	建投能源	8	9	8	3	8
	000687	华讯方舟	14	16	3	10	6
	000709	河钢股份	3	6	8	6	3
	000778	新兴铸管	15	12	12	3	7
	000848	承德露露	7	3	9	5	7
	000856	冀东装备	8	12	3	3	3
	000889	中嘉博创	13	15	22	17	3
	000923	河钢资源	10	3	7	8	9
	000937	冀中能源	12	9	3	8	10
	000958	东方能源	8	4	8	10	8
中小企业板	002049	紫光国微	12	13	16	3	14
	002108	沧州明珠	13	8	7	6	3
	002146	荣盛发展	22	3	15	17	21
	002282	博深股份	7	3	6	7	7
	002342	巨力索具	6	10	6	13	12
	002442	龙星化工	8	7	7	4	5
	002459	晶澳科技	9	8	13	9	18
	002494	华斯股份	9	8	10	8	6
	002603	以岭药业	12	9	8	10	3
	002691	冀凯股份	8	6	8	5	7
	002960	青鸟消防	—	—	—	21	26

续表

所属板块	股票代码	公司简称	2016年	2017年	2018年	2019年	2020年
创业板	300107	建新股份	8	6	8	8	9
	300137	先河环保	7	3	8	7	6
	300138	晨光生物	9	8	10	14	14
	300152	科融环境	14	17	20	25	3
	300255	常山药业	9	9	6	8	5
	300368	汇金股份	12	9	13	12	6
	300371	汇中股份	6	4	8	6	5
	300428	四通新材	9	8	10	14	12
	300446	乐凯新材	5	5	4	5	9
	300491	通合科技	10	9	7	7	4
	300765	新诺威	—	—	—	10	9
	300847	中船汉光	—	—	—	—	5
	300869	康泰医学	—	—	—	—	8
	300922	天秦装备	—	—	—	—	13

数据来源：国泰安数据库和上市公司年报。

（二）董事会现场会议次数

1. 河北上市公司和全国上市公司董事会现场会议次数

2016～2020年全国上市公司董事会现场会议次数平均值呈现下降趋势，河北上市公司董事会现场会议次数平均值在2017年下降明显，之后有所升高。除2017年全国上市公司董事会现场会议次数平均值高于河北上市公司董事会现场会议次数平均值外，其余几年全国的董事会现场会议次数平均值低于河北的平均值，2019年、2020年的全国上市公司董事会现场会议次数平均值明显降低（见图22）。

2. 河北上市公司各板块董事会现场会议次数

2016～2020年河北上市公司各板块中，沪市A股在2017年下降幅度较为明显，由2016年的4.24次下降到了2017年的2.48次，降低了41.51%，

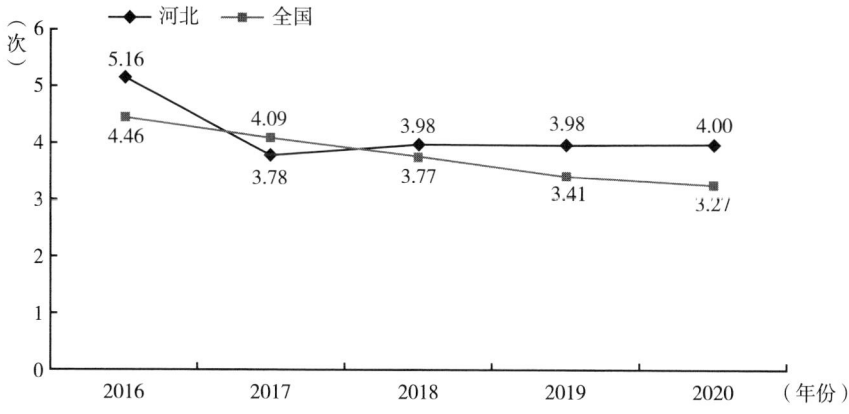

图 22　2016～2020 年河北上市公司和全国上市公司董事会现场会议次数平均值变化趋势

数据来源：国泰安数据库和上市公司年报。

2018～2020 年呈现稳步增长的趋势；深市 A 股在 2017 年下降到了 4.23 次后，在 2017～2020 年也呈现稳步增长的趋势；中小企业板在近五年中呈现稳步下降的趋势；创业板在近五年中呈现波动下降趋势，2020 年下降了 23.93%（见图 23）。

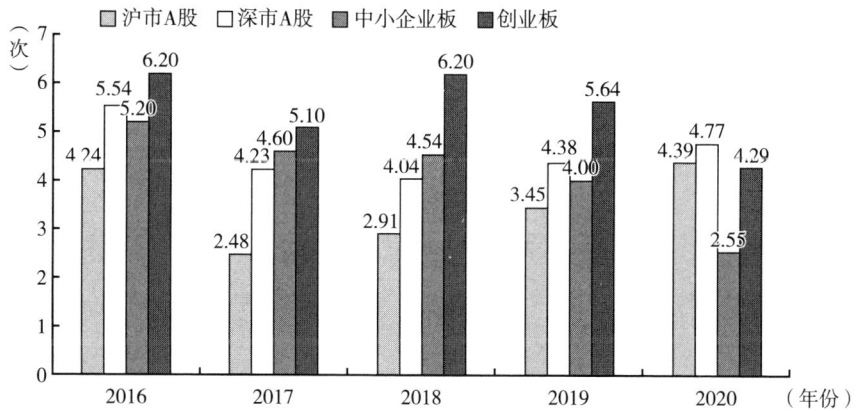

图 23　2016～2020 年河北上市公司各板块董事会现场会议次数平均值对比

数据来源：国泰安数据库和上市公司年报。

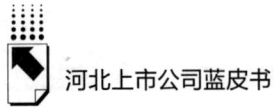

3. 河北上市公司董事会现场会议次数

表16对2016~2020年河北上市公司董事会现场会议次数的具体情况进行了列示。

表16 2016~2020年河北上市公司董事会现场会议次数

单位：次

所属板块	股票代码	公司简称	2016年	2017年	2018年	2019年	2020年
沪市A股	600135	乐凯胶片	0	0	0	0	1
	600149	廊坊发展	10	3	2	1	4
	600230	沧州大化	5	0	5	5	0
	600340	华夏幸福	0	0	0	0	0
	600409	三友化工	4	0	0	1	1
	600480	凌云股份	7	4	6	5	6
	600482	中国动力	4	6	0	3	12
	600550	保变电气	12	12	8	7	7
	600559	老白干酒	0	0	0	0	0
	600722	金牛化工	0	1	1	1	4
	600803	新奥股份	9	3	13	16	12
	600812	华北制药	3	1	0	2	3
	600956	新天绿能	—	—	—	—	9
	600965	福成股份	5	3	4	5	0
	600997	开滦股份	2	2	2	1	4
	601000	唐山港	0	0	0	0	0
	601258	庞大集团	7	4	7	4	10
	601326	秦港股份	—	3	6	4	5
	601633	长城汽车	4	7	4	10	13
	603050	科林电气	—	3	6	6	6
	603156	养元饮品	—	—	0	5	0
	603385	惠达卫浴	—	0	0	0	4
	603938	三孚股份			0	0	0
深市A股	000158	常山北明	3	5	7	5	7
	000401	冀东水泥	13	3	5	2	1
	000413	东旭光电	0	0	0	0	23

续表

所属板块	股票代码	公司简称	2016年	2017年	2018年	2019年	2020年
深市A股	000600	建投能源	6	8	8	9	7
	000687	华讯方舟	13	15	10	8	6
	000709	河钢股份	9	5	7	5	9
	000778	新兴铸管	10	7	5	9	4
	000848	承德露露	2	1	1	1	0
	000856	冀东装备	5	4	3	5	2
	000889	中嘉博创	2	2	2	2	1
	000923	河钢资源	5	1	3	3	0
	000937	冀中能源	2	1	4	5	1
	000958	东方能源	2	3	4	3	1
中小企业板	002049	紫光国微	3	4	2	4	6
	002108	沧州明珠	3	3	3	5	0
	002146	荣盛发展	4	2	3	2	3
	002282	博深股份	3	2	3	3	1
	002342	巨力索具	6	10	5	13	2
	002442	龙星化工	7	7	3	2	1
	002459	晶澳科技	6	2	1	2	2
	002494	华斯股份	3	4	4	4	0
	002603	以岭药业	9	6	2	4	5
	002691	冀凯股份	8	6	8	5	7
	002960	青鸟消防	—	—	—	0	1
创业板	300107	建新股份	8	5	6	6	1
	300137	先河环保	1	1	1	2	1
	300138	晨光生物	9	7	10	14	5
	300152	科融环境	14	1	0	0	0
	300255	常山药业	1	4	6	7	5
	300368	汇金股份	3	9	13	3	4
	300371	汇中股份	6	4	8	6	5
	300428	四通新材	9	8	10	14	9
	300446	乐凯新材	5	4	1	0	7
	300491	通合科技	6	8	7	4	3
	300765	新诺威	—	—	—	6	3
	300847	中船汉光	—	—	—	—	3
	300869	康泰医学	—	—	—	—	1
	300922	天秦装备	—	—	—	—	13

数据来源：国泰安数据库和上市公司年报。

（三）董事会通讯会议次数

1. 河北上市公司和全国上市公司董事会通讯会议次数

全国上市公司董事会通讯会议次数平均值在 2016～2018 年呈现上升趋势，2019 年、2020 年的全国上市公司董事会通讯会议次数平均值明显降低。河北上市公司董事会通讯会议次数平均值在 2017～2020 年持续增长，全国上市公司董事会通讯会议次数平均值高于河北上市公司董事会通讯会议次数平均值（见图 24）。

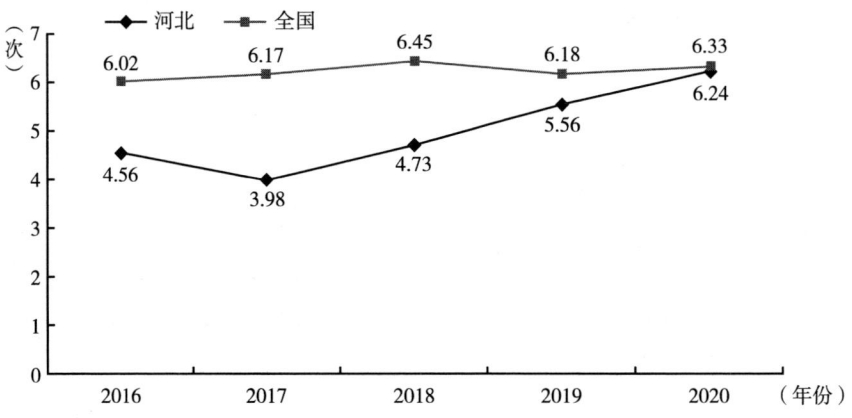

图 24　2016～2020 年河北上市公司和全国上市公司
董事会通讯会议次数平均值变化趋势

数据来源：国泰安数据库和上市公司年报。

2. 河北上市公司各板块董事会通讯会议次数

2016～2020 年河北上市公司各板块董事会通讯会议次数平均值在 2016～2019 年间，除沪市 A 股在 2017 年同比降低了 41.51% 外，其他各板块的整体呈上升趋势，中小企业板在 2020 年的增长幅度较大，增长了 49.93%，深市 A 股发展较为平稳（见图 25）。

3. 河北上市公司董事会通讯会议次数

表 17 对 2016～2020 年河北上市公司董事会通讯会议次数的具体情况进行了列示。

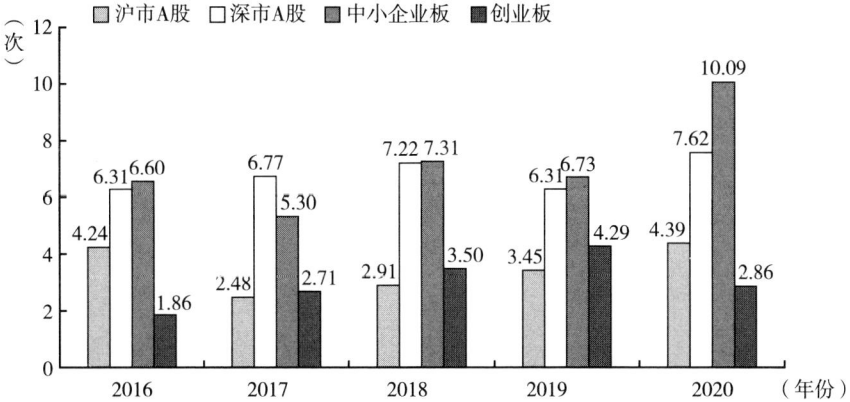

图25 2016~2020年河北省上市公司各板块董事会通讯会议次数平均值对比

数据来源：国泰安数据库和上市公司年报。

表17 2016~2020年河北上市公司董事会通讯会议次数

单位：次

所属板块	股票代码	公司简称	2016年	2017年	2018年	2019年	2020年
沪市A股	600135	乐凯胶片	0	0	0	0	1
	600149	廊坊发展	10	3	2	1	4
	600230	沧州大化	5	0	5	5	0
	600340	华夏幸福	0	0	0	0	0
	600409	三友化工	4	0	0	1	1
	600480	凌云股份	7	4	6	5	6
	600482	中国动力	4	6	0	3	12
	600550	保变电气	12	12	8	7	7
	600559	老白干酒	0	0	0	0	0
	600722	金牛化工	0	1	1	1	4
	600803	新奥股份	9	3	13	16	12
	600812	华北制药	3	1	0	2	3
	600956	新天绿能	—	—	—	—	9
	600965	福成股份	5	3	4	5	0
	600997	开滦股份	2	2	2	1	4

续表

所属板块	股票代码	公司简称	2016年	2017年	2018年	2019年	2020年
沪市A股	601000	唐山港	0	0	0	0	0
	601258	庞大集团	7	4	7	4	10
	601326	秦港股份	—	3	6	4	5
	601633	长城汽车	4	7	4	10	13
	603050	科林电气	—	3	6	6	6
	603156	养元饮品	—	—	0	5	0
	603385	惠达卫浴	—	0	0	0	4
	603938	三孚股份	—	0	0	0	0
深市A股	000158	常山北明	3	5	7	5	7
	000401	冀东水泥	13	3	5	2	1
	000413	东旭光电	0	0	0	0	23
	000600	建投能源	6	8	8	9	7
	000687	华讯方舟	13	15	10	8	6
	000709	河钢股份	9	5	7	5	9
	000778	新兴铸管	10	7	5	9	4
	000848	承德露露	5	2	8	4	7
	000856	冀东装备	6	10	8	6	6
	000889	中嘉博创	3	13	20	16	3
	000923	河钢资源	5	10	5	6	9
	000937	冀中能源	3	8	8	5	10
	000958	东方能源	6	2	4	7	7
中小企业板	002049	紫光国微	10	10	14	8	10
	002108	沧州明珠	10	5	5	1	3
	002146	荣盛发展	18	9	12	15	18
	002282	博深股份	4	9	4	4	6
	002342	巨力索具	0	2	3	0	10
	002442	龙星化工	4	2	4	3	5
	002459	晶澳科技	9	6	13	8	18
	002494	华斯股份	7	6	7	5	6
	002603	以岭药业	4	4	6	7	7
	002691	冀凯股份	0	0	3	2	2
	002960	青鸟消防	—	—	—	21	26

续表

所属板块	股票代码	公司简称	2016年	2017年	2018年	2019年	2020年
创业板	300107	建新股份	0	3	3	2	8
	300137	先河环保	6	2	7	6	5
	300138	晨光生物	8	6	9	13	13
	300152	科融环境	0	16	20	25	3
	300255	常山药业	8	8	3	6	5
	300368	汇金股份	1	0	4	5	3
	300371	汇中股份	0	0	0	0	0
	300428	四通新材	0	0	0	0	0
	300446	乐凯新材	0	0	0	0	0
	300491	通合科技	0	0	0	0	0
	300765	新诺威	0	0	0	0	0
	300847	中船汉光	2	2	2	2	2
	300869	康泰医学	0	0	0	0	0
	300922	天秦装备	1	1	1	1	1

数据来源：国泰安数据库和上市公司年报。

B.4
河北上市公司监事会治理研究报告（2021）

石晓飞*

摘　要： 监事会是对公司的业务活动进行监督和检查的法定必设和常设机构，能起到防止滥用职权，保护公司、股东及第三人利益等重要作用。本报告从监事会规模、监事会结构、监事会运行三个重要的监事会治理维度对河北上市公司监事会治理状况进行研究。报告为有效规范监事会运作机制，改善上市公司监事会运行现状，提升河北上市公司监事会治理水平提供有益参考。

关键词： 上市公司　监事会治理　河北

《中华人民共和国公司法（2018修正）》规定，监事会主要职权包括：一是检查公司的财务；二是对董事、经理执行公司账务时违反法律、法规或者公司章程的行为进行监督；三是当董事和经理的行为损害公司的利益时，要求董事和经理予以改正；四是提议召开股东大会；五是公司章程规定的其他职权。监事会作为公司内部常设的监督机构，是公司内部治理结构与机制的一个重要组成部分。监事会监督职能的合理安排及有效行使，是防止董事和高管独断专行、保护股东投资权益和公司债权人权益的重要措施。基于此，本报告从监事会规模、监事会结构、监事会运行三类指标对河北上市公司监事会治理情况进行了分析。

---

* 石晓飞，博士，河北经贸大学工商管理学院副院长、公司治理与企业成长研究中心主任，副教授，硕士生导师，主要研究领域为公司治理。

一 监事会规模

《中华人民共和国公司法（2018 修正）》规定，上市公司监事会成员人数不得少于 3 人。上市公司监事会应当向全体股东负责，以财务监督为核心，同时对公司董事、经理及其他高级管理人员的尽职情况进行监督。学者李维安等[1]和方阳春等[2]认为，监事会规模越大，监督的力量越强，越能积极地监督代理人，也更能积极地控制代理人的薪酬水平。监事会规模增加可以增加外部人员参与的机会，加强互相监督，提高监管效率。[3]

（一）河北上市公司和全国上市公司监事会规模

2016 年至 2020 年河北上市公司和全国上市公司监事会规模平均值整体上都是呈下降趋势，河北上市公司监事会规模平均值连续 5 年大于全国上市公司监事会规模平均值（见图 1）。

（二）河北上市公司各板块监事会规模

通过对河北上市公司各板块监事会规模平均值进行对比可以看出，沪市 A 股的监事会规模较大，2016 年沪市 A 股的上市公司监事会规模平均值大于深市 A 股的监事会规模，并持续保持到 2020 年；深市 A 股上市公司监事会规模平均值 2016～2018 年呈平稳上升趋势，2019、2020 年呈下降趋势，2020 年下降了 2.08%；中小企业板和创业板的监事会规模平均值一直低于沪市 A 股和深市 A 股，其中 2016～2019 年创业板的上市公司

---

[1] 李维安、刘绪光、陈靖涵：《经理才能、公司治理与契约参照点——中国上市公司高管薪酬决定因素的理论与实证分析》，《南开管理评论》2010 年第 2 期，第 4～15 页。
[2] 方阳春、姚先国、赖普清：《上市高新企业高管薪酬及其效应的实证研究》，《科研管理》2007 年第 4 期，第 126～133 页。
[3] 徐二明、王智慧：《我国上市公司治理结构与战略绩效的相关性研究》，《南开管理评论》2000 年第 4 期，第 4～14 页。

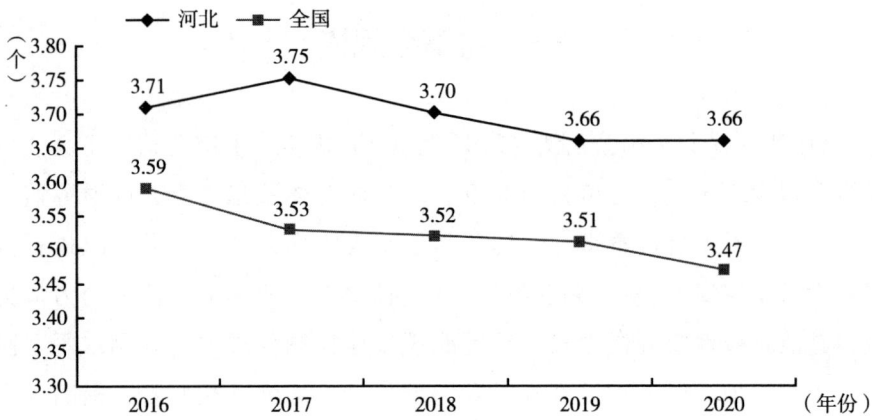

图 1　2016～2020 年河北上市公司和全国上市公司监事会规模平均值变化趋势

数据来源：国泰安数据库和上市公司年报。

监事会规模平均值较小，2020 年增加了 9.67%；中小企业板的上市公司监事会规模平均值也在 2020 年有一个较大幅度的增长，增长幅度略小于创业板（见图 2）。

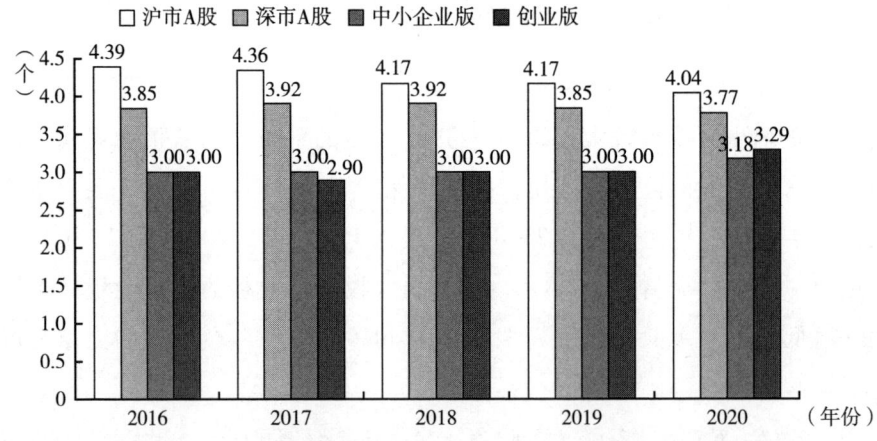

图 2　2016～2020 年河北上市公司各板块监事会规模平均值

数据来源：国泰安数据库和上市公司年报。

(三）河北上市公司监事会规模

表1 对 2016~2020 年河北上市公司监事会规模的具体情况进行了列示。

表1 2016~2020 年河北上市公司监事会总规模

单位：个

所属板块	证券代码	证券名称	2016年	2017年	2018年	2019年	2020年
沪市A股	600135	乐凯胶片	4	3	3	3	3
	600149	廊坊发展	3	4	4	4	3
	600230	沧州大化	3	3	3	3	3
	600340	华夏幸福	3	4	3	3	3
	600409	三友化工	6	7	7	7	7
	600480	凌云股份	5	5	5	4	4
	600482	中国动力	5	5	5	5	5
	600550	保变电气	5	5	5	5	4
	600559	老白干酒	5	5	5	5	5
	600722	金牛化工	5	5	3	3	3
	600803	新奥股份	3	3	3	3	3
	600812	华北制药	5	5	5	5	5
	600956	新天绿能	—	—	—	—	3
	600965	福成股份	5	5	5	5	4
	600997	开滦股份	5	5	5	5	5
	601000	唐山港	11	12	12	12	10
	601258	庞大集团	3	3	3	3	3
	601326	秦港股份	—	5	5	5	5
	601633	长城汽车	3	3	3	4	3
	603050	科林电气	—	3	3	3	3
	603156	养元饮品	—	—	3	3	3
	603385	惠达卫浴	—	3	3	3	3
	603938	三孚股份	—	3	3	3	3

续表

所属板块	证券代码	证券名称	2016年	2017年	2018年	2019年	2020年
深市A股	000158	常山北明	3	3	3	3	3
	000401	冀东水泥	3	3	3	3	3
	000413	东旭光电	5	5	5	5	5
	000600	建投能源	5	5	5	5	5
	000687	华讯方舟	3	5	5	5	5
	000709	河钢股份	3	3	3	3	3
	000778	新兴铸管	5	5	5	5	3
	000848	承德露露	3	3	3	3	3
	000856	冀东装备	3	3	3	3	3
	000889	中嘉博创	5	5	5	4	5
	000923	河钢资源	3	3	3	3	3
	000937	冀中能源	7	5	5	5	5
	000958	东方能源	2	3	3	3	3
中小企业板	002049	紫光国微	3	3	3	3	3
	002108	沧州明珠	3	3	3	3	3
	002146	荣盛发展	3	3	3	3	3
	002282	博深股份	3	3	3	3	3
	002342	巨力索具	3	3	3	3	3
	002442	龙星化工	3	3	3	3	5
	002459	晶澳科技	3	3	3	3	3
	002494	华斯股份	3	3	3	3	3
	002603	以岭药业	3	3	3	3	3
	002691	冀凯股份	3	3	3	3	3
	002960	青鸟消防	—	—	—	3	3
创业板	300107	建新股份	3	3	3	3	3
	300137	先河环保	3	3	3	3	3
	300138	晨光生物	3	3	3	3	3
	300152	科融环境	3	2	3	3	3
	300255	常山药业	3	3	3	3	3
	300368	汇金股份	3	3	3	3	3

续表

所属板块	证券代码	证券名称	2016年	2017年	2018年	2019年	2020年
创业板	300371	汇中股份	3	3	3	3	3
	300428	四通新材	3	3	3	3	3
	300446	乐凯新材	3	3	3	3	3
	300491	通合科技	3	3	3	3	3
	300765	新诺威	—	—	—	3	3
	300847	中船汉光	—	—	—	—	5
	300869	康泰医学	—	—	—	—	5
	300922	天秦装备	—	—	—	—	3

数据来源：国泰安数据库和上市公司年报。

二 监事会结构

监事会的人员结构应确保监事会能够独立有效地开展相关监督工作，监事会成员的年龄与公司的经营业绩有着密切关系，监事会成员性别的多元化有利于监事会监督作用的发挥，①对于公司业绩的提升具有积极的推动作用。并且《中华人民共和国公司法（2018修正）》规定监事会应当包括股东代表和适当比例的公司职工代表，其中，职工代表的比例不得低于1/3，具体比例由公司章程规定。因此，分析河北上市公司与全国上市公司监事会成员年龄、成员女性比例以及职工监事设置情况，河北各板块上市公司监事会成员平均年龄、成员女性比例以及职工监事设置情况，有助于对河北上市公司的监事会人员结构有更好的了解。基于此，本报告从监事会成员平均年龄、成员女性比例以及职工监事设置三个指标进行了分析。

---

① Francoeur C, Labelle R, Sinclair-Desgagne B., "Gender Diversity in Corporate Governance and Top Management," *Journal of Business Ethics*, 81 (2008): 83-95.

（一）监事会成员平均年龄

1. 河北上市公司和全国上市公司监事会成员平均年龄

通过对河北上市公司和全国上市公司的监事会成员年龄平均值进行对比，可以看出2016~2020年河北监事会成员平均年龄整体呈现上升趋势，2020年有较大幅度的增长，达47.65岁，增长了2.94%，而全国的上市公司监事会成员平均年龄均保持在46岁以上（见图3）。

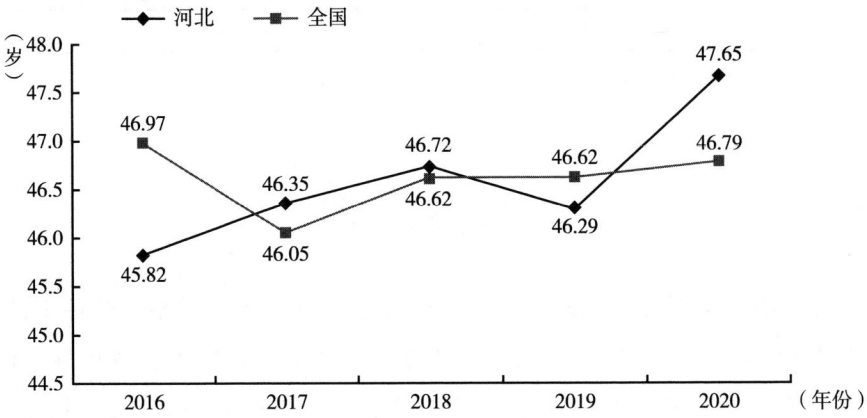

图3　2016~2020年河北上市公司和全国上市公司监事会成员平均年龄变化趋势

数据来源：国泰安数据库和上市公司年报。

2. 河北上市公司各板块监事会成员年龄

深市A股的监事会成员平均年龄一直较高，保持在50岁左右；沪市A股的上市公司监事会成员平均年龄在2016~2017年间有小幅增长；中小企业板的整体趋势变化较小，保持在46岁左右；创业板的上市公司因其公司性质，监事会成员年龄相对较小，2019年大幅度降低至42.55岁（见图4）。

3. 河北上市公司监事会成员年龄

表2对2016~2020年河北各上市公司监事会成员平均年龄的具体情况进行了列示。

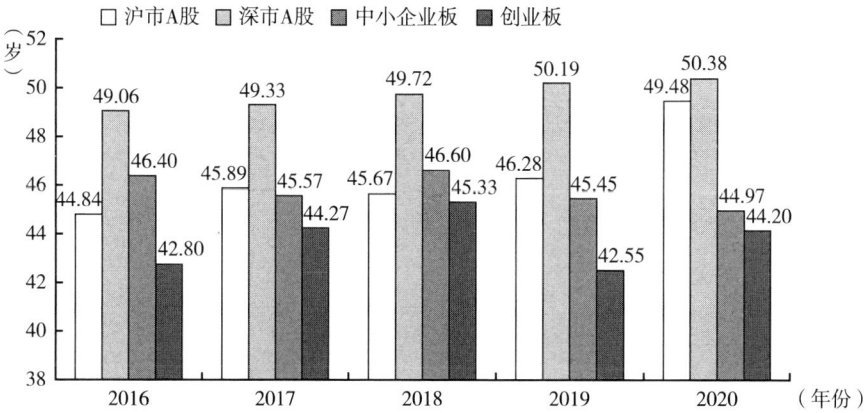

图4　2016～2020年河北上市公司各板块监事会成员平均年龄对比

数据来源：国泰安数据库和上市公司年报。

表2　2016～2020年河北上市公司监事会成员平均年龄

单位：岁

所属板块	证券代码	证券名称	2016年	2017年	2018年	2019年	2020年
沪市A股	600135	乐凯胶片	47.00	49.67	45.33	47.00	48.00
	600149	廊坊发展	38.33	45.50	46.50	47.50	47.75
	600230	沧州大化	42.33	40.67	41.67	42.67	48.33
	600340	华夏幸福	38.67	40.50	41.67	42.67	43.67
	600409	三友化工	49.00	51.29	50.86	51.14	52.14
	600480	凌云股份	51.00	49.20	50.20	46.25	49.40
	600482	中国动力	54.20	54.60	55.60	56.60	54.60
	600550	保变电气	53.20	52.20	3.00	54.00	54.25
	600559	老白干酒	55.20	56.20	57.20	58.20	53.80
	600722	金牛化工	46.20	45.60	49.00	52.67	55.00
	600803	新奥股份	49.33	50.33	51.33	52.33	53.33
	600812	华北制药	46.80	47.80	47.60	46.20	49.20
	600956	新天绿能	—	—	—	—	56.00
	600965	福成股份	50.40	50.20	51.20	54.40	59.25

续表

所属板块	证券代码	证券名称	2016年	2017年	2018年	2019年	2020年
沪市A股	600997	开滦股份	48.60	48.20	49.20	50.20	51.20
	601000	唐山港	46.45	47.00	46.67	47.67	48.42
	601258	庞大集团	45.33	46.33	45.67	45.67	46.33
	601326	秦港股份	—	48.40	50.00	51.00	52.00
	601633	长城汽车	45.00	46.00	47.00	45.50	41.67
	603050	科林电气	—	43.00	44.00	45.00	40.67
	603156	养元饮品	—	—	42.67	42.67	46.00
	603385	惠达卫浴	—	57.67	43.67	44.67	45.67
	603938	三孚股份	—	39.33	40.33	40.33	41.33
深市A股	000158	常山北明	51.33	52.33	44.67	50.67	51.67
	000401	冀东水泥	53.00	51.67	50.67	47.33	45.33
	000413	东旭光电	42.00	43.00	43.40	45.60	46.00
	000600	建投能源	54.60	51.00	52.00	50.20	51.60
	000687	华讯方舟	38.00	38.20	39.20	38.40	47.20
	000709	河钢股份	50.67	51.67	52.67	52.33	53.33
	000778	新兴铸管	45.20	44.60	45.60	47.33	48.33
	000848	承德露露	48.67	49.67	55.00	56.00	54.33
	000856	冀东装备	51.33	52.67	53.33	54.33	52.00
	000889	中嘉博创	47.60	47.00	48.00	47.50	45.20
	000923	河钢资源	54.67	53.33	54.33	54.33	53.00
	000937	冀中能源	52.71	49.80	50.80	51.80	53.00
	000958	东方能源	48.00	56.67	56.67	56.67	54.00
中小企业板	002049	紫光国微	40.67	42.67	43.67	44.67	45.67
	002108	沧州明珠	46.67	45.33	46.33	49	50.33
	002146	荣盛发展	41.67	42.67	43.67	44.67	45.67
	002282	博深股份	49.67	50.67	49.00	46.67	47.67
	002342	巨力索具	44.00	45.00	46.00	47.00	48.00
	002442	龙星化工	38.67	42.00	49.00	50.00	41.67

续表

所属板块	证券代码	证券名称	2016年	2017年	2018年	2019年	2020年
中小企业板	002459	晶澳科技	52.00	48.67	48.33	31.33	32.33
	002494	华斯股份	61.00	51.00	50.33	51.33	42.33
	002603	以岭药业	42.33	43.33	44.33	45.33	46.33
	002691	冀凯股份	47.33	44.33	45.33	46.33	43.67
	002960	青鸟消防	—	—	—	43.67	51.00
创业板	300107	建新股份	47.33	48.66	50.00	51.00	52.33
	300137	先河环保	41.00	40.67	41.67	42.67	43.67
	300138	晨光生物	47.67	48.67	49.67	42.00	43.00
	300152	科融环境	30.67	37.00	41.33	40.33	41.33
	300255	常山药业	43.33	44.33	46.33	47.67	48.67
	300368	汇金股份	56.00	57.00	58.00	38.33	39.33
	300371	汇中股份	33.33	34.33	34.33	35.67	36.67
	300428	四通新材	39.67	41.00	47.00	43.00	44.00
	300446	乐凯新材	47.00	48.00	49.00	46.00	48.00
	300491	通合科技	42.00	43.00	35.67	36.67	37.67
	300765	新诺威	—	—	—	44.67	44.67
	300847	中船汉光	—	—	—	—	44.00
	300869	康泰医学	—	—	—	—	47.40
	300922	天秦装备	—	—	—	—	48.00

数据来源：国泰安数据库和上市公司年报。

（二）监事会成员女性比例

1. 河北上市公司和全国上市公司监事会成员女性比例

2016~2020年全国上市公司的监事会成员女性占比平均值均高于河北上市公司监事会成员女性占比平均值，并且有一定比例增长。河北上市公司监事会女性占比平均值在2017年有较明显的增幅，增加了10.36%，2017~2020年间基本保持在26%左右，没有较大变化（见图5）。

2. 河北上市公司各板块监事会成员女性比例

中小企业板上市公司监事会成员女性比例平均值增幅最大，在2019

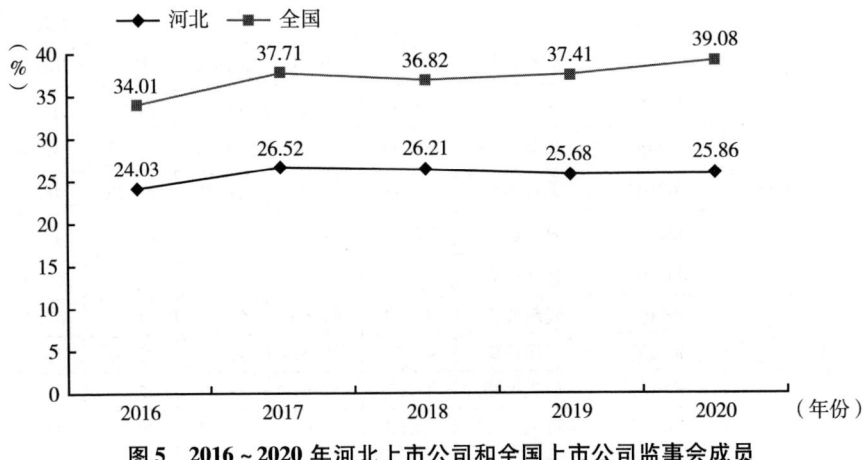

图5　2016~2020年河北上市公司和全国上市公司监事会成员
女性比例平均值变化趋势

数据来源：国泰安数据库和上市公司年报。

年和2020年达到最高值33.33%；沪市A股的上市公司监事会成员女性比例平均值整体趋势是下降的，但高于深市A股的上市公司监事会成员女性比例平均值；深市A股的上市公司监事会女性比例平均值在2016~2018年有所增加，但在2020年又下降至13.33%，总体水平低于其他三个板块；创业板上市公司监事会成员女性比例在2019年显著下降（见表3）。

表3　2016~2020年河北上市公司各板块监事会成员女性比例平均值

单位：%

	2016年	2017年	2018年	2019年	2020年
沪市A股	30.68	31.16	30.19	28.45	28.88
深市A股	15.90	18.46	21.03	18.08	13.33
中小企业板	20.00	26.67	23.33	33.33	33.33
创业板	26.67	26.67	26.67	21.21	26.67

数据来源：国泰安数据库和上市公司年报。

3. 河北上市公司监事会成员女性比例

表4对2016~2020年河北上市公司监事会成员女性比例平均值具体情况进行了列示。

河北上市公司监事会治理研究报告(2021)

表4 2016~2020年河北上市公司监事会成员女性比例

单位:%

所属板块	证券代码	证券名称	2016年	2017年	2018年	2019年	2020年
沪市A股	600135	乐凯胶片	25.00	33.33	33.33	33.33	33.33
	600149	廊坊发展	33.33	75.00	75.00	75.00	75.00
	600230	沧州大化	—	—	—	—	—
	600340	华夏幸福	66.67	80.00	66.67	66.67	66.67
	600409	三友化工	—	14.29	14.29	14.29	14.29
	600480	凌云股份	20.00	20.00	20.00	25.00	20.00
	600482	中国动力	20.00	20.00	20.00	20.00	—
	600550	保变电气	20.00	20.00	20.00	20.00	25.00
	600559	老白干酒	20.00	20.00	20.00	20.00	20.00
	600722	金牛化工	40.00	20.00	—	—	33.33
	600803	新奥股份	66.67	66.67	66.67	66.67	66.67
	600812	华北制药	40.00	40.00	20.00	—	—
	600956	新天绿能	—	—	—	—	33.33
	600965	福成股份	20.00	20.00	20.00	20.00	25.00
	600997	开滦股份	20.00	20.00	20.00	20.00	20.00
	601000	唐山港	27.27	16.17	25.00	25.00	25.00
	601258	庞大集团	66.67	66.67	66.67	66.67	33.33
	601326	秦港股份	—	20.00	40.00	40.00	40.00
	601633	长城汽车	66.67	66.67	66.67	75.00	66.67
	603050	科林电气		66.67	66.67	66.67	33.33
	603156	养元饮品	—	—	33.33	—	33.33
	603385	惠达卫浴	—	—	—	—	—
	603938	三孚股份	—	—	—	—	—
深市A股	000158	常山北明	—	—	33.33	—	—
	000401	冀东水泥	—	—	—	—	—
	000413	东旭光电	40.00	40.00	40.00	20.00	20.00
	000600	建投能源	—	20.00	20.00	20.00	20.00
	000687	华讯方舟	66.67	40.00	40.00	40.00	—
	000709	河钢股份	—	—	—	—	—

续表

所属板块	证券代码	证券名称	2016年	2017年	2018年	2019年	2020年
深市A股	000778	新兴铸管	40.00	40.00	40.00	60.00	33.33
	000848	承德露露	—	—	—	—	—
	000856	冀东装备	—	—	—	—	—
	000889	中嘉博创	60.00	80.00	80.00	75.00	80.00
	000923	河钢资源	—	—	—	—	—
	000937	冀中能源	—	20.00	20.00	20.00	20.00
	000958	东方能源	—	—	—	—	—
中小企业板	002049	紫光国微	—	—	—	—	—
	002108	沧州明珠	33.33	—	—	66.66	66.66
	002146	荣盛发展	33.33	33.33	33.33	33.33	33.33
	002282	博深股份	33.33	33.33	—	—	—
	002342	巨力索具	33.33	33.33	33.33	33.33	33.33
	002442	龙星化工	—	33.33	33.33	33.33	33.33
	002459	晶澳科技	—	33.33	33.33	66.67	66.67
	002494	华斯股份	33.33	66.67	66.67	66.67	33.33
	002603	以岭药业	33.33	33.33	33.33	33.33	33.33
	002691	冀凯股份	—	—	—	—	66.67
	002960	青鸟消防	—	—	—	33.33	—
创业板	300107	建新股份	33.33	33.33	33.33	33.33	33.33
	300137	先河环保	33.33	33.33	33.33	33.33	33.33
	300138	晨光生物	—	—	—	—	—
	300152	科融环境	—	—	—	—	—
	300255	常山药业	33.33	33.33	33.33	33.33	33.33
	300368	汇金股份	33.33	33.33	33.33	—	—
	300371	汇中股份	66.67	66.67	66.67	66.67	66.67
	300428	四通新材	66.67	66.67	66.67	66.67	33.33
	300446	乐凯新材	—	—	—	—	33.33
	300491	通合科技	—	—	—	—	—
	300765	新诺威	—	—	—	—	33.33
	300847	中船汉光	—	—	—	—	—
	300869	康泰医学	—	—	—	—	40.00
	300922	天秦装备	—	—	—	—	66.67

数据来源：国泰安数据库和上市公司年报。

（三）职工监事设置

1. 河北上市公司和全国上市公司职工监事

2016~2020年，全国上市公司的职工监事设置平均值整体呈下降趋势，但总体变化幅度并不大，河北上市公司职工监事设置平均值变化幅度较小，且均低于全国上市公司的职工监事设置平均值（见图6）。

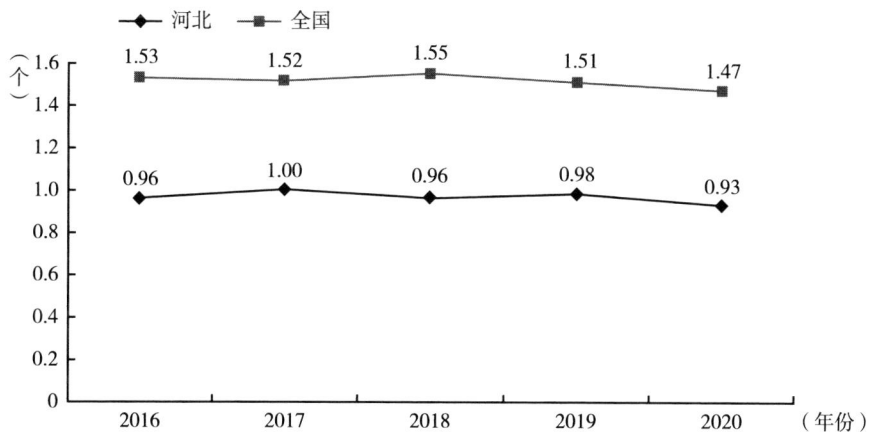

图6 2016~2020年河北上市公司和全国上市公司职工监事设置平均值变化趋势

数据来源：国泰安数据库和上市公司年报。

2. 河北上市公司各板块职工监事设置

职工监事设置平均值较高的上市公司板块为沪市A股，在2016~2020年总体趋势较平稳；深市A股整体上呈下降趋势，在2020年跌到0.85个；创业板和中小企业板上市公司职工监事设置平均值较低（见图7）。

3. 河北上市公司职工监事设置

表5对2016~2020年河北上市公司职工监事设置具体情况进行了列示。

河北上市公司蓝皮书

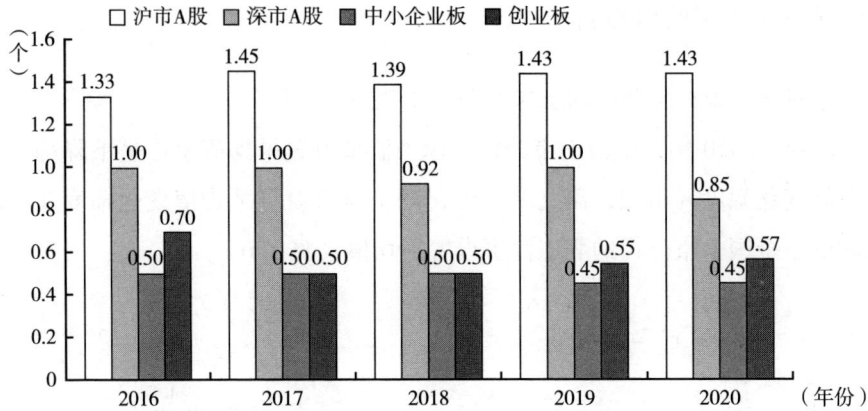

图7 2016~2020年河北上市公司各板块职工监事设置平均值对比

数据来源：国泰安数据库和上市公司年报。

表5 2016~2020年河北上市公司职工监事设置

单位：个

所属板块	证券代码	证券名称	2016年	2017年	2018年	2019年	2020年
沪市A股	600135	乐凯胶片	1	1	1	1	1
	600149	廊坊发展	1	1	1	1	1
	600230	沧州大化	—	—	—	—	—
	600340	华夏幸福	1	2	1	1	1
	600409	三友化工	3	3	3	3	3
	600480	凌云股份	2	2	2	2	3
	600482	中国动力	1	1	1	1	2
	600550	保变电气	—	1	1	1	1
	600559	老白干酒	2	2	2	2	2
	600722	金牛化工	2	2	1	1	1
	600803	新奥股份	—	—	—	1	1
	600812	华北制药	1	1	2	2	2
	600956	新天绿能	—	—	—	—	1
	600965	福成股份	3	3	3	3	2
	600997	开滦股份	2	2	2	2	2
	601000	唐山港	4	5	6	6	6

续表

所属板块	证券代码	证券名称	2016年	2017年	2018年	2019年	2020年
沪市A股	601258	庞大集团	1	1	1	1	—
	601326	秦港股份	—	2	2	2	2
	601633	长城汽车	—	—	—	—	—
	603050	科林电气	—	1	—	—	1
	603156	养元饮品	—	—	1	1	1
	603385	惠达卫浴	—	1	1	1	—
	603938	三孚股份	—	1	1	1	—
深市A股	000158	常山北明	1	1	—	—	1
	000401	冀东水泥	1	1	1	1	1
	000413	东旭光电	—	—	—	1	0
	000600	建投能源	2	2	2	2	2
	000687	华讯方舟	2	2	2	2	2
	000709	河钢股份	1	1	1	1	1
	000778	新兴铸管	2	2	2	2	2
	000848	承德露露	1	1	1	1	1
	000856	冀东装备	0	0	0	0	0
	000889	中嘉博创	1	1	1	1	0
	000923	河钢资源	1	1	1	1	1
	000937	冀中能源	—	—	—	—	—
	000958	东方能源	1	1	1	1	1
中小企业板	002049	紫光国微	1	1	1	1	1
	002108	沧州明珠	—	—	—	—	—
	002146	荣盛发展	0	0	0	0	1
	002282	博深股份	1	1	1	1	1
	002342	巨力索具	1	1	1	—	—
	002442	龙星化工	—	1	1	1	1
	002459	晶澳科技	—	—	—	—	—
	002494	华斯股份	1	—	—	—	—
	002603	以岭药业	0	0	0	0	—
	002691	冀凯股份	1	1	1	1	—
	002960	青鸟消防	—	—	—	1	1
创业板	300107	建新股份	0	0	0	0	0
	300137	先河环保	1	0	0	0	0
	300138	晨光生物	1	1	1	2	0

续表

所属板块	证券代码	证券名称	2016年	2017年	2018年	2019年	2020年
创业板	300152	科融环境	—	—	—	0	0
	300255	常山药业	1	1	1	1	1
	300368	汇金股份	1	1	1	—	—
	300371	汇中股份					
	300428	四通新材	1				
	300446	乐凯新材	1	1	1	1	1
	300491	通合科技	1	1	1	1	1
	300765	新诺威					1
	300847	中船汉光	—	—	—	—	2
	300869	康泰医学	—	—	—	—	1
	300922	天秦装备					1

注：表内数字为职工监事数量。
数据来源：国泰安数据库和上市公司年报。

三 监事会运行

《中华人民共和国公司法（2018修正）》第一百一十九条规定，监事会每六个月至少召开一次会议。但由于公司法并未规定不按时召开监事会会面临何种惩罚，因此部分上市公司并未披露监事会召开次数的相关信息。然而监事会的重要作用却不容忽视，监事会不仅能对公司财务和经营活动进行监督，还可以影响财务控制运行，营造有利于财务控制运行的控制环境。[①] 同时，监事会治理绩效对财务安全系数（财务安全性）具有正向影响，在我国经济转轨和公司治理复杂性日益增强的情况下，监事会仍作为法定的监督机构发挥其作用。[②] 基于此，本报告以监事会会议次数衡量监事会运行情况。

[①] 程新生、季迎欣、王丽丽：《公司治理对财务控制的影响——来自我国制造业上市公司的证据》，《会计研究》2007年第3期，第47~54页。

[②] 南开大学公司治理研究中心公司治理评价课题组：《中国上市公司治理指数与治理绩效的实证分析》，《管理世界》2004年第2期，第63~74页。

（一）河北上市公司和全国上市公司监事会会议次数平均值

2016~2020年，全国上市公司监事会会议次数平均值和河北上市公司监事会会议次数平均值相差较小，全国上市公司监事会会议次数平均值基本保持稳定，河北上市公司监事会会议次数平均值先增加后减少，2017年为7.50次，增加了25%，达到五年间的最高值，在2020年又下降到6.47次，比上年降低了5.27%（见图8）。

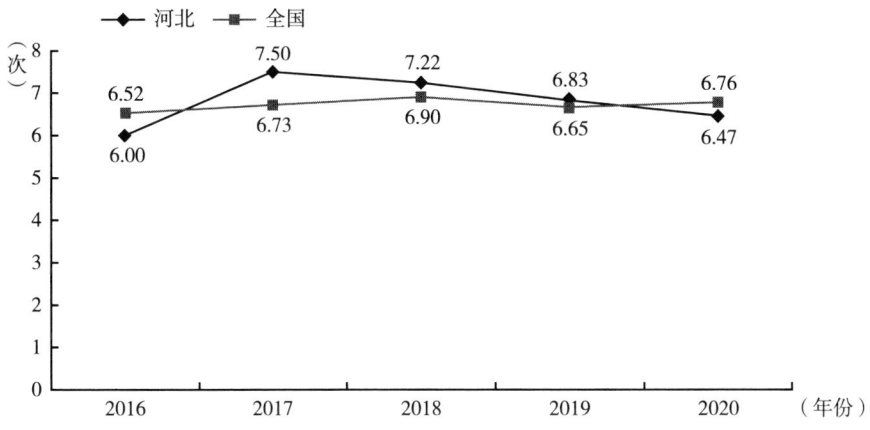

图8　2016~2020年河北上市公司和全国上市公司
监事会会议次数平均值变化趋势

数据来源：国泰安数据库和上市公司年报。

（二）河北上市公司各板块监事会会议次数平均值

河北深市A股上市公司的监事会会议次数平均值呈波动式下降趋势，并且其上市公司监事会会议次数平均值减幅较大，2020年比上年下降了35.29%。沪市A股的上市公司监事会会议次数平均值呈波动式上升趋势，在2019年达到峰值7.43次。河北的创业板和中小企业板上市公司监事会会议次数则相对较少（见图9）。

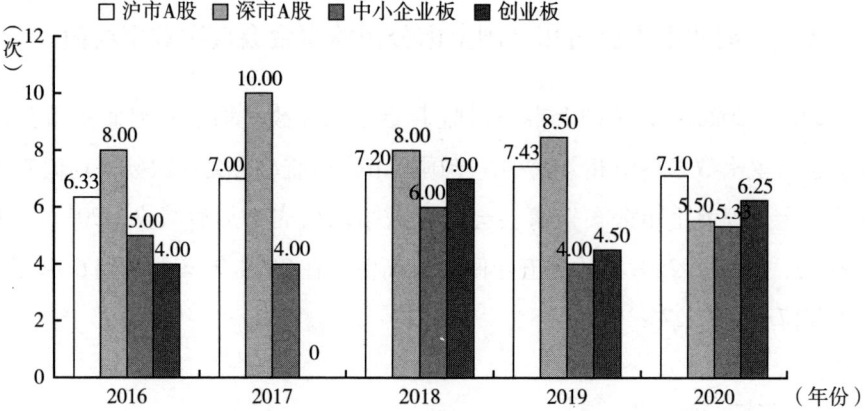

图9 2016～2020年河北上市公司各板块监事会会议次数平均值对比

数据来源：国泰安数据库和上市公司年报。

（三）河北上市公司监事会会议次数

表6对2016～2020年河北上市公司的监事会会议次数具体情况进行了列示。

表6 2016～2020年河北各上市公司监事会会议次数

单位：次

所属板块	证券代码	证券名称	2016年	2017年	2018年	2019年	2020年
沪市A股	600135	乐凯胶片	—	—	—	—	—
	600149	廊坊发展	—	—	—	—	—
	600230	沧州大化	—	—	—	—	—
	600340	华夏幸福	—	—	—	—	—
	600409	三友化工	—	—	—	—	—
	600480	凌云股份	—	—	—	5	7
	600482	中国动力	9	11	11	13	13
	600550	保变电气	—	—	—	—	—
	600559	老白干酒	—	—	—	—	—
	600722	金牛化工	—	—	—	—	—
	600803	新奥股份	—	—	—	—	6

续表

所属板块	证券代码	证券名称	2016年	2017年	2018年	2019年	2020年
沪市A股	600812	华北制药	—	—	—	—	—
	600956	新天绿能	—	—	—	—	8
	600965	福成股份	6	5	5	6	4
	600997	开滦股份	—	—	—	—	—
	601000	唐山港	—	—	—	—	5
	601258	庞大集团	—	—	—	—	—
	601326	秦港股份	—	—	—	7	5
	601633	长城汽车	4	5	5	10	13
	603050	科林电气	—	—	—	—	—
	603156	养元饮品	—	—	5	6	4
	603385	惠达卫浴	—	—	10	5	6
	603938	三孚股份	—	—	—	—	—
深市A股	000158	常山北明	—	—	—	—	—
	000401	冀东水泥	—	—	—	—	—
	000413	东旭光电	8	12	13	11	7
	000600	建投能源	—	—	—	—	—
	000687	华讯方舟	—	8	—	—	—
	000709	河钢股份	—	—	—	—	—
	000778	新兴铸管	—	—	—	—	—
	000848	承德露露	—	—	—	—	—
	000856	冀东装备	—	—	—	—	—
	000889	中嘉博创	—	—	—	—	—
	000923	河钢资源	—	—	—	—	—
	000937	冀中能源	—	—	—	—	—
	000958	东方能源	—	—	3	6	4
中小企业板	002049	紫光国微	—	—	—	—	—
	002108	沧州明珠	—	—	—	—	—
	002146	荣盛发展	5	4	6	4	5
	002282	博深股份	—	—	—	—	—
	002342	巨力索具	—	—	—	—	—
	002442	龙星化工	—	—	—	—	—
	002459	晶澳科技	—	—	—	—	—
	002494	华斯股份	—	—	—	—	—
	002603	以岭药业	—	—	—	—	—

续表

所属板块	证券代码	证券名称	2016年	2017年	2018年	2019年	2020年
中小企业板	002691	冀凯股份	—	—	—	—	5
	002960	青鸟消防	—	—	—	—	6
创业板	300107	建新股份	—	—	—	3	—
	300137	先河环保	—	—	—	—	—
	300138	晨光生物	—	—	—	—	—
	300152	科融环境	—	—	—	—	—
	300255	常山药业	—	—	—	—	—
	300368	汇金股份	—	—	—	—	—
	300371	汇中股份	—	—	7	6	5
	300428	四通新材	—	—	—	—	—
	300446	乐凯新材	4	—	—	—	—
	300491	通合科技	—	—	—	—	—
	300765	新诺威	—	—	—	—	—
	300847	中船汉光	—	—	—	—	3
	300869	康泰医学	—	—	—	—	8
	300922	天秦装备	—	—	—	—	9

数据来源：国泰安数据库和上市公司年报。

B.5 河北上市公司高管治理研究报告（2021）

石晓飞*

摘　要： 高级管理人员对于上市公司的经营管理和业绩效益负有重要的责任，科学的激励和约束制度能有效引导高管行为。本报告从公司高管规模与结构、高管双重任职、高管激励约束等三个重要高管治理维度对河北上市公司高管治理情况进行研究。报告为有效规范高管行为和保护股东权益，以及提升河北上市公司高管治理水平提供有益参考。

关键词： 上市公司　高管治理　河北

《中华人民共和国公司法（2018修正）》第二百一十六条规定，高级管理人员是指公司的经理、副经理、财务负责人，上市公司董事会秘书和公司章程规定的其他人员。公司高级管理人员处于公司治理体系的内核，是公司中重要的治理群体，成为公司治理与公司管理的联结点。《上市公司治理准则（2018修订）》第五章第五十八条指出，上市公司应当建立薪酬与公司绩效、个人业绩相联系的机制，以吸引人才，保持高级管理人员和核心员工的稳定。同时，第六十二条指出上市公司可以依照相关法律法规和公司章程，实施股权激励和员工持股等激励机制。基于此，本报告从高管规模与结构、高管双重任职、高管激励约束三个指标对河北上市公司高管治理情况进行了分析。

---

* 石晓飞，博士，河北经贸大学工商管理学院副院长、公司治理与企业成长研究中心主任，副教授，硕士生导师，主要研究领域为公司治理。

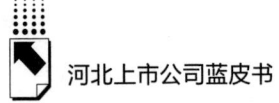

一 高管规模与结构

从规模方面来看,高管团队的规模是综合因素,团队规模的扩大增加了解决问题所需要的资源,有助于高质量决策,避免错误和风险,从而提高企业绩效,[1] 而且人员较多时可以相互监督,规模大的团队提供了更多反映内部控制存在的问题,在解决问题的过程中,增加了改正错误的机会,丰富了解决方案,加宽了企业解决问题的视角。在结构方面,较年长高管拥有丰富的社会资源和较高地位,在一定程度上代表了权威。[2] 但是,高管年龄越大越容易规避风险,年轻的高管团队成员在思想上更加与时俱进,更容易把握机会,[3] 高管的年龄结构与高管的运作效率密切相关。学历影响着管理者决策的理性程度,因而高学历的管理者较少进行过度投资行为,[4] 管理者学历越高,其通过社会关系获得的资源和支持越多,更可能进行多元化经营。[5]

(一)高管人数

1. 河北上市公司和全国上市公司高管人数

从2016~2020年河北上市公司和全国上市公司高管人数平均值变化趋势来看,全国上市公司高管人数平均值呈现平稳发展态势,河北的高管人数平均值从2016年开始下降,从2018年起低于全国平均水平,2019年下降明显(见图1)。

---

[1] Hambrick, D. C., D'Aveni R. A., "Top team deterioration as part of the downward spiral of large corporate bankruptcies," *Management Science* 38 (1992): 1445-1466.

[2] 尹律、陈良、杨婧:《高管年龄和内部控制缺陷认定标准选择》,《审计研究》2020年第1期,第105~112页。

[3] Tanikawa, T., Jung, Y. "Top management team (TMT) tenure diversity and firm performance: Examining the moderating effect of TMT average age", *International Journal of Organizational Analysis* 24 (2016): 454-470.

[4] 姜付秀、伊志宏、苏飞、黄磊:《管理者背景特征与企业过度投资行为》,《管理世界》2009年第1期,第130~139页。

[5] Wiersema, M., Bantel, K., "Top Management Team Demography and Corporate Change," *Academy of Management Journal* 35 (1992): 91-121.

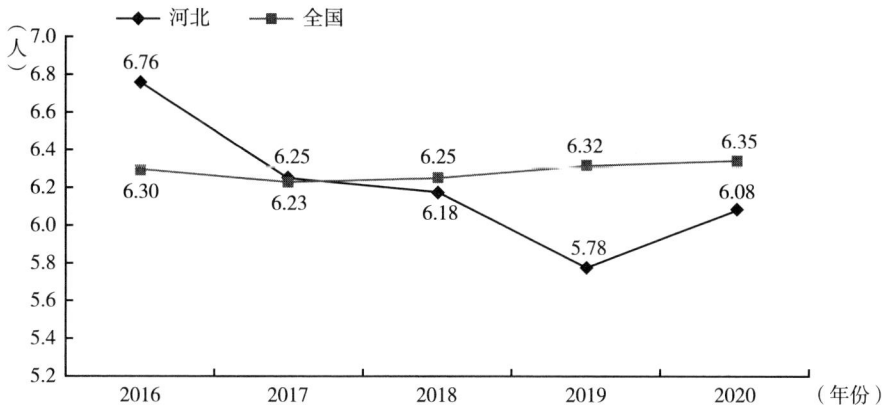

图 1　2016~2020 年河北上市公司和全国上市公司高管人数平均值变化趋势

数据来源：国泰安数据库和上市公司年报。

2. 河北上市公司各板块高管人数

从整体上看，除 2019 年外，2016~2020 年河北上市公司中沪市 A 股高管的人数最多，平均在 7 人左右，中小企业板和创业板高管人数较少。中小企业板是四个板块中波动较为明显的，深市 A 股的波动幅度最小（见图 2）。

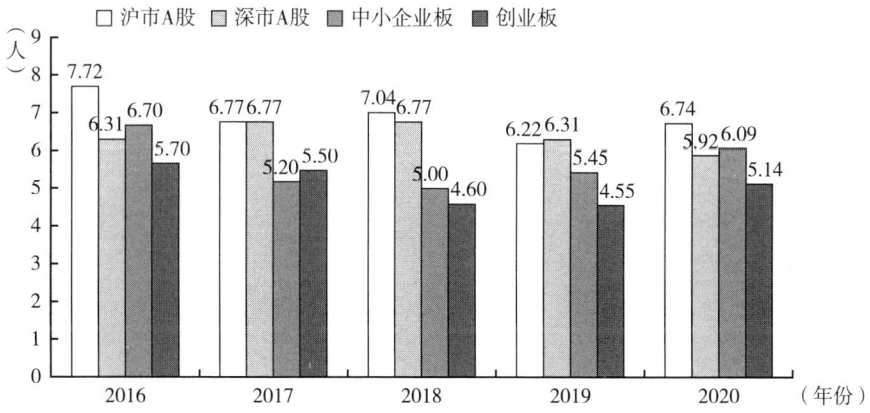

图 2　2016~2020 年河北上市公司各板块高管人数平均值对比

数据来源：国泰安数据库和上市公司年报。

3. 河北上市公司高管人数

表1对2016~2020年河北上市公司的高管人数具体情况进行了列示。

表1　2016~2020年河北上市公司高管人数

单位：人

所属板块	证券代码	证券名称	2016年	2017年	2018年	2019年	2020年
沪市A股	600135	乐凯胶片	6	6	7	6	6
	600149	廊坊发展	5	4	4	4	4
	600230	沧州大化	4	4	4	4	3
	600340	华夏幸福	7	7	9	9	9
	600409	三友化工	10	10	10	11	9
	600480	凌云股份	8	7	6	5	4
	600482	中国动力	3	3	3	1	3
	600550	保变电气	3	4	3	4	5
	600559	老白干酒	8	8	8	8	7
	600722	金牛化工	3	3	2	4	3
	600803	新奥股份	14	6	10	8	11
	600812	华北制药	10	8	9	9	9
	600956	新天绿能	—	—	—	—	7
	600965	福成股份	5	5	5	5	4
	600997	开滦股份	9	9	9	9	9
	601000	唐山港	12	9	9	9	10
	601258	庞大集团	24	24	23	11	18
	601326	秦港股份	—	4	6	6	6
	601633	长城汽车	8	8	8	7	5
	603050	科林电气	—	5	5	5	5
	603156	养元饮品	—	—	6	2	3
	603385	惠达卫浴	—	10	11	11	10
	603938	三孚股份	—	5	5	5	5
深市A股	000158	常山北明	7	9	11	11	10
	000401	冀东水泥	10	8	8	8	8
	000413	东旭光电	7	7	6	5	4
	000600	建投能源	7	7	7	6	7
	000687	华讯方舟	6	8	6	5	3
	000709	河钢股份	5	5	5	5	6
	000778	新兴铸管	7	8	7	6	6

续表

所属板块	证券代码	证券名称	2016 年	2017 年	2018 年	2019 年	2020 年
深市 A 股	000848	承德露露	3	3	3	3	3
	000856	冀东装备	6	8	7	5	4
	000889	中嘉博创	3	3	4	5	4
	000923	河钢资源	5	5	6	5	3
	000937	冀中能源	10	10	10	9	9
	000958	东方能源	6	7	8	9	10
中小企业板	002049	紫光国微	8	6	5	3	5
	002108	沧州明珠	6	6	6	8	8
	002146	荣盛发展	6	5	8	10	9
	002282	博深股份	6	6	6	6	6
	002342	巨力索具	6	7	6	6	6
	002442	龙星化工	11	4	3	3	8
	002459	晶澳科技	4	4	4	6	6
	002494	华斯股份	6	4	3	3	3
	002603	以岭药业	10	6	5	7	7
	002691	冀凯股份	4	4	4	4	4
	002960	青鸟消防	—	—	—	4	5
创业板	300107	建新股份	4	3	4	4	4
	300137	先河环保	6	6	4	4	5
	300138	晨光生物	4	4	4	4	4
	300152	科融环境	7	7	2	2	3
	300255	常山药业	10	10	7	6	7
	300368	汇金股份	6	6	7	6	6
	300371	汇中股份	6	5	4	4	8
	300428	四通新材	5	5	6	6	8
	300446	乐凯新材	4	4	5	4	5
	300491	通合科技	5	5	3	6	5
	300765	新诺威	—	—	—	4	4
	300847	中船汉光					4
	300869	康泰医学	—	—	—	—	4
	300922	天秦装备					5

数据来源：国泰安数据库和上市公司年报。

（二）高管平均年龄

1. 河北上市公司和全国上市公司高管平均年龄

河北上市公司董事长平均年龄和总经理平均年龄整体上高于全国平均水平。其中，河北上市公司2016～2018年董事长平均年龄呈上升趋势，但在2018～2019年出现下降趋势，由53.63岁下降至53.33岁，下降了0.56%；而全国上市公司董事长平均年龄在2016～2020年呈现上升趋势；河北上市公司总经理平均年龄和全国上市公司总经理平均年龄相差不大（见图3）。

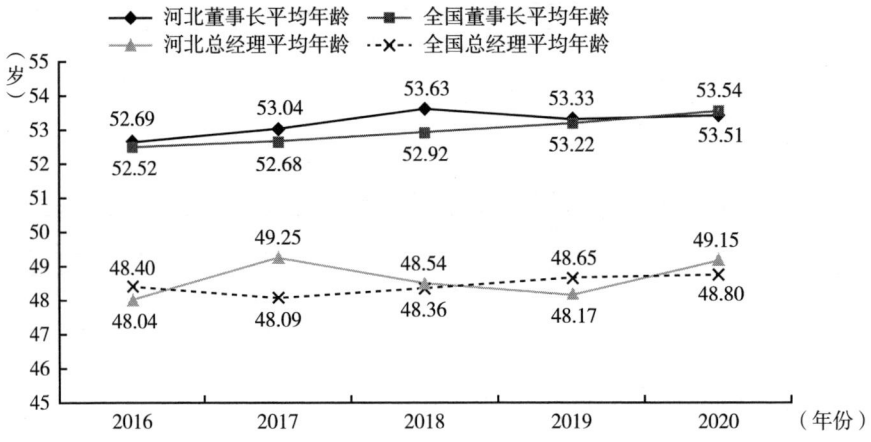

图3　2016～2020年河北上市公司和全国上市公司高管平均年龄变化趋势

数据来源：国泰安数据库和上市公司年报。

2. 河北上市公司各板块高管平均年龄

创业板董事长平均年龄处于较高水平，均在54岁以上；深市A股董事长平均年龄较小，在52岁左右。从近五年走势来看，整体上这四大板块的态势除深市A股外都呈现波动式上升趋势，2017年深市A股董事长平均年龄有明显下降，后又波动上升；2019年创业板董事长平均年龄出现明显的下降，由2018年的57.9岁下降至54.45岁后又有所上升；2017年中小企业板董事长年龄平均值有所下降，后又呈上升趋势（见图4）。

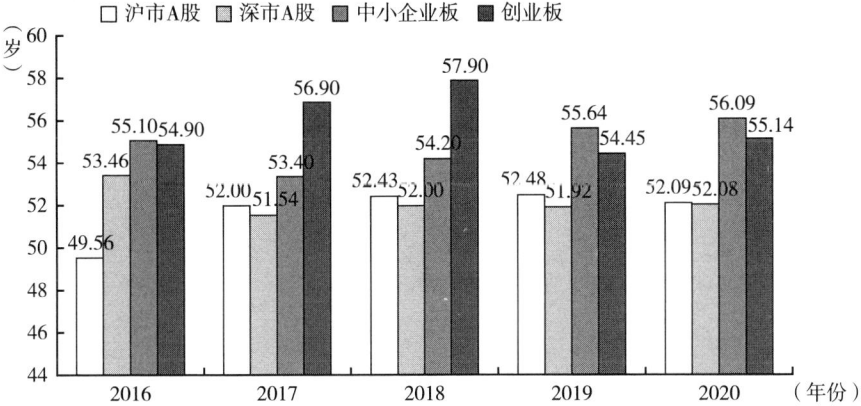

图 4　2016～2020 年河北上市公司各板块董事长年龄平均值对比

数据来源：国泰安数据库和上市公司年报。

2016～2020 年，各板块总经理平均年龄呈现平稳发展的态势。其中，创业板总经理平均年龄在四大板块中较高，从 2019 年开始呈现降低的趋势（见图 5）。

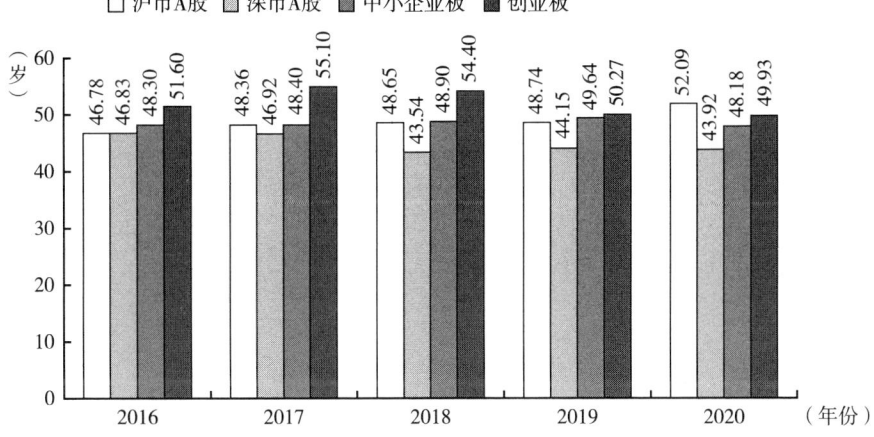

图 5　2016～2020 年河北上市公司各板块总经理平均年龄对比

数据来源：国泰安数据库和上市公司年报。

3. 河北上市公司高管年龄

表2和表3分别对2016~2020年河北上市公司的董事长、总经理年龄具体情况进行了列示。

表2 2016~2020年河北上市公司董事长年龄

单位：岁

所属板块	证券代码	证券名称	2016年	2017年	2018年	2019年	2020年
沪市A股	600135	乐凯胶片	55	56	57	52	55
	600149	廊坊发展	37	38	39	40	48
	600230	沧州大化	52	53	54	55	39
	600340	华夏幸福	50	51	52	53	54
	600409	三友化工	46	61	62	56	54
	600480	凌云股份	52	53	54	58	52
	600482	中国动力	52	53	54	53	50
	600550	保变电气	49	50	53	54	52
	600559	老白干酒	52	53	54	55	49
	600722	金牛化工	54	53	54	56	57
	600803	新奥股份	52	53	54	55	52
	600812	华北制药	68	69	55	56	55
	600956	新天绿能	—	—	—	—	52
	600965	福成股份	47	48	49	50	51
	600997	开滦股份	60	50	51	52	50
	601000	唐山港	51	46	47	48	49
	601258	庞大集团	62	63	64	56	64
	601326	秦港股份	—	52	53	54	52
	601633	长城汽车	53	54	55	56	50
	603050	科林电气	—	60	61	62	52
	603156	养元饮品	—	—	54	55	49
	603385	惠达卫浴	—	74	75	76	57
	603938	三孚股份	—	54	55	55	55
	000158	常山北明	59	48	49	50	51
	000401	冀东水泥	53	52	53	49	52
	000413	东旭光电	51	52	51	52	51
	000600	建投能源	49	50	51	55	52
	000687	华讯方舟	55	39	40	41	43
	000709	河钢股份	53	54	55	56	55

续表

所属板块	证券代码	证券名称	2016年	2017年	2018年	2019年	2020年
深市A股	000778	新兴铸管	57	50	51	52	52
	000848	承德露露	53	54	46	55	50
	000856	冀东装备	50	51	59	40	41
	000889	中嘉博创	54	58	59	60	61
	000923	河钢资源	51	50	51	52	53
	000937	冀中能源	56	57	55	56	58
	000958	东方能源	54	55	56	57	58
中小企业板	002049	紫光国微	49	50	56	57	56
	002108	沧州明珠	58	46	47	48	49
	002146	荣盛发展	54	55	56	57	58
	002282	博深股份	60	61	62	63	65
	002342	巨力索具	52	53	54	55	56
	002442	龙星化工	57	44	38	39	35
	002459	晶澳科技	57	58	59	68	69
	002494	华斯股份	68	69	70	71	72
	002603	以岭药业	67	68	69	70	71
	002691	冀凯股份	29	30	31	32	33
	002960	青鸟消防	—	—	—	52	53
创业板	300107	建新股份	61	62	63	64	65
	300137	先河环保	56	57	58	59	60
	300138	晨光生物	57	58	59	60	61
	300152	科融环境	36	47	48	49	50
	300255	常山药业	70	71	72	47	48
	300368	汇金股份	52	53	54	51	52
	300371	汇中股份	62	63	64	65	65
	300428	四通新材	51	52	53	54	55
	300446	乐凯新材	55	56	57	47	53
	300491	通合科技	49	50	51	52	53
	300765	新诺威	—	—	—	51	52
	300847	中船汉光	—	—	—	—	39
	300869	康泰医学	—	—	—	—	52
	300922	天秦装备	—	—	—	—	67

数据来源：国泰安数据库和上市公司年报。

表3　2016～2020年河北上市公司总经理年龄

单位：岁

所属板块	证券代码	证券名称	2016年	2017年	2018年	2019年	2020年
沪市A股	600135	乐凯胶片	50	51	52	54	55
	600149	廊坊发展	44	45	46	47	48
	600230	沧州大化	50	51	52	38	39
	600340	华夏幸福	50	51	52	53	54
	600409	三友化工	50	51	52	53	54
	600480	凌云股份	38	39	40	41	52
	600482	中国动力	59	60	61	62	50
	600550	保变电气	48	49	50	51	52
	600559	老白干酒	45	46	47	48	49
	600722	金牛化工	45	46	47	52	57
	600803	新奥股份	53	54	46	47	52
	600812	华北制药	55	56	53	54	55
	600956	新天绿能	—	—	—	—	52
	600965	福成股份	47	48	49	50	51
	600997	开滦股份	55	56	57	50	50
	601000	唐山港	45	46	47	48	49
	601258	庞大集团	62	63	64	63	64
	601326	秦港股份	—	49	50	51	52
	601633	长城汽车	46	47	48	49	50
	603050	科林电气	—	49	50	51	52
	603156	养元饮品	—	—	47	48	49
	603385	惠达卫浴	—	54	55	56	57
	603938	三孚股份	—	53	54	55	55
深市A股	000158	常山北明	47	47	48	49	51
	000401	冀东水泥	59	57	48	59	52
	000413	东旭光电	49	50	53	42	51
	000600	建投能源	49	57	58	51	52
	000687	华讯方舟	38	43	44	45	43
	000709	河钢股份	57	52	53	54	55
	000778	新兴铸管	49	48	49	50	52
	000848	承德露露	44	45	46	55	56
	000856	冀东装备	57	54	55	56	—
	000889	中嘉博创	—	—	—	—	—
	000923	河钢资源	52	55	56	56	57
	000937	冀中能源	54	55	56	57	58

续表

所属板块	证券代码	证券名称	2016年	2017年	2018年	2019年	2020年
深市A股	000958	东方能源	54	47	—	—	44
中小企业板	002049	紫光国微	50	53	54	55	56
中小企业板	002108	沧州明珠	45	42	43	44	45
中小企业板	002146	荣盛发展	53	54	55	56	57
中小企业板	002282	博深股份	60	61	62	63	40
中小企业板	002342	巨力索具	43	44	45	46	47
中小企业板	002442	龙星化工	50	44	40	42	40
中小企业板	002459	晶澳科技	57	58	59	68	69
中小企业板	002494	华斯股份	37	38	39	40	41
中小企业板	002603	以岭药业	41	42	43	44	45
中小企业板	002691	冀凯股份	47	48	49	50	51
中小企业板	002960	青鸟消防	—	—	—	38	39
创业板	300107	建新股份	51	52	53	54	55
创业板	300137	先河环保	56	50	51	52	53
创业板	300138	晨光生物	57	58	59	60	61
创业板	300152	科融环境	36	62	46	47	37
创业板	300255	常山药业	70	71	72	47	48
创业板	300368	汇金股份	52	53	54	43	44
创业板	300371	汇中股份	47	55	56	57	58
创业板	300428	四通新材	47	48	49	50	36
创业板	300446	乐凯新材	51	52	53	54	55
创业板	300491	通合科技	49	50	51	43	44
创业板	300765	新诺威	—	—	—	46	47
创业板	300847	中船汉光	—	—	—	—	51
创业板	300869	康泰医学	—	—	—	—	52
创业板	300922	天秦装备	—	—	—	—	58

数据来源：国泰安数据库和上市公司年报。

（三）高管学历背景

1. 河北上市公司和全国上市公司高管学历背景

河北上市公司董事长博士学历和硕士学历的总和占比低于全国平均水

平，河北上市公司博士学历占比略高于全国平均水平，硕士学历占比低于全国平均水平，本科学历的人数占比高于全国平均水平，总经理学历情况与全国相差不大（见表4、图6、图7、图8和图9）。

表4　2020年河北上市公司和全国上市公司高管学历背景

单位：人

项目	董事长各学历人数						总经理各学历人数					
	其他	博士	硕士	本科	专科	中专及中专以下	其他	博士	硕士	本科	专科	中专及中专以下
河北省	1	10	22	19	7	1	0	6	26	22	3	3
全国	34	472	2026	1250	352	93	19	243	1285	915	233	57

注：1家河北上市公司董事长学历信息、总经理学历信息缺失，所以表中河北总数为60；全国上市公司高管学历信息均来源于国泰安数据库和上市公司年报，由于统计样本有不同程度的数据缺失，故董事长总数与总经理总数不等。

数据来源：国泰安数据库和上市公司年报。

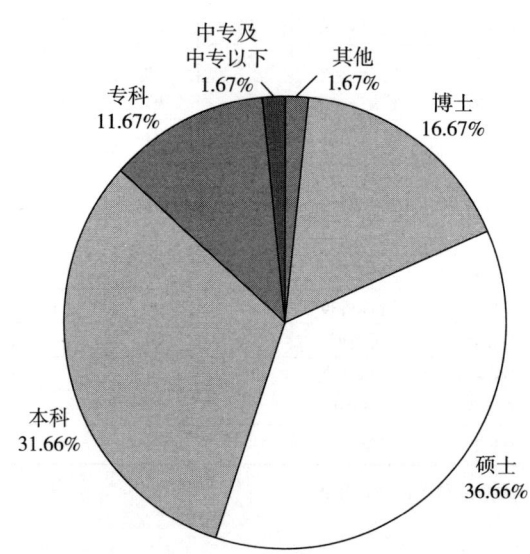

图6　2020年河北上市公司董事长各学历人数占比

数据来源：国泰安数据库和上市公司年报。

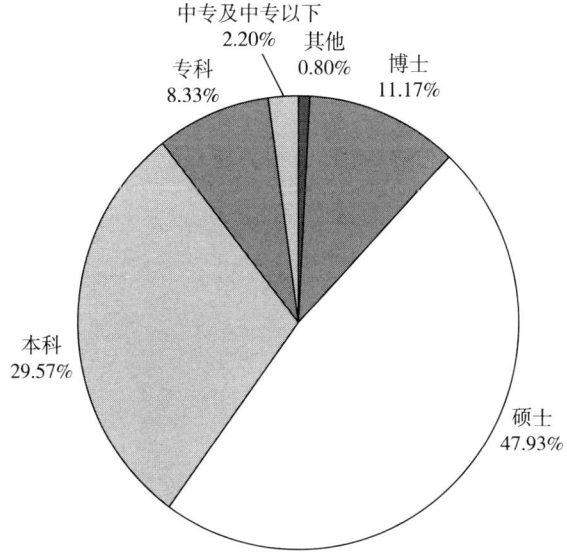

图 7　2020 年全国上市公司董事长各学历人数占比

数据来源：国泰安数据库和上市公司年报。

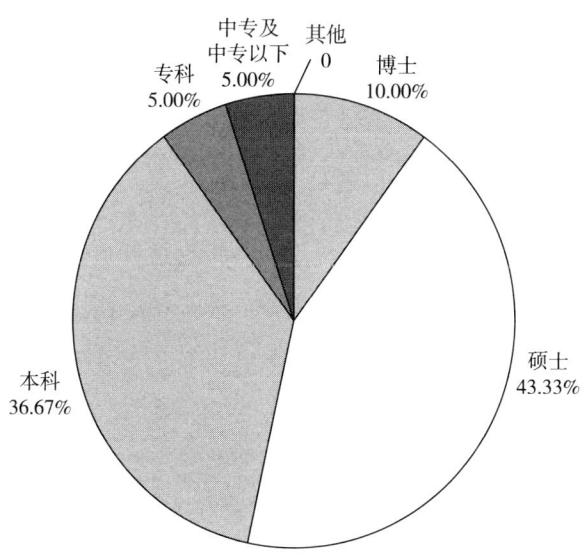

图 8　2020 年河北上市公司总经理各学历人数占比

数据来源：国泰安数据库和上市公司年报。

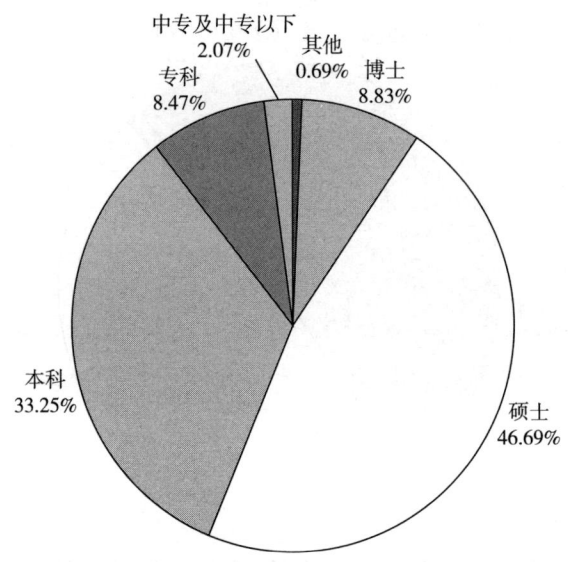

图9　2020年全国上市公司总经理各学历人数占比

数据来源：国泰安数据库和上市公司年报。

2. 河北上市公司各板块高管学历背景

表5对2016~2020年河北上市公司各板块董事长、总经理学历背景情况进行了统计分析。

为了更加清晰地了解学历分布情况，本报告将各个板块上市公司董事长和总经理的学历构成人数平均值与高管总人数平均值相比，得到各学历占比数据，并将其做成饼状图，方便对比分析。

根据2020年河北上市公司各板块董事长学历人数占比情况（见图10、图11、图12和图13），可直观清晰地看到中小企业板中董事长本科学历人数最多，占比45.45%，专科、中专及中专以下和其他学历的人数占比最小，为0；深市A股硕士学历人数最多，占比高达46.15%。根据2020年河北上市公司各板块总经理学历人数占比情况（见图14、图15、图16和图17），可直观清晰地看到创业板中总经理本科学历人数最多，占比69.23%；

中小企业板硕士学历人数最多，占比高达 54.55%；创业板的博士、专科及其他学历人数占比最小，为 0。

表5 2020 年河北上市公司各板块董事长、总经理学历背景

单位：人

项目	董事长各学历人数						总经理各学历人数					
	其他	博士	硕士	本科	专科	中专及中专以下	其他	博士	硕士	本科	专科	中专及中专以下
沪市A股	1	3	8	6	4	1	0	1	12	7	2	1
深市A股	0	4	6	2	1	0	0	3	5	5	0	0
中小企业板	0	3	3	5	0	0	0	2	6	1	1	1
创业板	0	0	5	6	2	0	0	0	3	9	0	1

注：中小企业版中 1 家上市公司董事长学历信息、总经理学历信息缺失，所以表中总数为 60。
数据来源：国泰安数据库和上市公司年报

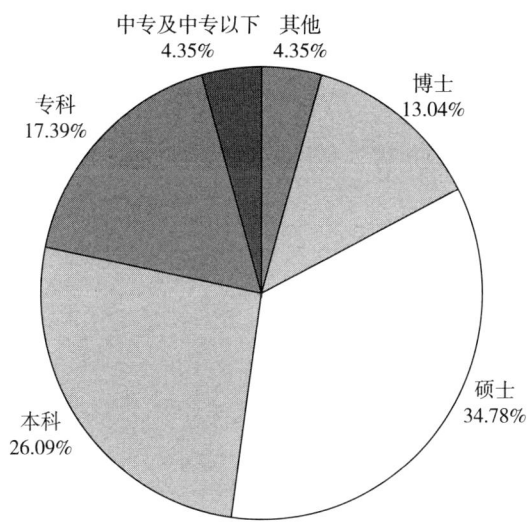

图10 2020 年河北上市公司沪市 A 股董事长学历人数占比

数据来源：国泰安数据库和上市公司年报。

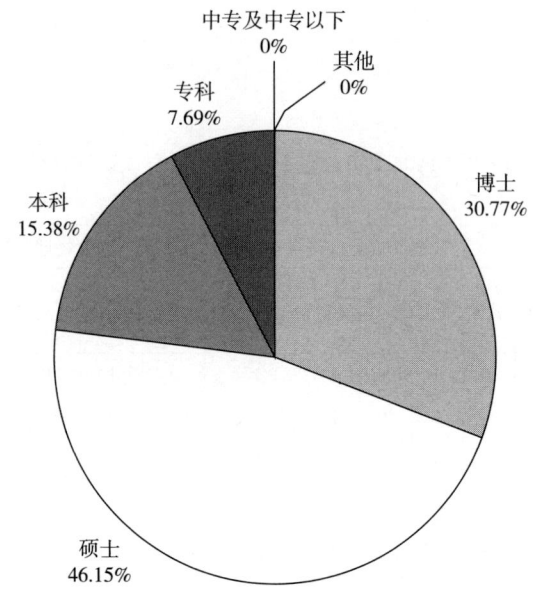

图 11　2020 年河北上市公司深市 A 股董事长学历人数占比

数据来源：国泰安数据库和上市公司年报。

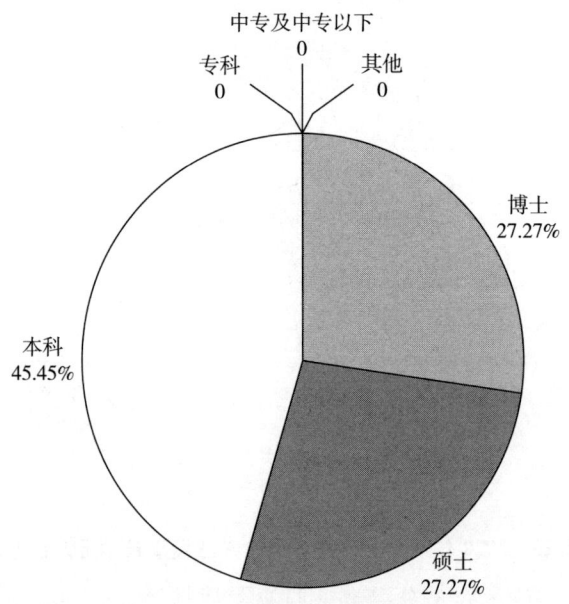

图 12　2020 年河北上市公司中小企业板董事长学历人数占比

数据来源：国泰安数据库和上市公司年报。

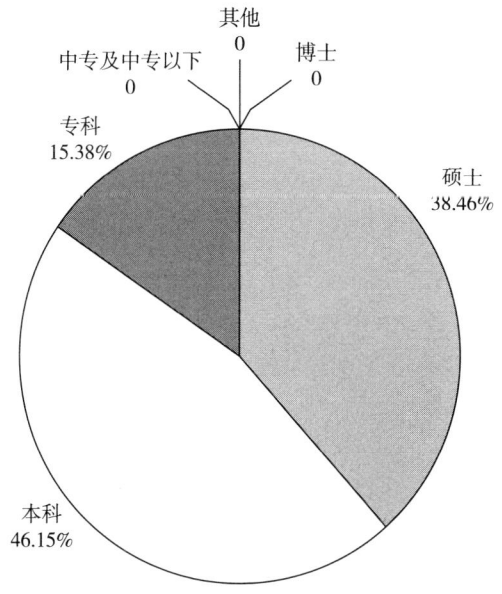

图13　2020年河北上市公司创业板董事长学历人数占比

数据来源：国泰安数据库和上市公司年报。

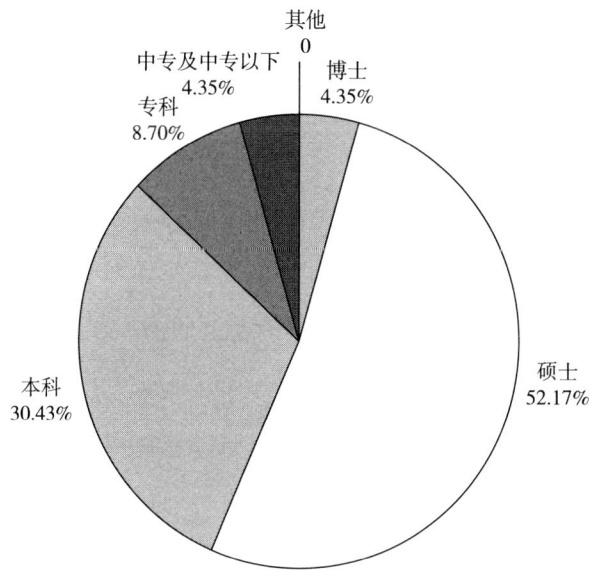

图14　2020年河北上市公司沪市A股总经理学历人数占比

数据来源：国泰安数据库和上市公司年报。

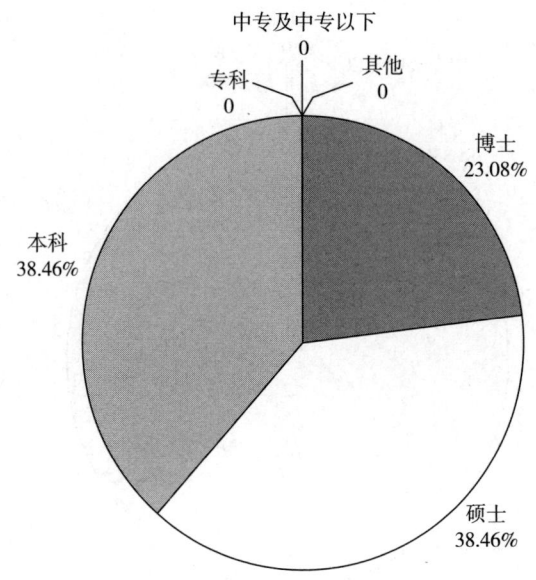

图 15　2020 年河北上市公司深市 A 股总经理学历人数占比

数据来源：国泰安数据库和上市公司年报。

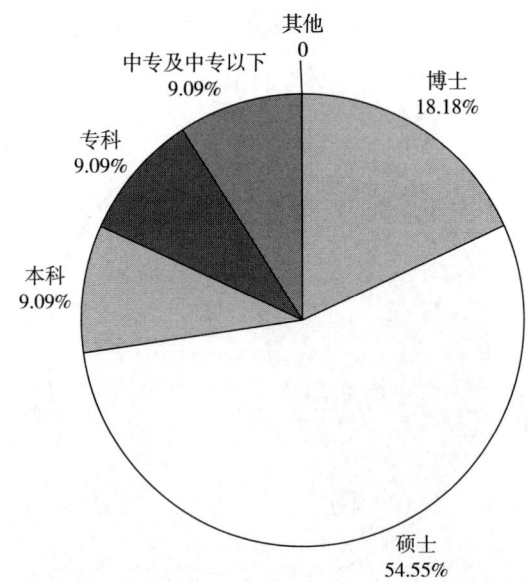

图 16　2020 年河北上市公司中小企业板总经理学历人数占比

数据来源：国泰安数据库和上市公司年报。

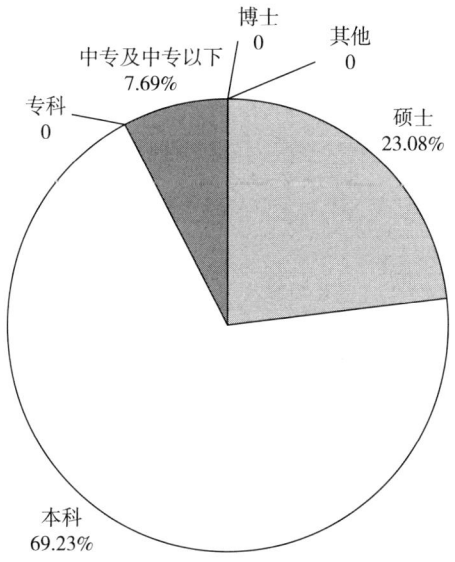

图 17　2020 年河北上市公司创业板总经理学历人数占比

数据来源：国泰安数据库和上市公司年报。

3. 河北上市公司高管学历背景

表 6、表 7 对 2016～2020 年河北上市公司的董事长、总经理学历背景具体情况进行了列示。

表 6　2016～2020 年河北上市公司董事长学历背景

所属板块	证券代码	证券名称	2016 年	2017 年	2018 年	2019 年	2020 年
沪市 A 股	600135	乐凯胶片	2	2	2	5	5
	600149	廊坊发展	4	4	4	4	5
	600230	沧州大化	3	3	3	4	4
	600340	华夏幸福	2	2	2	2	2
	600409	三友化工	3	3	3	4	4
	600480	凌云股份	4	4	4	3	3
	600482	中国动力	4	4	4	4	3
	600550	保变电气	4	4	4	4	4
	600559	老白干酒	2	2	2	2	2
	600722	金牛化工	3	5	5	5	4
	600803	新奥股份	4	4	4	4	4

续表

所属板块	证券代码	证券名称	2016年	2017年	2018年	2019年	2020年
沪市A股	600812	华北制药	3	3	4	4	4
	600956	新天绿能	—	—	—	—	5
	600965	福成股份	1	1	1	1	1
	600997	开滦股份	5	4	4	4	4
	601000	唐山港	4	4	4	4	4
	601258	庞大集团	4	4	4	—	2
	601326	秦港股份	—	3	3	3	3
	601633	长城汽车	3	3	3	3	3
	603050	科林电气	—	3	3	—	3
	603156	养元饮品	—	—	3	3	3
	603385	惠达卫浴	—	2	2	2	6
	603938	三孚股份	—	2	2	2	2
深市A股	000158	常山北明	4	4	4	4	4
	000401	冀东水泥	5	4	4	4	4
	000413	东旭光电	3	3	4	4	3
	000600	建投能源	4	4	4	4	4
	000687	华讯方舟	2	3	5	5	5
	000709	河钢股份	5	5	5	5	4
	000778	新兴铸管	4	5	5	5	5
	000848	承德露露	4	4	3	3	2
	000856	冀东装备	4	4	4	4	3
	000889	中嘉博创	3	4	4	4	5
	000923	河钢资源	4	4	4	4	4
	000937	冀中能源	4	4	5	5	5
	000958	东方能源	4	4	4	4	4
中小企业板	002049	紫光国微	4	4	4	4	5
	002108	沧州明珠	2	3	3	3	3
	002146	荣盛发展	5	5	5	5	5
	002282	博深股份	3	3	3	3	3
	002342	巨力索具	4	4	4	4	3
	002442	龙星化工	5	4	4	4	4
	002459	晶澳科技	3	3	3	4	4
	002494	华斯股份	4	4	3	3	3
	002603	以岭药业	5	5	5	5	5
	002691	冀凯股份	4	4	4	4	4
	002960	青鸟消防	—	—	—	3	3

续表

所属板块	证券代码	证券名称	2016年	2017年	2018年	2019年	2020年
创业板	300107	建新股份	4	4	4	4	4
	300137	先河环保	4	4	4	4	4
	300138	晨光生物	4	4	4	4	3
	300152	科融环境	3	2	2	2	2
	300255	常山药业	2	2	2	3	3
	300368	汇金股份	3	3	3	3	3
	300371	汇中股份	3	3	3	3	3
	300428	四通新材	4	4	4	4	4
	300446	乐凯新材	4	4	4	3	—
	300491	通合科技	3	3	3	3	3
	300765	新诺威	—	—	—	4	4
	300847	中船汉光	—	—	—	—	4
	300869	康泰医学	—	—	—	—	3
	300922	天秦装备	—	—	—	—	2

注：1＝中专及中专以下，2＝专科，3＝本科，4＝硕士研究生，5＝博士研究生，6＝其他。
数据来源：国泰安数据库和上市公司年报。

表7　2016～2020年河北上市公司总经理学历情况

所属板块	证券代码	证券名称	2016年	2017年	2018年	2019年	2020年
沪市A股	600135	乐凯胶片	4	4	4	2	2
	600149	廊坊发展	4	4	4	4	4
	600230	沧州大化	2	2	2	3	3
	600340	华夏幸福	4	4	4	4	4
	600409	三友化工	3	3	3	3	3
	600480	凌云股份	4	4	4	4	4
	600482	中国动力	5	3	3	3	4
	600550	保变电气	4	4	4	4	4
	600559	老白干酒	4	4	4	4	4
	600722	金牛化工	3	3	3	4	3
	600803	新奥股份	4	4	4	4	4
	600812	华北制药	4	4	3	3	3
	600956	新天绿能	—	—	—	—	4
	600965	福成股份	1	1	1	1	1
	600997	开滦股份	4	4	4	5	5

续表

所属板块	证券代码	证券名称	2016年	2017年	2018年	2019年	2020年
沪市A股	601000	唐山港	4	4	4	4	4
	601258	庞大集团	4	4	4	4	4
	601326	秦港股份	—	3	3	3	3
	601633	长城汽车	4	4	4	4	4
	603050	科林电气	—	3	3	3	3
	603156	养元饮品	—	—	2	2	2
	603385	惠达卫浴	—	4	4	4	4
	603938	三孚股份	—	3	3	3	3
深市A股	000158	常山北明	4	3	3	3	3
	000401	冀东水泥	4	4	4	4	3
	000413	东旭光电	4	4	3	3	4
	000600	建投能源	4	4	4	4	4
	000687	华讯方舟	2	4	4	3	4
	000709	河钢股份	5	4	4	4	5
	000778	新兴铸管	5	4	4	4	4
	000848	承德露露	3	3	3	3	3
	000856	冀东装备	4	5	5	5	3
	000889	中嘉博创	3	3	3	3	4
	000923	河钢资源	4	4	4	5	5
	000937	冀中能源	5	5	5	5	5
	000958	东方能源	4	4	—	—	3
中小企业板	002049	紫光国微	5	5	5	5	5
	002108	沧州明珠	3	2	2	2	2
	002146	荣盛发展	4	4	4	4	3
	002282	博深股份	3	3	3	3	4
	002342	巨力索具	4	4	4	4	4
	002442	龙星化工	3	4	4	4	4
	002459	晶澳科技	3	3	3	4	4
	002494	华斯股份	4	4	4	4	4
	002603	以岭药业	4	4	4	4	4
	002691	冀凯股份	1	1	1	1	1
	002960	青鸟消防	5	5	5	5	5
创业板	300107	建新股份	3	3	3	3	3
	300137	先河环保	4	3	3	3	4
	300138	晨光生物	4	4	4	4	3

续表

所属板块	证券代码	证券名称	2016年	2017年	2018年	2019年	2020年
创业板	300152	科融环境	3	4	2	2	4
	300255	常山药业	2	2	2	3	3
	300368	汇金股份	3	3	3	1	1
	300371	汇中股份	1	1	1	1	3
	300428	四通新材	4	4	4	4	4
	300446	乐凯新材	3	3	3	3	—
	300491	通合科技	3	3	3	3	3
	300765	新诺威	—	—	—	3	3
	300847	中船汉光	—	—	—	—	3
	300869	康泰医学	—	—	—	—	3
	300922	天秦装备	—	—	—	—	3

注：1=中专及中专以下，2=专科，3=本科，4=硕士研究生，5=博士研究生，6=其他。
数据来源：国泰安数据库和上市公司年报。

二 高管双重任职

董事长与总经理分离有益于企业运营效率提高，但是一定条件下董事长兼任总经理，比董事长与总经理分离更有效。①

（一）河北上市公司和全国上市公司双重任职

从2016~2020年河北上市公司和全国上市公司董事长总经理双重任职比例发展趋势来看，全国上市公司双重任职情况在近五年呈现平稳且略有上升的发展态势，河北上市公司的双重任职比例从2016年开始一直呈现下降趋势（见图18）。

---

① 雷海民、梁巧转、李家军：《公司政治治理影响企业的运营效率吗——基于中国上市公司的非参数检验》，《中国工业经济》2012年第9期，第109~121页。

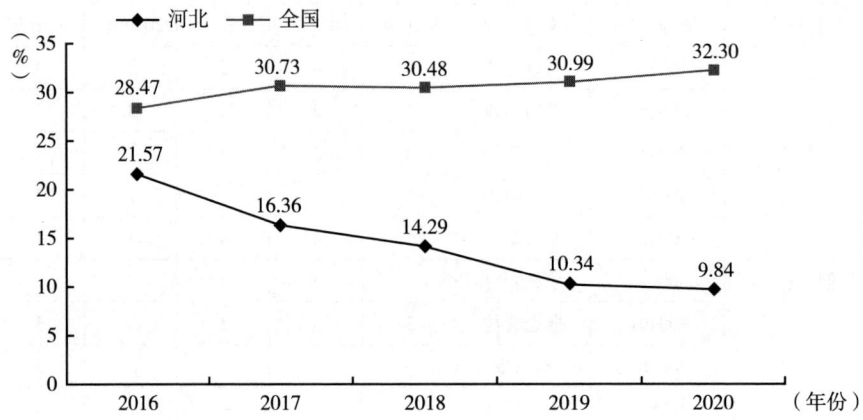

图 18　2016～2020 年河北上市公司和全国上市公司高管双重任职比例变化趋势

数据来源：国泰安数据库和上市公司年报。

（二）河北上市公司各板块高管双重任职

通过 2016～2020 年河北上市公司各板块高管双重任职情况对比发现，2016 年四个板块中共有 11 家公司高管双重任职，其中，创业板普遍存在董事长、总经理双重任职现象，2016 年为 5 家，占所有双重任职公司的比例高达 45.45%，但之后比例逐渐降低，在 2019 年、2020 年趋于稳定，为 33.33%。沪市 A 股、深市 A 股和中小企业板双重任职现象相差不大，其中，2017 年深市 A 股并未出现董事长、总经理双重任职现象（见图 19）。

（三）河北上市公司高管双重任职

表 8 对 2016～2020 年河北上市公司的董事长、总经理双重任职具体情况进行了列示。

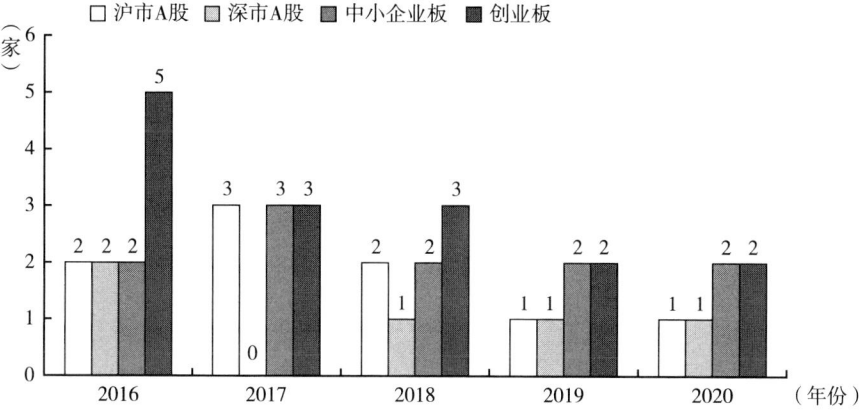

图 19　2016～2020 年河北上市公司各板块高管双重任职对比

数据来源：国泰安数据库和上市公司年报。

表 8　2016～2020 年河北上市公司高管双重任职

所属板块	证券代码	证券名称	2016 年	2017 年	2018 年	2019 年	2020 年
沪市 A 股	600135	乐凯胶片	2	2	2	2	2
	600149	廊坊发展	2	2	2	2	2
	600230	沧州大化	2	2	2	2	2
	600340	华夏幸福	2	2	2	2	2
	600409	三友化工	2	2	2	2	2
	600480	凌云股份	2	2	2	2	2
	600482	中国动力	2	2	2	2	2
	600550	保变电气	2	2	2	2	2
	600559	老白干酒	2	2	2	2	2
	600722	金牛化工	2	2	2	2	2
	600803	新奥股份	2	2	2	2	2
	600812	华北制药	2	2	2	2	2
	600956	新天绿能	—	—	—	—	2
	600965	福成股份	1	1	1	1	1
	600997	开滦股份	2	2	2	2	2
	601000	唐山港	2	1	2	2	2
	601258	庞大集团	1	1	1	2	2
	601326	秦港股份	—	2	2	2	2
	601633	长城汽车	2	2	2	2	2

续表

所属板块	证券代码	证券名称	2016年	2017年	2018年	2019年	2020年
沪市A股	603050	科林电气	—	2	2	2	2
	603156	养元饮品	—	—	2	2	2
	603385	惠达卫浴	—	2	2	2	2
	603938	三孚股份	—	2	2	2	2
深市A股	000158	常山北明	2	2	2	2	2
	000401	冀东水泥	2	2	2	2	2
	000413	东旭光电	2	2	2	2	2
	000600	建投能源	1	2	2	2	2
	000687	华讯方舟	2	2	2	2	2
	000709	河钢股份	2	2	2	2	2
	000778	新兴铸管	2	2	2	2	2
	000848	承德露露	2	2	1	1	1
	000856	冀东装备	2	2	2	2	2
	000889	中嘉博创	2	2	2	2	2
	000923	河钢资源	2	2	2	2	2
	000937	冀中能源	2	2	2	2	2
	000958	东方能源	1	2	2	2	2
中小企业板	002049	紫光国微	2	2	2	2	1
	002108	沧州明珠	2	2	2	2	2
	002146	荣盛发展	2	2	2	2	2
	002282	博深股份	1	1	1	1	2
	002342	巨力索具	2	2	2	2	2
	002442	龙星化工	2	1	2	2	2
	002459	晶澳科技	1	1	1	1	1
	002494	华斯股份	2	2	2	2	2
	002603	以岭药业	2	2	2	2	2
	002691	冀凯股份	2	2	2	2	2
	002960	青鸟消防	—	—	—	2	2
创业板	300107	建新股份	2	2	2	2	2
	300137	先河环保	1	2	2	2	2
	300138	晨光生物	1	1	1	1	1
	300152	科融环境	1	2	2	2	2
	300255	常山药业	1	1	1	1	1

续表

所属板块	证券代码	证券名称	2016年	2017年	2018年	2019年	2020年
创业板	300368	汇金股份	1	1	1	2	2
	300371	汇中股份	2	2	2	2	2
	300428	四通新材	2	2	2	2	2
	300446	乐凯新材	2	2	2	2	2
	300491	通合科技	2	2	2	2	2
	300765	新诺威	—	—	—	2	2
	300847	中船汉光	—	—	—	—	2
	300869	康泰医学	—	—	—	—	2
	300922	天秦装备	—	—	—	—	2

注：1代表董事长、总经理双重任职，2代表董事长、总经理非双重任职。
数据来源：国泰安数据库和上市公司年报。

三 高管激励约束

一般而言，以薪酬契约为主的显性激励是公司最为常用的高管激励方式，① 并且高管薪酬、业绩的敏感性高于普通员工。② 高管薪酬的强制性披露规则使得上市公司迫于压力，在制定高管人员薪酬时更多地考虑公司业绩，提高了高管薪酬与公司业绩之间的敏感性；③ 强制性薪酬披露可以提高公司治理水平，使投资者获益。④ 高管持股比例和高管薪酬越高的企业，其

---

① 郝颖、黄雨秀、宁冲、葛国庆：《公司社会声望与高管薪酬：公共服务抑或职业声誉》，《金融研究》2020年第10期，第189~206页。
② 陈冬华、范从来、沈永建：《高管与员工：激励有效性之比较与互动》，《管理世界》2015年第5期，第160~171页。
③ 田志刚：《强制性披露能提高高管薪酬与公司业绩之间的敏感性吗？——基于上市公司面板数据的经验研究》，《经济管理》2011年第8期，第67~73页。
④ Kin Lo, "Economic consequences of regulated changes in disclosure: the case of executive compensation," *Journal of Accounting and Economics* 35 (2003): 285–314.

相应的企业业绩越高。[1] 合理的股权激励机制可以显著提高企业业绩,[2] 并且高管持股可有效缓解代理冲突,从而提高企业价值。[3]

(一)高管薪酬

1. 河北上市公司和全国上市公司高管薪酬

图20 对2016～2020年河北上市公司和全国上市公司的高管薪酬总额平均值进行了趋势展示。

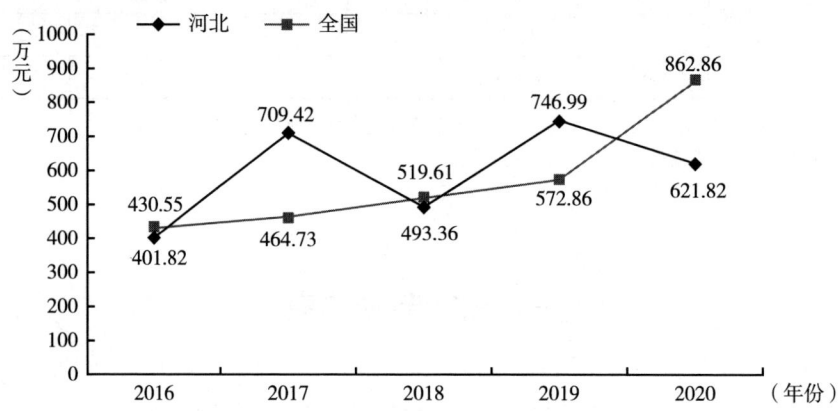

图20 2016～2020年河北上市公司和全国上市公司高管薪酬总额平均值变化趋势

数据来源:国泰安数据库和上市公司年报。

2. 河北上市公司各板块高管薪酬

2016～2019年沪市A股高管薪酬总额平均值最高,其次为中小企业板和深市A股,创业板高管薪酬总额平均值最低。在近五年的发展中,沪市A股和中小企业板整体呈现波动式上升的趋势,其中,沪市A股波

---

[1] Jensen, Michael C., "Meckling William H. Theory of The Firm:Managerial Behavior, Agency Costs and Ownership Structure," *Journal of Financial Economics* 4 (1976).

[2] Jensen, Michael C., "Meckling William H. Theory of The Firm:Managerial Behavior, Agency Costs and Ownership Structure," *Journal of Financial Economics* 4 (1976).

[3] 李维安、李汉军:《股权结构、高管持股与公司绩效》,《南开管理评论》2006年第5期,第4～10页。

动幅度较大，深市 A 股和创业板整体稍有下降，且波动幅度较小（见图 21）。

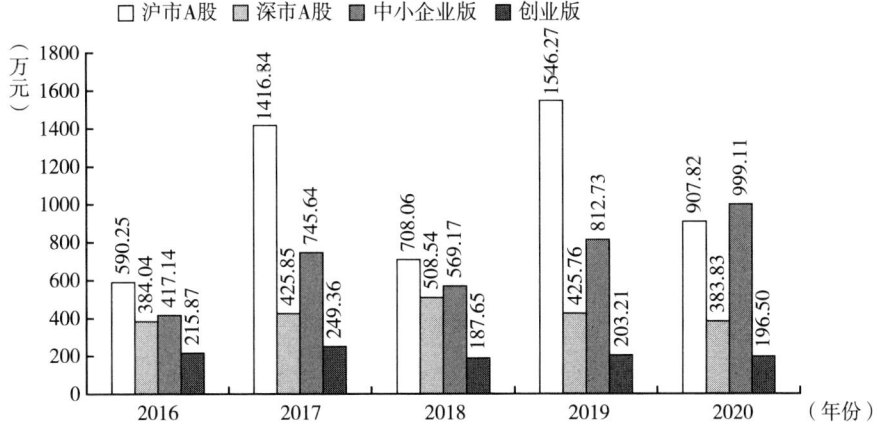

图 21　2016~2020 年河北上市公司各板块高管薪酬总额对比

数据来源：国泰安数据库和上市公司年报。

3. 河北上市公司高管薪酬

表 9 对 2016~2020 年河北上市公司的高管薪酬总额具体情况进行了列示。

表 9　2016~2020 年河北上市公司高管薪酬总额

单位：万元

所属板块	证券代码	证券名称	2016	2017	2018	2019	2020
沪市 A 股	600135	乐凯胶片	250.83	279.31	306.87	155.34	157.25
	600149	廊坊发展	29.76	198.60	167.63	141.19	92.48
	600230	沧州大化	86.90	70.72	94.69	99.20	95.60
	600340	华夏幸福	2127.00	2609.00	3571.34	12799.26	8527.01
	600409	三友化工	488.83	839.30	1262.34	11549.22	1311.37
	600480	凌云股份	616.50	277.90	553.39	517.79	382.96
	600482	中国动力	335.90	228.69	336.25	335.69	141.68
	600550	保变电气	240.46	317.03	362.56	172.14	376.39

续表

所属板块	证券代码	证券名称	2016	2017	2018	2019	2020
沪市A股	600559	老白干酒	84.37	85.00	85.00	185.50	146.80
	600722	金牛化工	18.15	40.36	24.75	25.73	86.55
	600803	新奥股份	1183.76	17008.87	1164.50	995.28	1454.50
	600812	华北制药	502.64	454.21	455.30	347.05	433.19
	600956	新天绿能	—	—	—	—	1123.02
	600965	福成股份	156.00	156.00	209.00	203.00	198.00
	600997	开滦股份	166.05	1208.34	191.93	243.02	242.72
	601000	唐山港	552.95	470.99	550.15	633.45	674.74
	601258	庞大集团	1140.55	1114.43	921.51	817.20	892.55
	601326	秦港股份	—	225.99	415.85	475.52	520.50
	601633	长城汽车	2053.52	1947.10	2186.12	1465.55	1469.50
	603050	科林电气	—	182.08	211.54	358.73	412.97
	603156	养元饮品	—	—	253.81	145.00	175.00
	603385	惠达卫浴	—	1914.47	2132.38	2228.36	1839.61
	603938	三孚股份	—	125.06	120.49	124.64	125.57
深市A股	000158	常山北明	243.33	418.21	660.70	696.22	461.66
	000401	冀东水泥	506.73	843.90	801.65	934.28	878.13
	000413	东旭光电	406.95	748.42	726.76	321.74	5.06
	000600	建投能源	573.81	514.69	334.75	345.31	514.72
	000687	华讯方舟	711.65	546.22	485.97	310.50	246.00
	000709	河钢股份	259.45	214.20	485.97	299.28	345.07
	000778	新兴铸管	566.00	550.00	749.13	613.16	555.86
	000848	承德露露	428.00	157.00	266.20	314.94	251.15
	000856	冀东装备	193.21	334.42	276.56	212.50	215.76
	000889	中嘉博创	120.05	106.37	215.56	224.43	215.93
	000923	河钢资源	142.34	81.76	210.12	259.27	80.32
	000937	冀中能源	406.26	525.21	1017.30	553.29	547.72
	000958	东方能源	434.72	495.63	380.35	449.91	672.36

河北上市公司高管治理研究报告（2021）

续表

所属板块	证券代码	证券名称	2016	2017	2018	2019	2020
中小企业板	002049	紫光国微	762.19	4245.00	607.89	337.23	1054.73
	002108	沧州明珠	892.04	953.84	699.08	889.48	1034.69
	002146	荣盛发展	1150.38	1003.26	3170.52	4537.94	4757.52
	002282	博深股份	176.95	376.13	214.09	240.55	337.14
	002342	巨力索具	108.50	183.00	154.80	159.70	159.70
	002442	龙星化工	268.25	74.85	230.31	254.34	480.97
	002459	晶澳科技	219.69	197.10	174.27	1292.63	1744.26
	002494	华斯股份	48.92	36.06	46.32	46.32	46.32
	002603	以岭药业	490.16	274.67	267.27	547.87	658.58
	002691	冀凯股份	54.32	112.51	127.17	133.62	71.46
	002960	青鸟消防	—	—	—	500.33	644.85
创业板	300107	建新股份	115.43	68.31	136.97	170.26	133.01
	300137	先河环保	183.07	158.49	104.59	159.40	239.54
	300138	晨光生物	474.36	446.36	311.58	543.34	401.24
	300152	科融环境	318.24	652.53	292.13	68.81	74.08
	300255	常山药业	317.62	436.01	278.75	205.08	207.08
	300368	汇金股份	192.31	186.74	274.66	321.96	352.20
	300371	汇中股份	225.26	200.03	158.95	196.38	383.30
	300428	四通新材	60.99	63.60	112.01	133.13	151.51
	300446	乐凯新材	111.35	115.27	120.00	126.01	153.20
	300491	通合科技	160.11	166.24	86.81	184.83	122.09
	300765	新诺威	—	—	—	126.11	139.45
	300847	中船汉光	—	—	—	—	91.12
	300869	康泰医学	—	—	—	—	92.16
	300922	天秦装备					211.01

数据来源：国泰安数据库和上市公司年报。

（二）高管年薪披露

表10对2016～2020年河北各上市公司的高管年薪披露方式进行了列示。

表10 2016～2020年河北各上市公司高管年薪披露方式

所属板块	证券代码	证券名称	2016年	2017年	2018年	2019年	2020年
沪市A股	600135	乐凯胶片	1	1	1	1	1
	600149	廊坊发展	1	1	1	1	1
	600230	沧州大化	1	1	1	1	1
	600340	华夏幸福	1	1	1	1	1
	600409	三友化工	1	1	1	1	1
	600480	凌云股份	1	1	1	1	1
	600482	中国动力	1	1	1	1	1
	600550	保变电气	1	1	1	1	1
	600559	老白干酒	1	1	1	1	1
	600722	金牛化工	1	1	1	1	1
	600803	新奥股份	1	1	1	1	1
	600812	华北制药	1	1	1	1	1
	600956	新天绿能	—	—	—	—	1
	600965	福成股份	1	1	1	1	1
	600997	开滦股份	1	1	1	1	1
	601000	唐山港	1	1	1	1	1
	601258	庞大集团	1	1	1	1	1
	601326	秦港股份	—	1	1	1	1
	601633	长城汽车	1	3	1	1	1
	603050	科林电气	—	1	1	1	1
	603156	养元饮品	—	—	1	1	1
	603385	惠达卫浴	—	1	1	1	1
	603938	三孚股份	—	1	1	1	1
深市A股	000158	常山北明	1	1	1	1	1
	000401	冀东水泥	1	1	1	1	1
	000413	东旭光电	1	1	1	1	1
	000600	建投能源	1	1	1	1	1
	000687	华讯方舟	1	1	1	1	1
	000709	河钢股份	1	1	1	1	1
	000778	新兴铸管	1	1	1	1	1
	000848	承德露露	1	1	1	1	1
	000856	冀东装备	1	1	1	1	1
	000889	中嘉博创	1	1	1	1	1
	000923	河钢资源	1	1	1	1	1
	000937	冀中能源	1	1	1	1	1
	000958	东方能源	1	3	3	1	1

河北上市公司高管治理研究报告（2021）

续表

所属板块	证券代码	证券名称	2016年	2017年	2018年	2019年	2020年
中小企业板	002049	紫光国微	1	1	1	1	1
	002108	沧州明珠	1	1	1	1	1
	002146	荣盛发展	1	1	1	1	1
	002282	博深股份	1	1	1	1	1
	002342	巨力索具	1	1	1	1	1
	002442	龙星化工	1	1	1	1	1
	002459	晶澳科技	1	1	1	1	1
	002494	华斯股份	1	1	1	1	1
	002603	以岭药业	1	1	1	1	1
	002691	冀凯股份	1	1	1	1	1
	002960	青鸟消防	—	—	—	1	1
创业板	300107	建新股份	1	1	1	1	1
	300137	先河环保	1	1	1	1	—
	300138	晨光生物	1	1	1	1	1
	300152	科融环境	1	1	1	1	1
	300255	常山药业	1	1	1	1	1
	300368	汇金股份	1	1	1	1	1
	300371	汇中股份	1	1	1	1	1
	300428	四通新材	1	1	1	1	1
	300446	乐凯新材	1	1	1	1	1
	300491	通合科技	1	1	1	1	1
	300765	新诺威	—	—	—	1	1
	300847	中船汉光	—	—	—	—	1
	300869	康泰医学	—	—	—	—	1

注：1＝准确披露年薪；2＝按区间披露年薪；3＝准确披露年薪＋按区间披露年薪；4＝其他披露方式。

数据来源：国泰安数据库和上市公司年报。

（三）高管持股

1. 河北上市公司和全国上市公司高管持股

2016～2019年全国上市公司和河北上市公司高管持股数量平均值均

处于较平稳变化态势，且河北上市公司高管持股数量平均值高于全国上市公司高管持股数量平均值，2020年，河北上市公司和全国上市公司高管持股数量平均值都下降明显，河北上市公司高管持股数量平均值同比下降74.12%，全国上市公司高管持股数量平均值同比下降90.01%（见图22）。

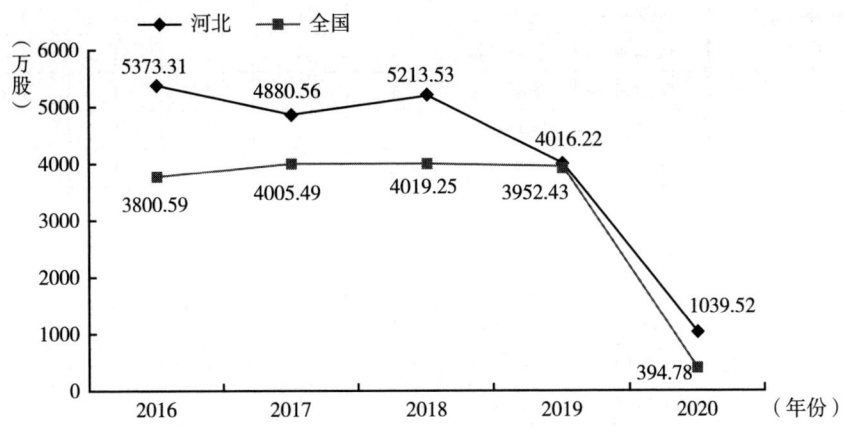

图22 2016~2020年河北上市公司和全国上市公司高管持股数量平均值变化趋势

数据来源：国泰安数据库和上市公司年报。

2. 河北上市公司各板块高管平均持股数量

2016~2019年河北沪市A股上市公司高管持股数量平均值最大，2016~2018年高管持股数量平均值第二大的为创业板，中小企业板高管和深市A股高管为第三、第四，并且近五年沪市A股、深市A股和中小企业板三个板块高管平均持股数量变化趋势呈现波动式变化的态势（见图23）。

3. 河北上市公司高管持股数量

表11对2016~2020年河北上市公司的高管持股数量具体情况进行了列示。

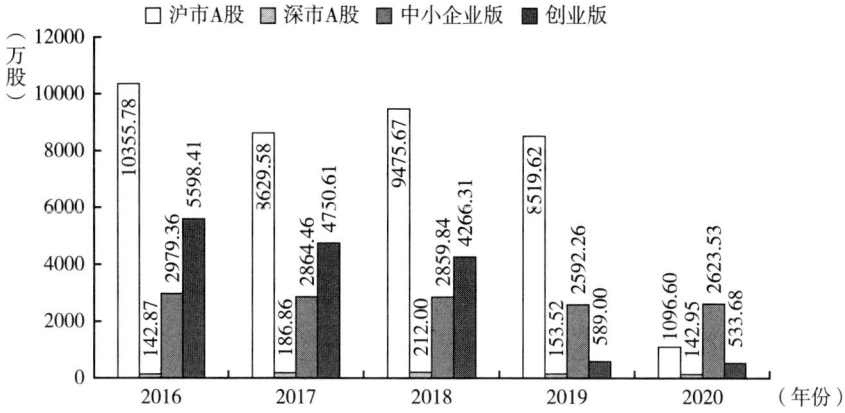

图 23　2016～2020 年河北上市公司各板块高管持股数量平均值

数据来源：国泰安数据库和上市公司年报。

表 11　2016～2020 年河北上市公司高管平均持股数量

单位：万股

所属板块	证券代码	证券名称	2016 年	2017 年	2018 年	2019 年	2020 年
沪市 A 股	600135	乐凯胶片	0.00	0.00	0.00	0.00	0.00
	600149	廊坊发展	0.00	0.00	0.00	0.00	0.00
	600230	沧州大化	0.00	0.00	0.00	0.00	0.00
	600340	华夏幸福	88.34	88.34	12965.01	1913.01	2486.91
	600409	三友化工	0.00	0.00	0.00	0.00	0.00
	600480	凌云股份	0.00	98.04	82.34	80.02	48.16
	600482	中国动力	105.62	49.72	49.72	49.72	49.72
	600550	保变电气	0.00	0.00	0.00	0.00	0.00
	600559	老白干酒	0.00	0.00	0.00	0.00	0.00
	600722	金牛化工	0.00	0.00	0.00	0.00	0.00
	600803	新奥股份	1.28	0.20	0.00	0.00	0.00
	600812	华北制药	0.42	0.42	0.42	0.42	0.42
	600956	新天绿能	—	—	—	—	10.00
	600965	福成股份	1765.67	1765.67	1765.67	1765.67	0.00
	600997	开滦股份	0.00	0.00	0.00	0.00	0.00
	601000	唐山港	0.00	0.00	0.00	0.00	0.00
	601258	庞大集团	184442.74	182195.46	182450.99	175401.98	458.50
	601326	秦港股份	—	0.00	0.00	0.00	0.00

201

续表

所属板块	证券代码	证券名称	2016年	2017年	2018年	2019年	2020年
沪市A股	601633	长城汽车	0.00	0.00	0.00	0.00	406.00
	603050	科林电气	—	1883.90	2006.40	2034.89	1840.32
	603156	养元饮品	—	—	14988.28	11081.77	15663.96
	603385	惠达卫浴	—	3574.05	3485.25	3477.45	4148.18
	603938	三孚股份	—	195.00	146.25	146.25	109.72
深市A股	000158	常山北明	1558.08	2115.51	2476.24	1747.79	1530.41
	000401	冀东水泥	0.00	0.07	0.28	0.00	0.00
	000413	东旭光电	42.50	22.50	22.50	24.60	13.60
	000600	建投能源	0.90	0.90	0.90	0.90	0.90
	000687	华讯方舟	20.00	262.00	222.00	185.00	125.00
	000709	河钢股份	0.00	0.19	0.19	0.19	0.20
	000778	新兴铸管	12.62	3.58	6.13	6.13	150.70
	000848	承德露露	5.16	5.44	4.84	5.32	11.69
	000856	冀东装备	0.00	0.00	0.00	0.00	0.00
	000889	中嘉博创	218.00	0.00	0.00	0.00	0.00
	000923	河钢资源	0.00	0.00	0.00	0.00	0.00
	000937	冀中能源	0.00	0.00	0.00	0.00	0.00
	000958	东方能源	0.00	19.00	22.87	25.87	25.87
中小企业板	002049	紫光国微	405.38	76.58	76.58	0.00	57.43
	002108	沧州明珠	0.00	0.00	0.00	0.00	0.00
	002146	荣盛发展	2853.59	2586.81	2391.59	2389.59	2436.78
	002282	博深股份	0.00	0.00	0.00	0.00	0.00
	002342	巨力索具	434.25	434.25	434.25	380.25	414.00
	002442	龙星化工	581.59	36.00	59.70	59.70	162.29
	002459	晶澳科技	153.52	221.20	220.35	0.00	106.00
	002494	华斯股份	0.00	0.00	0.00	0.00	0.00
	002603	以岭药业	25322.25	25251.69	25351.16	25351.16	25164.83
	002691	冀凯股份	42.99	38.08	64.73	64.73	64.73
	002960	青鸟消防	—	—	—	269.39	452.76

续表

所属板块	证券代码	证券名称	2016年	2017年	2018年	2019年	2020年
创业板	300107	建新股份	50.36	103.27	97.45	73.09	65.22
	300137	先河环保	5997.90	1441.61	1794.58	1794.58	1794.58
	300138	晨光生物	522.54	702.80	983.92	983.92	983.92
	300152	科融环境	0.00	0.00	0.00	28.10	18.00
	300255	常山药业	36773.17	34974.29	33758.10	405.10	315.23
	300368	汇金股份	8947.84	5405.06	4216.14	291.54	117.89
	300371	汇中股份	977.14	564.86	607.36	850.30	877.98
	300428	四通新材	0.00	0.00	0.00	0.00	0.00
	300446	乐凯新材	605.58	517.12	517.12	742.44	612.56
	300491	通合科技	2109.52	3797.13	688.38	1309.88	791.43
	300765	新诺威	—	—	—	0.00	0.00
	300847	中船汉光	—	—	—	—	0.00
	300869	康泰医学	—	—	—	—	1035.32
	300922	天秦装备	—	—	—	—	859.42

数据来源：国泰安数据库和上市公司年报。

B.6
河北上市公司信息披露研究报告（2021）

李桂荣*

摘　要： 上市公司进行信息披露不仅可以提高上市公司的社会认可度和关注度，同时也可以降低公司权益资本成本，提高上市公司的融资效率。本报告从上市公司的违规处理情况、年报修订情况、年报披露时间情况以及社会责任信息披露情况等四个重要信息披露维度对河北上市公司信息披露情况进行研究。报告为规范上市公司信息披露行为，提升信息披露质量，降低代理成本，保护投资者利益和维护上市公司健康发展提供有益参考。

关键词： 上市公司　信息披露　河北

《中华人民共和国证券法（2019修订）》指出，证券发行人及法律、行政法规和国务院证券监督管理机构规定的其他信息披露义务人，应当及时依法履行信息披露义务。信息披露义务人披露的信息，应当真实、准确、完整，简明清晰，通俗易懂，不得有虚假记载、误导性陈述或者重大遗漏。证券同时在境内境外公开发行、交易的，其信息披露义务人在境外披露的信息，应当在境内同时披露。同时，《国务院关于进一步提高上市公司质量的意见》（国发〔2020〕14号）指出，以提升透明度为目标，优化规则体系，督促上市公司、股东及相关信息披露义务人真实、准确、完整、及时、公平

---

* 李桂荣，博士，河北经贸大学工商管理学院院长，教授，硕士生导师。河北省重点学科财务会计方向带头人，主要研究领域为会计政策与公司治理。

披露信息；以投资者需求为导向，完善行业信息披露标准，优化披露内容，增强信息披露针对性和有效性；严格执行企业会计准则，优化信息披露编报规则，提升财务信息质量；上市公司及其他信息披露义务人要充分披露投资者做出价值判断和投资决策所必需的信息，并做到简明清晰、通俗易懂；相关部门和机构（证监会、国务院国资委、工业和信息化部、财政部等单位负责）要按照资本市场规则，支持、配合上市公司依法依规履行信息披露义务。①

按照上市公司信息披露分类，将信息披露分为强制性信息披露和自愿性信息披露。强制性信息披露是由证券法、会计准则和监管部门条例等法律法规明确规定上市公司必须披露的信息，如果不按规定披露，上市公司将受到处罚。自愿性信息披露是指上市公司在履行强制性信息披露义务之外，出于公司形象、投资者关系等方面考虑而主动披露的信息。基于此，本部分内容依据《上市公司信息披露管理办法》（证监会令第182号），结合2016~2020年河北上市公司年报和国泰安数据库内容，从河北上市公司违规处理情况、年报修订情况、年报披露时间以及社会责任信息披露情况四类指标展开了分析。

一 河北上市公司违规处理情况

《上市公司信息披露管理办法》（证监会令第182号）第二十二条规定发生可能对上市公司证券及其衍生品种交易价格产生较大影响的重大事件，投资者尚未得知时，上市公司应当立即披露，说明事件的起因、目前的状态和可能产生的影响。其中包括：公司或者其控股股东、实际控制人、董事、监事、高级管理人员受到刑事处罚，涉嫌违法违规被中国证监会立案调查或者受到中国证监会行政处罚，或者受到其他有权机关重大行政处罚；公司的控股股东、实际控制人、董事、监事、高级管理人员涉嫌严重违纪违法或者

---

① 《国务院关于进一步提高上市公司质量的意见》（国发〔2020〕14号）。

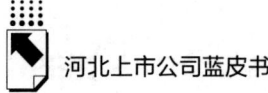

职务犯罪被纪检监察机关采取留置措施且影响其履行职责等。这些违规行为不仅不利于资本市场资源的优化配置，还会给投资者带来巨大损失。

（一）河北上市公司各板块违规数量

从整体上看，2016~2020年河北上市公司中沪市A股违规数量较多；深市A股违规企业数量较少。2016~2020年河北各板块上市公司的违规数量都有所增加，整体呈上升趋势，其中，沪市A股和深市A股波动幅度较大，中小企业板和创业板波动幅度较小（见图1）。

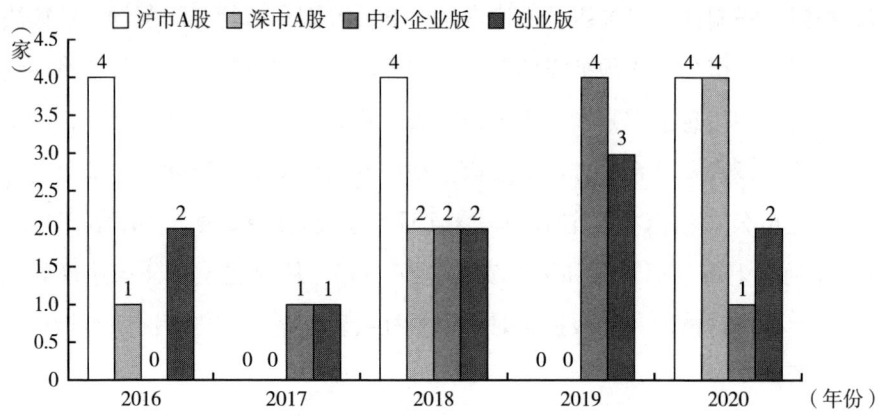

图1　2016~2020年河北各板块上市公司违规数量

数据来源：国泰安数据库和上市公司年报。

（二）河北上市公司违规原因

表1对2016~2020年河北上市公司违规原因进行了列示。

表1　2016~2020年河北各上市公司违规原因

所属板块	证券代码	证券名称	2016年	2017年	2018年	2019年	2020年
沪市A股	600135	乐凯胶片	0	0	0	0	0
	600149	廊坊发展	0	0	0	0	0
	600230	沧州大化	0	0	0	0	1;2;12

续表

所属板块	证券代码	证券名称	2016年	2017年	2018年	2019年	2020年
沪市A股	600340	华夏幸福	0	0	0	0	0
	600409	三友化工	2;12	0	0	0	0
	600480	凌云股份	0	0	2;3	0	0
	600482	中国动力	0	0	3	0	0
	600550	保变电气	0	0	0	0	0
	600559	老白干酒	0	0	0	0	0
	600722	金牛化工	2	0	0	0	12
	600803	新奥股份	2;4;5;12	0	2;3;12	0	0
	600812	华北制药	5	0	2	0	0
	600956	新天绿能	0	0	0	0	0
	600965	福成股份	0	0	0	0	2;12
	600997	开滦股份	0	0	0	0	0
	601000	唐山港	0	6	0	0	0
	601258	庞大集团	0	0	1;2	1;2;3;7;12	12
	601326	秦港股份	0	0	0	0	0
	601633	长城汽车	7	0	0	0	0
	603050	科林电气	0	0	0	0	0
	603156	养元饮品	0	0	0	0	0
	603385	惠达卫浴	0	0	0	0	0
	603938	三孚股份	0	0	0	0	0
深市A股	000158	常山北明	3	0	0	0	0
	000401	冀东水泥	0	0	0	0	0
	000413	东旭光电	0	0	0	0	12
	000600	建投能源	0	0	0	0	0
	000687	华讯方舟	0	0	0	0	1;3;12
	000709	河钢股份	0	0	0	0	0
	000778	新兴铸管	0	0	12	0	0
	000848	承德露露	0	0	0	0	0
	000856	冀东装备	0	0	0	0	0
	000889	中嘉博创	0	0	0	0	3;12
	000923	河钢资源	2	0	12	0	7
	000937	冀中能源	0	0	0	0	0
	000958	东方能源	0	0	0	0	0

续表

所属板块	证券代码	证券名称	2016年	2017年	2018年	2019年	2020年
中小企业板	002049	紫光国微	0	0	3;12	3;12	0
	002108	沧州明珠	0	7	0	7	0
	002146	荣盛发展	0	0	0	0	0
	002282	博深股份	0	0	0	0	0
	002342	巨力索具	0	0	0	0	0
	002442	龙星化工	0	0	0	2	12
	002459	晶澳科技	0	0	0	3	0
	002494	华斯股份	0	0	0	0	0
	002603	以岭药业	0	0	0	0	0
	002691	冀凯股份	0	0	3;7;12	0	0
	002960	青鸟消防	0	0	0	0	0
创业板	300107	建新股份	0	0	0	0	0
	300137	先河环保	7	0	0	0	0
	300138	晨光生物	0	2;5	1;6;9	1;2;4;8;10;11	0
	300152	科融环境	0	0	1	1;3	1;8
	300255	常山药业	0	0	0	0	1;12
	300368	汇金股份	2;12	0	0	0	0
	300371	汇中股份	0	0	0	0	0
	300428	四通新材	0	0	0	0	0
	300446	乐凯新材	0	0	0	1;3	0
	300491	通合科技	0	0	0	0	0
	300765	新诺威	0	0	0	0	0
	300847	中船汉光	0	0	0	0	0
	300869	康泰医学	0	0	0	0	0
	300922	天秦装备	0	0	0	0	0

注：0＝无，1＝虚假记载，2＝重大遗漏，3＝推迟披露，4＝一般会计处理不当，5＝披露不实，6＝内幕交易，7＝违规买卖股票，8＝虚构利润，9＝擅自改变资金用途，10＝占用公司资产，11＝违规担保，12＝其他。

数据来源：国泰安数据库和上市公司年报。

二 河北上市公司年报修订情况

根据《上市公司信息披露管理办法》（证监会令第 182 号）第三条规定，信息披露义务人应当及时依法履行信息披露义务，披露的信息应当真实、准确、完整，简明清晰、通俗易懂，不得有虚假记载、误导性陈述或重大遗漏。高质量年报信息能帮助社会各界客观了解企业的发展现状，全面认识产业竞争格局和企业所处的竞争地位，从而对企业竞争力和投资价值进行合理评估。① 基于此，本报告以河北上市公司 2016~2020 年报披露中是否存在修订版为判断依据，对河北上市公司年报披露的准确性进行分析。

表 2 对 2016~2020 年河北上市公司年报修订情况进行了列示。

表 2　2016~2020 年河北上市公司年报修订情况

所属板块	证券代码	证券名称	2016 年	2017 年	2018 年	2019 年	2020 年
沪市 A 股	600135	乐凯胶片	0	0	0	0	0
	600149	廊坊发展	0	0	0	0	0
	600230	沧州大化	1	0	0	0	0
	600340	华夏幸福	0	1	0	0	0
	600409	三友化工	0	0	0	0	0
	600480	凌云股份	0	0	0	0	0
	600482	中国动力	0	1	0	0	0
	600550	保变电气	0	0	0	0	0
	600559	老白干酒	0	1	0	0	0
	600722	金牛化工	0	0	1	0	0
	600803	新奥股份	0	1	0	0	0
	600812	华北制药	1	1	0	0	0
	600956	新天绿能	—	—	—	—	0
	600965	福成股份	0	0	0	0	0
	600997	开滦股份	0	1	0	0	0

---

① 张新民、钱爱民、陈德球：《上市公司财务状况质量：理论框架与评介体系》，《管理世界》2019 年第 7 期，第 152~166 页。

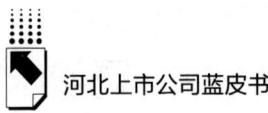

续表

所属板块	证券代码	证券名称	2016年	2017年	2018年	2019年	2020年
沪市A股	601000	唐山港	0	1	0	0	0
	601258	庞大集团	0	1	1	0	0
	601326	秦港股份	—	0	0	0	0
	601633	长城汽车	0	0	0	0	0
	603050	科林电气	0	0	0	0	0
	603156	养元饮品	—	1	1	0	0
	603385	惠达卫浴	—	0	0	0	0
	603938	三孚股份	—	0	0	0	0
深市A股	000158	常山北明	0	0	1	0	0
	000401	冀东水泥	0	0	0	1	0
	000413	东旭光电	0	1	0	1	0
	000600	建投能源	1	0	0	0	0
	000687	华讯方舟	0	0	1	1	0
	000709	河钢股份	0	0	1	1	0
	000778	新兴铸管	0	1	0	0	0
	000848	承德露露	0	0	0	1	0
	000856	冀东装备	1	0	0	0	0
	000889	中嘉博创	0	0	0	0	0
	000923	河钢资源	0	1	0	0	0
	000937	冀中能源	0	0	0	0	0
	000958	东方能源	0	0	0	0	0
中小企业板	002049	紫光国微	0	0	0	0	0
	002108	沧州明珠	0	0	0	0	0
	002146	荣盛发展	0	0	0	1	0
	002282	博深股份	0	0	0	0	0
	002342	巨力索具	0	0	0	0	0
	002442	龙星化工	0	0	0	0	0
	002459	晶澳科技	0	0	0	0	0
	002494	华斯股份	0	1	0	0	0
	002603	以岭药业	0	0	1	0	0
	002691	冀凯股份	0	0	0	0	0
	002960	青鸟消防	—	—	—	0	0

续表

所属板块	证券代码	证券名称	2016年	2017年	2018年	2019年	2020年
创业板	300107	建新股份	0	1	1	0	0
	300137	先河环保	0	0	0	0	0
	300138	晨光生物	0	0	0	0	0
	300152	科融环境	1	1	1	1	0
	300255	常山药业	0	0	0	0	0
	300368	汇金股份	1	0	0	0	1
	300371	汇中股份	0	0	0	0	0
	300428	四通新材	0	0	0	0	1
	300446	乐凯新材	0	1	0	0	0
	300491	通合科技	0	0	1	0	0
	300765	新诺威	—	—	—	0	0
	300847	中船汉光	—	—	—	—	0
	300869	康泰医学	—	—	—	—	0
	300922	天秦装备	—	—	—	—	0

数据来源：国泰安数据库和上市公司年报。

2016～2020年，河北上市公司年报存在修订情况的企业在减少，2017年，存在年报修订情况的企业较多，共有16家上市公司，2017～2020年呈递减趋势，到2020年仅有2家上市公司存在年报修订的情况（见图2）。

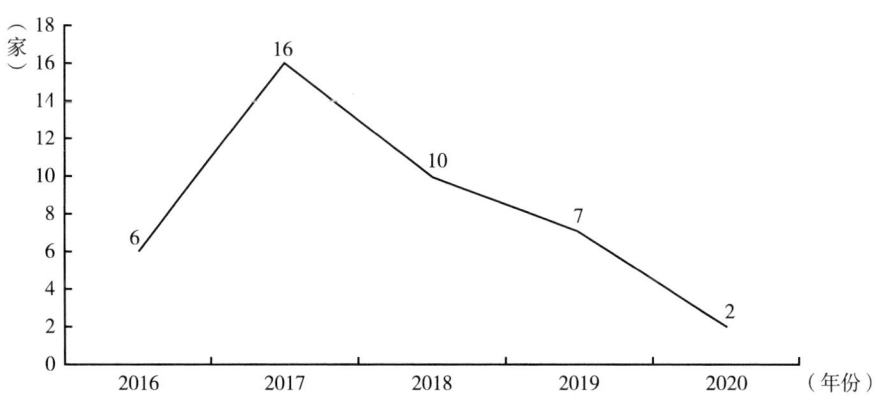

图2 2016～2020年河北上市公司年报修订情况

数据来源：国泰安数据库和上市公司年报。

三 河北上市公司年报披露时间情况

根据《上市公司信息披露管理办法》(证监会令第182号)第十三条规定,年度报告应当在每个会计年度结束之日起四个月内,中期报告应当在每个会计年度的上半年结束之日起两个月内编制完成并披露。上市公司应保证信息披露的及时性,以便投资者做出决策和判断,[①] 及时披露会计信息可以减少内部人利用信息优势获得利益的时间,降低交易成本、减轻信息不对称问题。因此,年报信息披露得越及时,年报信息对市场的影响就越大。[②] 然而,在新兴的中国股市中,上市公司信息披露进度失衡、滞后现象仍比较明显,不利于投资者和监管机构对年报信息的使用和监督。[③] 基于此,本报告以河北上市公司2016~2020年年报披露时间为判断依据,对河北上市公司年报披露的及时性进行了分析。

表3对2016~2020年河北上市公司年报披露时间进行了列示。

表3 2016~2020年河北上市公司年报披露时间

所属板块	证券代码	证券名称	2016年	2017年	2018年	2019年	2020年
沪市A股	600135	乐凯胶片	2017年3月30日	2018年3月21日	2019年3月27日	2020年4月16日	2021年4月22日
	600149	廊坊发展	2017年4月27日	2018年4月28日	2019年4月27日	2020年4月30日	2021年3月31日
	600230	沧州大化	2017年3月7日	2018年4月10日	2019年3月29日	2020年4月24日	2021年4月10日
	600340	华夏幸福	2017年3月30日	2018年3月30日	2019年4月20日	2020年4月25日	2021年4月30日

---

① 张程睿、林锦梅:《及时披露能抑制信息泄露吗?》,《证券市场导报》2011第10期,第11~16页。
② 李丹、宋衍蘅:《及时披露的年报信息可靠吗?》,《管理世界》2010年第9期,第129~137页。
③ 王磊、季思颖、施恬:《企业社会责任、年报披露及时性与信息解读效率》,《证券市场导报》2016年第1期,第33~41页。

续表

所属板块	证券代码	证券名称	2016年	2017年	2018年	2019年	2020年
沪市A股	600409	三友化工	2017年4月13日	2018年4月12日	2019年4月25日	2020年4月25日	2021年4月9日
	600480	凌云股份	2017年3月28日	2018年4月24日	2019年4月29日	2020年4月28日	2021年4月27日
	600482	中国动力	2017年2月28日	2018年4月26日	2019年4月18日	2020年4月29日	2021年4月30日
	600550	保变电气	2017年3月21日	2018年4月17日	2019年4月16日	2020年4月25日	2021年4月20日
	600559	老白干酒	2017年4月22日	2018年4月28日	2019年4月27日	2020年4月25日	2021年4月29日
	600722	金牛化工	2017年3月15日	2018年2月10日	2019年2月13日	2020年3月5日	2021年4月28日
	600803	新奥股份	2017年3月29日	2018年3月30日	2019年3月12日	2020年3月13日	2021年3月23日
	600812	华北制药	2017年3月18日	2018年3月31日	2019年3月23日	2020年3月31日	2021年4月29日
	600956	新天绿能	—	—	—	—	2021年3月20日
	600965	福成股份	2017年3月23日	2018年3月28日	2019年3月30日	2020年4月28日	2021年3月26日
	600997	开滦股份	2017年4月28日	2018年3月17日	2019年3月30日	2020年4月10日	2021年3月27日
	601000	唐山港	2017年4月7日	2018年3月31日	2019年4月16日	2020年4月22日	2021年3月31日
	601258	庞大集团	2017年4月20日	2018年4月28日	2019年4月30日	2020年6月23日	2021年4月30日
	601326	秦港股份	—	2018年3月30日	2019年3月28日	2020年3月28日	2021年3月30日
	601633	长城汽车	2017年3月25日	2018年3月24日	2019年3月23日	2020年4月25日	2021年3月31日
	603050	科林电气	—	2018年4月24日	2019年4月10日	2020年4月16日	2021年4月16日
	603156	养元饮品	—	2018年3月31日	2019年3月26日	2020年4月18日	2021年4月26日

续表

所属板块	证券代码	证券名称	2016年	2017年	2018年	2019年	2020年
沪市A股	603385	惠达卫浴	—	2018年4月2日	2019年4月25日	2020年3月20日	2021年3月12日
	603938	三孚股份	—	2018年3月30日	2019年4月12日	2020年3月20日	2021年3月19日
深市A股	000158	常山北明	2017年4月29日	2018年4月10日	2019年4月30日	2020年4月25日	2021年4月28日
	000401	冀东水泥	2017年3月23日	2018年3月23日	2019年3月21日	2020年3月19日	2021年3月17日
	000413	东旭光电	2017年3月28日	2018年4月20日	2019年4月30日	2020年6月24日	2021年4月30日
	000600	建投能源	2017年3月29日	2018年3月28日	2019年3月16日	2020年3月24日	2021年4月1日
	000687	华讯方舟	2017年4月11日	2018年4月27日	2019年4月30日	2020年6月15日	2021年4月30日
	000709	河钢股份	2017年4月28日	2018年4月20日	2019年3月26日	2020年4月23日	2021年4月23日
	000778	新兴铸管	2017年4月25日	2018年4月10日	2019年4月2日	2020年4月24日	2021年4月13日
	000848	承德露露	2017年4月28日	2018年3月17日	2019年3月16日	2020年3月28日	2021年4月27日
	000856	冀东装备	2017年3月17日	2018年3月22日	2019年3月22日	2020年3月13日	2021年3月23日
	000889	中嘉博创	2017年4月11日	2018年4月17日	2019年4月23日	2020年4月28日	2021年4月27日
	000923	河钢资源	2017年4月26日	2018年4月26日	2019年4月30日	2020年6月24日	2021年4月29日
	000937	冀中能源	2017年4月18日	2018年4月18日	2019年3月29日	2020年4月29日	2021年4月29日
	000958	东方能源	2017年3月31日	2018年3月31日	2019年3月30日	2020年4月25日	2021年4月14日
中小企业板	002049	紫光国微	2017年3月25日	2018年3月30日	2019年4月11日	2020年4月2日	2021年4月22日
	002108	沧州明珠	2017年3月29日	2018年3月23日	2019年3月23日	2020年4月30日	2021年4月9日

续表

所属板块	证券代码	证券名称	2016年	2017年	2018年	2019年	2020年
中小企业板	002146	荣盛发展	2017年4月20日	2018年4月11日	2019年4月3日	2020年4月8日	2021年4月28日
	002282	博深股份	2017年3月14日	2018年4月24日	2019年4月16日	2020年4月21日	2021年4月20日
	002342	巨力索具	2017年3月28日	2018年4月25日	2019年3月28日	2020年4月22日	2021年3月30日
	002442	龙星化工	2017年4月27日	2018年4月24日	2019年2月15日	2020年4月10日	2021年4月20日
	002459	晶澳科技	2017年4月15日	2018年2月13日	2019年3月23日	2020年3月30日	2021年3月30日
	002494	华斯股份	2017年3月31日	2018年4月11日	2019年2月26日	2020年4月8日	2021年4月10日
	002603	以岭药业	2017年3月25日	2018年4月26日	2019年4月25日	2020年4月28日	2021年4月9日
	002691	冀凯股份	2017年3月25日	2018年4月18日	2019年4月18日	2020年4月25日	2021年4月21日
	002960	青鸟消防	—	—	—	2020年4月23日	2021年4月29日
创业板	300107	建新股份	2017年4月20日	2018年3月31日	2019年3月15日	2020年4月3日	2021年4月15日
	300137	先河环保	2017年4月26日	2018年4月24日	2019年4月26日	2020年4月29日	2021年4月28日
	300138	晨光生物	2017年4月18日	2018年3月27日	2019年3月26日	2020年4月21日	2021年3月23日
	300152	科融环境	2017年4月25日	2018年4月25日	2019年4月26日	2020年4月24日	2021年4月20日
	300255	常山药业	2017年4月18日	2018年4月16日	2019年4月23日	2020年4月29日	2021年4月29日
	300368	汇金股份	2017年4月14日	2018年4月13日	2019年4月23日	2020年4月25日	2021年4月17日
	300371	汇中股份	2017年3月21日	2018年4月10日	2019年4月13日	2020年4月9日	2021年3月31日
	300428	四通新材	2017年4月6日	2018年3月16日	2019年4月23日	2020年4月16日	2021年4月26日

续表

所属板块	证券代码	证券名称	2016年	2017年	2018年	2019年	2020年
创业板	300446	乐凯新材	2017年2月27日	2018年3月20日	2019年4月23日	2020年4月27日	2021年4月27日
	300491	通合科技	2017年3月22日	2018年3月20日	2019年3月22日	2020年4月25日	2021年3月30日
	300765	新诺威	—	—	—	2020年3月23日	2021年3月5日
	300847	中船汉光	—	—	—	—	2021年4月22日
	300869	康泰医学	—	—	—	—	2021年4月16日
	300922	天秦装备	—	—	—	—	2021年4月16

数据来源：国泰安数据库和上市公司年报。

将近五年河北上市公司年报集中披露时间进行对比，可以看出2016~2018年河北上市公司集中披露时间间隔变动幅度较小，上市公司集中在4月6日前后进行年报披露，2018年之后，年报集中披露时间相比2016~2018年后移（见表4）。

表4 2016~2020年河北上市公司年报集中披露时间

年份	2016	2017	2018	2019	2020
日期	4月6日	4月6日	4月5日	4月18日	4月14日

数据来源：国泰安数据库和上市公司年报。

四 河北上市公司社会责任信息披露情况

社会责任信息披露是上市公司承担社会责任的重要内容，上市公司应该及时、充分、真实、有效地对外披露其社会责任管理和绩效信息。① 《公开发行证券的公司信息披露内容与格式准则第 2 号——年度报告的内容与格式》(2017 年修订) 第四十二条规定，鼓励公司结合行业特点，主动披露积极履行社会责任的工作情况，包括但不限于：公司履行社会责任的宗旨和理念，股东和债权人权益保护、职工权益保护、供应商、客户和消费者权益保护、环境保护与可持续发展、公共关系、社会公益事业等方面情况。公司已披露社会责任报告全文的，仅需提供相关的查询索引。② 2020 年中共中央办公厅印发的《关于加强新时代民营经济统战工作的意见》中指出，倡导义利兼顾、以义为先理念，坚持致富思源、富而思进，认真履行社会责任，大力构建和谐劳动关系，积极参与光彩事业、精准扶贫和公益慈善事业，克服享乐主义和奢靡之风，做到富而有德、富而有爱、富而有责。基于此，本文结合《国务院关于进一步提高上市公司质量的意见》（国发〔2020〕14 号），从股东权益保护、债权人权益保护、公共关系和社会公益事业、职工权益保护、供应商权益保护、客户及消费者权益保护、环境和可持续发展七个指标对河北上市公司社会责任信息披露情况进行了分析。

（一）股东权益保护

《关于加强社会公众股股东权益保护的若干规定》指出，对股东权益保护方面，上市公司应积极主动地披露信息，公平对待公司的所有股东，不得进行选择性信息披露。

1. 河北上市公司各板块股东权益保护信息披露

2016～2020 年河北上市公司各板块股东权益保护信息披露公司数量存在差异。2016～2020 年除深市 A 股外，其他三个板块股东权益保护信息披露数量整体呈上升趋势，其中，沪市 A 股对股东权益保护信息披露

---

① 宋林、王建玲、姚树洁：《上市公司年报中社会责任信息披露的影响因素——基于合法性视角的研究》，《经济管理》2012 年第 2 期，第 40～49 页。
② 中国证券监督管理委员会网站：http://www.csrc.gov.cn/pub/zjhpublic/zjh/201712/t20171229_329873.htm。

公司数量较多，2020年沪市A股上市公司披露股东权益保护信息公司数量为15家，该现象是因为在沪市A股的上市公司较多，侧面反映了河北沪市A股的上市公司股东权益保护意识较强。中小企业板和创业板近五年对股东权益保护信息披露公司数量呈平稳上升趋势，但变动幅度较小（见图3）。

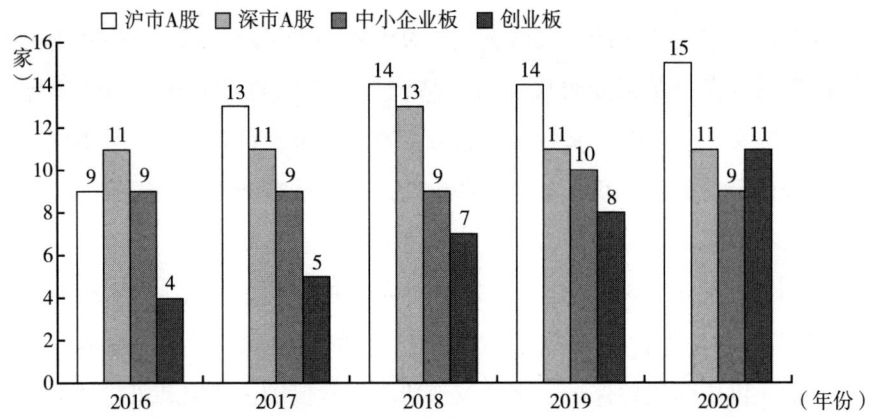

图3　2016～2020年河北上市公司各板块股东权益保护信息披露公司数量对比

数据来源：国泰安数据库和上市公司年报。

2. 河北上市公司股东权益保护披露

表5对2016～2020年河北上市公司股东权益保护信息披露的具体情况进行了列示。

表5　2016～2020年河北上市公司股东权益保护信息披露

所属板块	证券代码	证券名称	2016年	2017年	2018年	2019年	2020年
沪市A股	600135	乐凯胶片	0	0	0	0	0
	600149	廊坊发展	0	0	0	0	0
	600230	沧州大化	0	0	0	0	0
	600340	华夏幸福	1	1	1	1	1
	600409	三友化工	1	1	1	1	1

续表

所属板块	证券代码	证券名称	2016年	2017年	2018年	2019年	2020年
沪市A股	600480	凌云股份	1	1	1	1	1
	600482	中国动力	0	1	1	1	1
	600550	保变电气	1	1	1	1	1
	600559	老白干酒	1	1	1	1	1
	600722	金牛化工	0	0	0	0	0
	600803	新奥股份	0	1	1	1	1
	600812	华北制药	1	1	1	1	1
	600956	新天绿能	—	—	—	—	1
	600965	福成股份	0	1	1	1	1
	600997	开滦股份	1	1	1	1	1
	601000	唐山港	1	1	1	1	1
	601258	庞大集团	0	0	0	0	0
	601326	秦港股份	—	1	1	1	1
	601633	长城汽车	1	1	1	1	1
	603050	科林电气	—	0	0	0	0
	603156	养元饮品	—	—	0	0	0
	603385	惠达卫浴	—	0	1	1	1
	603938	三孚股份	—	0	0	0	0
深市A股	000158	常山北明	1	1	1	1	1
	000401	冀东水泥	1	1	1	1	1
	000413	东旭光电	1	1	1	1	1
	000600	建投能源	1	1	1	1	1
	000687	华讯方舟	1	1	1	1	1
	000709	河钢股份	1	1	1	1	1
	000778	新兴铸管	1	1	1	1	1
	000848	承德露露	0	0	0	0	0
	000856	冀东装备	1	1	1	1	1
	000889	中嘉博创	1	1	1	1	1
	000923	河钢资源	1	1	1	1	1
	000937	冀中能源	1	1	1	1	1
	000958	东方能源	0	0	1	0	0
中小企业板	002049	紫光国微	1	1	1	1	0
	002108	沧州明珠	1	1	1	1	1
	002146	荣盛发展	1	1	1	1	1
	002282	博深股份	0	0	0	0	0

续表

所属板块	证券代码	证券名称	2016年	2017年	2018年	2019年	2020年
中小企业板	002342	巨力索具	1	1	1	1	1
	002442	龙星化工	1	1	1	1	1
	002459	晶澳科技	1	1	1	1	1
	002494	华斯股份	1	1	1	1	1
	002603	以岭药业	1	1	1	1	1
	002691	冀凯股份	1	1	1	1	1
	002960	青鸟消防	—	—	—	1	1
创业板	300107	建新股份	1	1	1	1	1
	300137	先河环保	0	0	1	1	1
	300138	晨光生物	0	0	0	0	0
	300152	科融环境	0	0	0	0	0
	300255	常山药业	0	1	1	1	1
	300368	汇金股份	1	0	0	0	0
	300371	汇中股份	0	0	1	1	1
	300428	四通新材	0	1	1	1	1
	300446	乐凯新材	1	1	1	1	1
	300491	通合科技	1	1	1	1	1
	300765	新诺威	—	—	1	1	1
	300847	中船汉光	—	—	—	—	1
	300869	康泰医学	—	—	—	—	1
	300922	天秦装备	—	—	—	—	1

注：1 = 披露了股东权益保护信息，0 = 未披露股东权益保护信息。
数据来源：国泰安数据库和上市公司年报。

（二）债权人权益保护

随着《中华人民共和国公司法（2018修正）》对债权人权益保护的深入，在社会责任信息披露层面也要求披露相关债权人权益保护情况，公司在经营决策过程中，应充分考虑债权人的合法权益，及时向债权人通报与其债权权益相关的重大信息，当债权人为维护自身利益需要了解公司有关财务、经营和管理情况时，公司应予以配合和支持。

1. 河北上市公司各板块债权人权益保护信息披露

2016～2020年河北上市公司各板块债权人权益保护信息披露情况存在差异。2016～2020年四个板块债权人权益保护信息披露数量整体呈上升趋势,其中,沪市 A 股对于债权人权益保护信息披露情况较好,2020 年沪市 A 股上市公司披露债权人权益保护信息的公司较多,该现象反映了河北沪市 A 股的上市公司债权人权益保护意识较强。中小企业板和创业板近五年呈上升趋势,但变动幅度较小,深市 A 股发展较平稳(见图 4)。

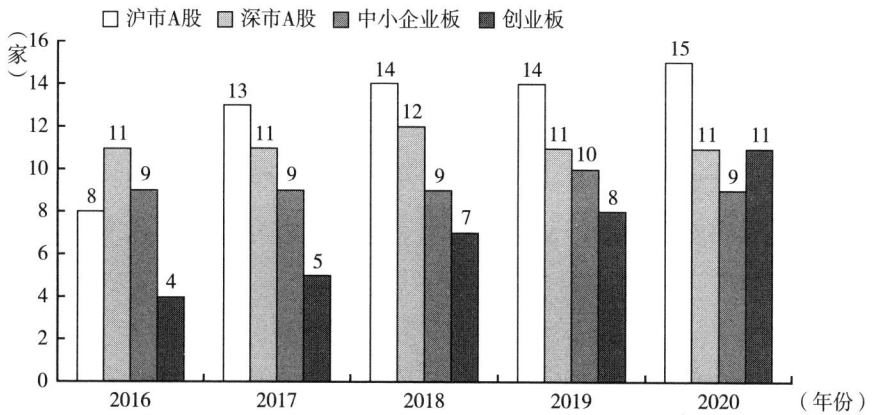

图 4　2016~2020 年河北上市公司各板块债权人权益保护信息披露情况

数据来源:国泰安数据库和上市公司年报。

2. 河北上市公司债权人权益保护信息披露

表 6 对 2016~2020 年河北上市公司债权人权益保护信息披露情况进行了列示。

表 6　2016~2020 年河北上市公司债权人权益保护信息披露情况

所属板块	证券代码	证券名称	2016 年	2017 年	2018 年	2019 年	2020 年
沪市 A 股	600135	乐凯胶片	0	0	0	0	0
	600149	廊坊发展	0	0	0	0	0
	600230	沧州大化	0	0	0	0	0
	600340	华夏幸福	0	1	1	1	1
	600409	三友化工	1	1	1	1	1
	600480	凌云股份	1	1	1	1	1

续表

所属板块	证券代码	证券名称	2016年	2017年	2018年	2019年	2020年
沪市A股	600482	中国动力	0	1	1	1	1
	600550	保变电气	1	1	1	1	1
	600559	老白干酒	1	1	1	1	1
	600722	金牛化工	0	0	0	0	0
	600803	新奥股份	0	1	1	1	1
	600812	华北制药	1	1	1	1	1
	600956	新天绿能	—	—	—	—	1
	600965	福成股份	0	1	1	1	1
	600997	开滦股份	1	1	1	1	1
	601000	唐山港	1	1	1	1	1
	601258	庞大集团	0	0	0	0	0
	601326	秦港股份	—	1	1	1	1
	601633	长城汽车	1	1	1	1	1
	603050	科林电气	—	0	0	0	0
	603156	养元饮品	—	—	0	0	0
	603385	惠达卫浴	—	0	1	1	1
	603938	三孚股份	—	0	0	0	0
深市A股	000158	常山北明	1	1	1	1	1
	000401	冀东水泥	1	1	1	1	1
	000413	东旭光电	1	1	1	1	1
	000600	建投能源	1	1	1	1	1
	000687	华讯方舟	1	1	1	1	1
	000709	河钢股份	1	1	1	1	1
	000778	新兴铸管	1	1	1	1	1
	000848	承德露露	0	0	0	0	0
	000856	冀东装备	1	1	1	1	1
	000889	中嘉博创	1	1	1	1	1
	000923	河钢资源	1	1	1	1	1
	000937	冀中能源	1	1	1	1	1
	000958	东方能源	0	0	1	0	0
中小企业板	002049	紫光国微	1	1	1	1	0
	002108	沧州明珠	1	1	1	1	1
	002146	荣盛发展	1	1	1	1	1
	002282	博深股份	0	0	0	0	0
	002342	巨力索具	1	1	1	1	1

续表

所属板块	证券代码	证券名称	2016年	2017年	2018年	2019年	2020年
中小企业板	002442	龙星化工	1	1	1	1	1
	002459	晶澳科技	1	1	1	1	1
	002494	华斯股份	1	1	1	1	1
	002603	以岭药业	1	1	1	1	1
	002691	冀凯股份	1	1	1	1	1
	002960	青鸟消防	—	—	—	1	1
创业板	300107	建新股份	1	1	1	1	1
	300137	先河环保	0	0	1	1	1
	300138	晨光生物	0	0	0	0	0
	300152	科融环境	0	0	0	0	0
	300255	常山药业	0	1	1	1	1
	300368	汇金股份	1	0	0	0	0
	300371	汇中股份	0	0	1	1	1
	300428	四通新材	0	1	1	1	1
	300446	乐凯新材	1	1	1	1	1
	300491	通合科技	1	1	1	1	1
	300765	新诺威	—	—	—	1	1
	300847	中船汉光	—	—	—	—	1
	300869	康泰医学	—	—	—	—	1
	300922	天秦装备	—	—	—	—	1

注：1=披露了债权人权益保护信息，0=未披露股东权益保护信息。
数据来源：国泰安数据库和上市公司年报。

（三）公共关系和社会公益事业

在公共关系和社会公益事业方面，上市公司社会责任披露应重点说明报告期内公司在灾害救援、捐赠、灾后重建等方面所做的工作，并说明有关捐赠是否履行了相关审议程序和信息披露义务。

1. 河北上市公司各板块公共关系和社会公益事业信息披露

2016~2020年，除中小企业板公共关系和社会公益事业信息披露数量下降以外，其他三个板块的呈上升趋势，其中，沪市A股上市公司对于公共关系和社会公益事业披露公司数量较多,2020年沪市A股上市公司披露公共关系和社会公益事业信息的公司数量最多,为18家,深市A股和创业板近五年都呈上升趋势,但变动幅度较小(见图5)。

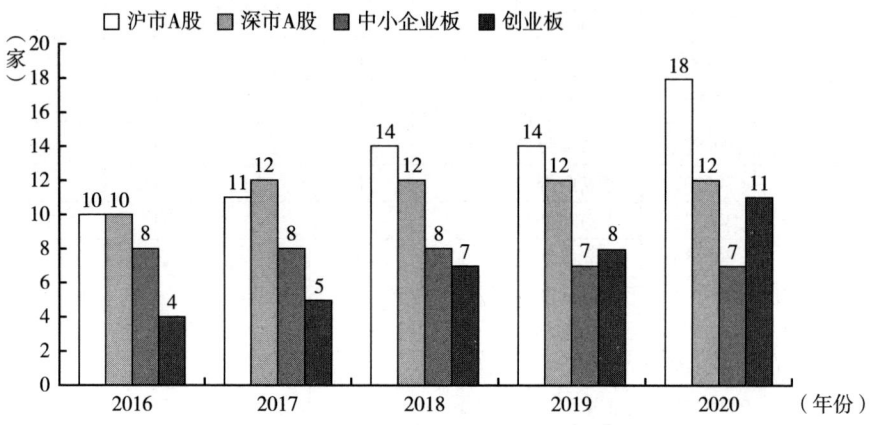

图5　2016~2020年河北上市公司各板块公共关系和社会公益事业信息披露数量

数据来源:国泰安数据库和上市公司年报。

2. 河北上市公司公共关系和社会公益事业信息披露

表7对2016~2020年河北上市公司公共关系和社会公益事业信息披露情况进行了列示。

表7　2016~2020年河北上市公司披露公共关系和社会公益事业信息披露情况

所属板块	证券代码	证券名称	2016年	2017年	2018年	2019年	2020年
沪市A股	600135	乐凯胶片	0	0	0	0	0
	600149	廊坊发展	0	0	0	0	0
	600230	沧州大化	0	0	0	0	0
	600340	华夏幸福	1	1	1	1	1
	600409	三友化工	1	1	1	1	1
	600480	凌云股份	1	1	1	1	1

续表

所属板块	证券代码	证券名称	2016年	2017年	2018年	2019年	2020年
沪市A股	600482	中国动力	1	1	1	1	1
	600550	保变电气	1	1	1	1	1
	600559	老白干酒	1	1	1	1	1
	600722	金牛化工	0	0	0	0	0
	600803	新奥股份	0	0	1	1	1
	600812	华北制药	1	1	1	1	1
	600956	新天绿能	—	—	—	—	1
	600965	福成股份	0	0	0	0	1
	600997	开滦股份	1	1	1	1	1
	601000	唐山港	1	1	1	1	1
	601258	庞大集团	0	0	0	0	0
	601326	秦港股份	—	1	1	1	1
	601633	长城汽车	1	1	1	1	1
	603050	科林电气	—	0	1	1	1
	603156	养元饮品	—	—	1	1	1
	603385	惠达卫浴	—	0	0	0	1
	603938	三孚股份	—	0	0	0	0
深市A股	000158	常山北明	1	1	1	1	1
	000401	冀东水泥	1	1	1	1	1
	000413	东旭光电	1	1	1	1	1
	000600	建投能源	1	1	1	1	1
	000687	华讯方舟	1	1	1	1	1
	000709	河钢股份	0	1	1	1	1
	000778	新兴铸管	1	1	1	1	1
	000848	承德露露	1	1	1	1	1
	000856	冀东装备	0	0	0	0	0
	000889	中嘉博创					
	000923	河钢资源	1	1	1	1	1
	000937	冀中能源	1	1	1	1	1
	000958	东方能源	0	1	1	1	1
中小企业板	002049	紫光国微	0	0	0	0	1
	002108	沧州明珠	0	0	0	0	0
	002146	荣盛发展	1	1	1	1	1
	002282	博深股份	1	1	1	1	0
	002342	巨力索具	1	1	1	0	0

续表

所属板块	证券代码	证券名称	2016年	2017年	2018年	2019年	2020年
中小企业板	002442	龙星化工	1	1	1	1	1
	002459	晶澳科技	1	1	1	1	1
	002494	华斯股份	1	1	1	1	1
	002603	以岭药业	1	1	1	1	1
	002691	冀凯股份	1	1	1	1	1
	002960	青鸟消防	—	—	—	0	0
创业板	300107	建新股份	1	1	1	1	1
	300137	先河环保	0	1	1	1	1
	300138	晨光生物	1	1	1	1	1
	300152	科融环境	0	0	0	0	0
	300255	常山药业	0	1	1	1	1
	300368	汇金股份	1	0	1	1	1
	300371	汇中股份	0	0	0	1	1
	300428	四通新材	0	0	1	1	1
	300446	乐凯新材	0	0	0	1	1
	300491	通合科技	1	1	1	1	1
	300765	新诺威	—	—	—	0	0
	300847	中船汉光	—	—	—	—	0
	300869	康泰医学	—	—	—	—	1
	300922	天秦装备	—	—	—	—	1

注：1＝披露了公共关系和社会公益事业信息，0＝未披露公共关系和社会公益事业信息。
数据来源：国泰安数据库和上市公司年报。

（四）职工权益保护

在职工权益保护方面，上市公司社会责任披露应明确说明在用工制度上是否符合《中华人民共和国劳动法》《中华人民共和国劳动合同法》等法律法规的要求；在劳动安全卫生制度、社会保障等方面是否严格执行了国家规定和标准；未达到有关要求和标准的应如实说明；说明公司在员工利益保障、安全生产、职业培训以及员工福利等方面采取的具体措施和改进情况。

1. 河北上市公司各板块职工权益保护信息披露

2016～2020年河北上市公司四个板块职工权益保护信息披露数量整体

呈上升趋势,其中,沪市 A 股河北上市公司对于职工权益保护信息披露的数量较多,2020 年沪市 A 股河北上市公司披露职工权益保护信息的公司数量最多,有 16 家,深市 A 股、中小企业板和创业板近五年呈上升趋势,但变动幅度较小(见图 6)。

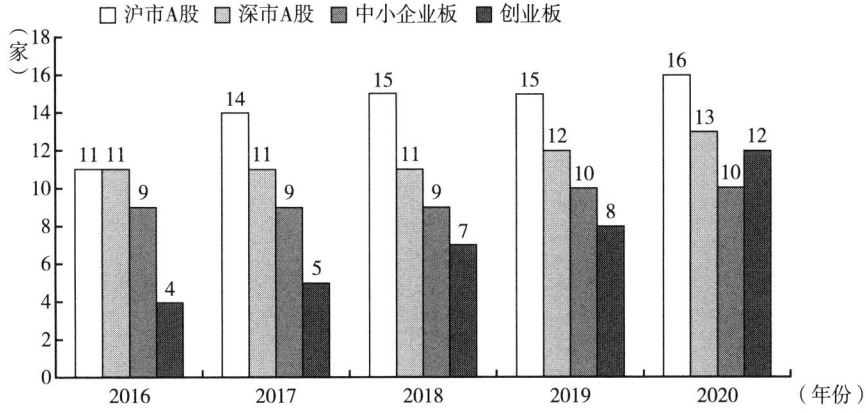

图 6　2016～2020 年河北各板块上市公司职工权益保护信息披露数量

数据来源:国泰安数据库和上市公司年报。

2. 河北上市公司职工权益保护信息披露

表 8 对 2016～2020 年河北上市公司职工权益保护信息披露情况进行了列示。

表 8　2016～2020 年河北上市公司职工权益保护信息披露情况

所属板块	证券代码	证券名称	2016 年	2017 年	2018 年	2019 年	2020 年
沪市 A 股	600135	乐凯胶片	0	0	0	0	0
	600149	廊坊发展	0	0	0	0	0
	600230	沧州大化	0	0	0	0	0
	600340	华夏幸福	1	1	1	1	1
	600409	三友化工	1	1	1	1	1
	600480	凌云股份	1	1	1	1	1
	600482	中国动力	1	1	1	1	1

续表

所属板块	证券代码	证券名称	2016年	2017年	2018年	2019年	2020年
沪市A股	600550	保变电气	1	1	1	1	1
	600559	老白干酒	1	1	1	1	1
	600722	金牛化工	1	1	1	1	1
	600803	新奥股份	0	0	1	1	1
	600812	华北制药	1	1	1	1	1
	600956	新天绿能	—	—	—	—	1
	600965	福成股份	0	1	1	1	1
	600997	开滦股份	1	1	1	1	1
	601000	唐山港	1	1	1	1	1
	601258	庞大集团	0	0	0	0	0
	601326	秦港股份	—	1	1	1	1
	601633	长城汽车	1	1	1	1	1
	603050	科林电气	—	0	0	0	0
	603156	养元饮品	—	—	0	0	0
	603385	惠达卫浴	—	1	1	1	1
	603938	三孚股份	—	0	0	0	0
深市A股	000158	常山北明	1	1	1	1	1
	000401	冀东水泥	1	1	1	1	1
	000413	东旭光电	1	1	1	1	1
	000600	建投能源	1	1	1	1	1
	000687	华讯方舟	1	1	1	1	1
	000709	河钢股份	1	1	1	1	1
	000778	新兴铸管	1	1	1	1	1
	000848	承德露露	0	0	0	0	0
	000856	冀东装备	1	1	1	1	1
	000889	中嘉博创	1	1	1	1	1
	000923	河钢资源	1	1	1	1	1
	000937	冀中能源	1	1	1	1	1
	000958	东方能源	0	0	0	1	1
中小企业板	002049	紫光国微	1	1	1	1	1
	002108	沧州明珠	1	1	1	1	1
	002146	荣盛发展	1	1	1	1	1
	002282	博深股份	0	0	0	0	0
	002342	巨力索具	1	1	1	1	1
	002442	龙星化工	1	1	1	1	1

续表

所属板块	证券代码	证券名称	2016 年	2017 年	2018 年	2019 年	2020 年
中小企业板	002459	晶澳科技	1	1	1	1	1
	002494	华斯股份	1	1	1	1	1
	002603	以岭药业	1	1	1	1	1
	002691	冀凯股份	1	1	1	1	1
	002960	青鸟消防	—	—	—	1	1
创业板	300107	建新股份	1	1	1	1	1
	300137	先河环保	0	0	1	1	1
	300138	晨光生物	0	1	1	1	1
	300152	科融环境	0	0	0	0	0
	300255	常山药业	0	1	1	1	1
	300368	汇金股份	1	0	0	0	0
	300371	汇中股份	0	0	1	1	1
	300428	四通新材	0	0	0	0	1
	300446	乐凯新材	1	1	1	1	1
	300491	通合科技	1	1	1	1	1
	300765	新诺威	—	—	—	1	1
	300847	中船汉光	—	—	—	—	1
	300869	康泰医学	—	—	—	—	1
	300922	天秦装备	—	—	—	—	1

注：1 = 披露了职工权益保护信息，0 = 未披露股东权益保护信息。
数据来源：国泰安数据库和上市公司年报。

（五）供应商权益保护

在供应商权益保护方面，上市公司社会责任披露要重点说明公司反商业贿赂的具体措施和办法，如在反商业贿赂中查出问题应当如实说明。公司在产品质量和安全控制方面所采取的具体措施，如发生重大产品质量和安全事故应当如实说明。

1. 河北上市公司各板块供应商权益保护信息披露

2016~2020 年河北上市公司四个板块供应商权益保护信息披露公司数量整体呈上升趋势，其中，沪市 A 股河北上市公司对于供应商权益保护信息披露公司数较多，深市A股、中小企业板和创业板近五年呈上升趋势，变动幅度较小。

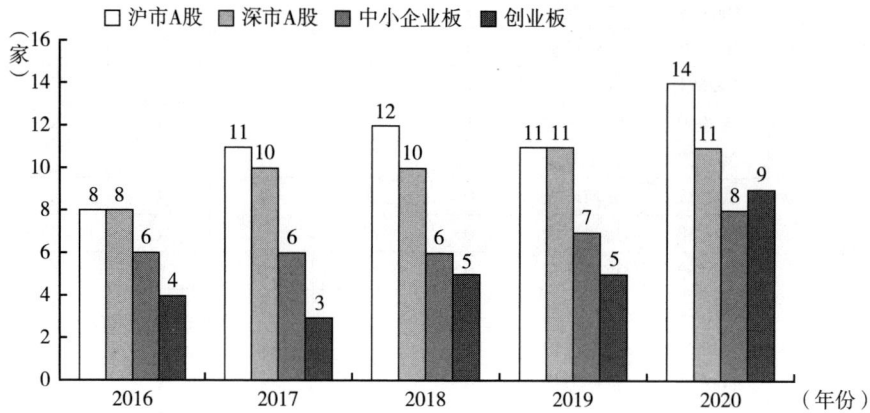

图7 2016~2020年河北上市公司各板块上市公司供应商权益保护信息披露数量

数据来源：国泰安数据库和上市公司年报。

2. 河北上市公司供应商权益保护信息披露

表9对2016~2020年河北上市公司供应商权益保护信息披露情况进行了列示。

表9 2016~2020年河北上市公司供应商权益保护信息披露情况

所属板块	证券代码	证券名称	2016年	2017年	2018年	2019年	2020年
沪市A股	600135	乐凯胶片	0	0	0	0	0
	600149	廊坊发展	0	0	0	0	0
	600230	沧州大化	0	0	0	0	0
	600340	华夏幸福	1	1	1	1	1
	600409	三友化工	1	1	1	1	1
	600480	凌云股份	1	1	1	1	1
	600482	中国动力	0	1	1	1	1
	600550	保变电气	0	0	0	0	0
	600559	老白干酒	1	1	1	1	1

续表

所属板块	证券代码	证券名称	2016年	2017年	2018年	2019年	2020年
沪市A股	600722	金牛化工	0	0	0	0	0
	600803	新奥股份	0	0	1	0	1
	600812	华北制药	1	1	1	1	1
	600956	新天绿能	—	—	—	—	1
	600965	福成股份	0	1	1	1	1
	600997	开滦股份	1	1	1	1	1
	601000	唐山港	1	1	1	1	1
	601258	庞大集团	0	0	0	0	0
	601326	秦港股份	—	1	1	1	1
	601633	长城汽车	1	1	1	1	1
	603050	科林电气	—	0	0	0	0
	603156	养元饮品	—	—	0	0	0
	603385	惠达卫浴	—	0	0	0	1
	603938	三孚股份	—	0	0	0	0
深市A股	000158	常山北明	1	1	1	1	1
	000401	冀东水泥	1	1	1	1	1
	000413	东旭光电	1	1	1	1	1
	000600	建投能源	0	0	0	0	0
	000687	华讯方舟	1	1	1	1	1
	000709	河钢股份	1	1	1	1	1
	000778	新兴铸管	1	1	1	1	1
	000848	承德露露	0	0	0	0	0
	000856	冀东装备	0	1	1	1	1
	000889	中嘉博创	1	1	1	1	1
	000923	河钢资源	0	1	1	1	1
	000937	冀中能源	1	1	1	1	1
	000958	东方能源	0	0	0	1	1
中小企业板	002049	紫光国微	0	0	0	0	0
	002108	沧州明珠	1	1	1	1	1
	002146	荣盛发展	1	1	1	1	1
	002282	博深股份	0	0	0	0	0
	002342	巨力索具	1	1	1	1	1
	002442	龙星化工	1	1	1	1	1
	002459	晶澳科技	0	0	0	0	1
	002494	华斯股份	0	0	0	0	0

续表

所属板块	证券代码	证券名称	2016年	2017年	2018年	2019年	2020年
中小企业板	002603	以岭药业	1	1	1	1	1
	002691	冀凯股份	1	1	1	1	1
	002960	青鸟消防	—	—	—	1	1
创业板	300107	建新股份	1	1	1	1	1
	300137	先河环保	0	0	1	1	1
	300138	晨光生物	0	0	0	0	0
	300152	科融环境	0	0	0	0	0
	300255	常山药业	1	1	1	1	1
	300368	汇金股份	1	0	0	0	0
	300371	汇中股份	0	0	1	1	1
	300428	四通新材	0	0	0	0	0
	300446	乐凯新材	0	0	0	0	0
	300491	通合科技	1	1	1	1	1
	300765	新诺威	—	—	—	0	0
	300847	中船汉光	—	—	—	—	—
	300869	康泰医学	—	—	—	—	1
	300922	天秦装备	—	—	—	—	1

注：1=披露了供应商权益保护信息，0=未披露供应商权益保护信息。
数据来源：国泰安数据库和上市公司年报。

（六）客户及消费者权益保护

上市公司社会责任披露在客户及消费者权益保护方面应重点说明上市公司对客户及消费者提供商品或服务的安全性、上市公司对客户消费者建立严格监控程序，上市公司为客户及消费者提供良好的售后服务等信息。

1. 河北上市公司各板块客户及消费者权益保护信息披露

2016~2020年四个板块客户及消费者权益保护信息披露数量整体呈上升趋势，其中，沪市A股河北上市公司对于客户及消费者权益保护信息披露公司数较多，深市A股、中小企业板和创业板近五年呈上升趋势，变动幅度较小（见图8）。

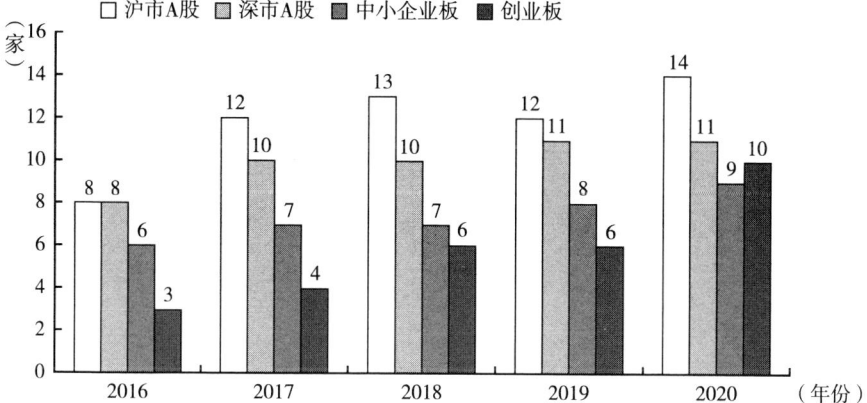

**图 8　2016～2020 年河北上市公司各板块客户及消费者权益
保护信息披露数量**

数据来源：国泰安数据库和上市公司年报。

2. 河北上市公司客户及消费者权益保护信息披露

表 10 对 2016～2020 年河北上市公司客户及消费者权益保护信息披露情况进行了列示。

表 10　2016～2020 年河北上市公司客户及消费者权益保护信息披露情况

所属板块	证券代码	证券名称	2016 年	2017 年	2018 年	2019 年	2020 年
沪市 A 股	600135	乐凯胶片	0	0	0	0	0
	600149	廊坊发展	0	0	0	0	0
	600230	沧州大化	0	0	0	0	0
	600340	华夏幸福	1	1	1	1	1
	600409	三友化工	1	1	1	1	1
	600480	凌云股份	1	1	1	1	1
	600482	中国动力	0	1	1	1	1
	600550	保变电气	0	0	0	0	0
	600559	老白干酒	1	1	1	1	1
	600722	金牛化工	0	0	0	0	0
	600803	新奥股份	0	1	1	0	1
	600812	华北制药	1	1	1	1	1
	600956	新天绿能	—	—	—	—	1

续表

所属板块	证券代码	证券名称	2016年	2017年	2018年	2019年	2020年
沪市A股	600965	福成股份	0	1	1	1	1
	600997	开滦股份	1	1	1	1	1
	601000	唐山港	1	1	1	1	1
	601258	庞大集团	0	0	0	0	0
	601326	秦港股份	—	1	1	1	1
	601633	长城汽车	1	1	1	1	1
	603050	科林电气	—	0	0	0	0
	603156	养元饮品	—	—	0	0	0
	603385	惠达卫浴	—	0	1	1	1
	603938	三孚股份	—	0	0	0	0
深市A股	000158	常山北明	1	1	1	1	1
	000401	冀东水泥	1	1	1	1	1
	000413	东旭光电	1	1	1	1	1
	000600	建投能源	0	0	0	0	0
	000687	华讯方舟	1	1	1	1	1
	000709	河钢股份	1	1	1	1	1
	000778	新兴铸管	1	1	1	1	1
	000848	承德露露	0	0	0	0	0
	000856	冀东装备	0	1	1	1	1
	000889	中嘉博创	1	1	1	1	1
	000923	河钢资源	0	1	1	1	1
	000937	冀中能源	1	1	1	1	1
	000958	东方能源	0	0	0	1	1
中小企业板	002049	紫光国微	0	0	0	0	0
	002108	沧州明珠	1	1	1	1	1
	002146	荣盛发展	1	1	1	1	1
	002282	博深股份	0	0	0	0	0
	002342	巨力索具	1	1	1	1	1
	002442	龙星化工	1	1	1	1	1
	002459	晶澳科技	0	0	0	0	0
	002494	华斯股份	0	1	1	1	1
	002603	以岭药业	1	1	1	1	1
	002691	冀凯股份	1	1	1	1	1
	002960	青鸟消防	—	—	—	1	1

续表

所属板块	证券代码	证券名称	2016年	2017年	2018年	2019年	2020年
创业板	300107	建新股份	1	1	1	1	1
	300137	先河环保	0	0	1	1	1
	300138	晨光生物	0	1	1	1	1
	300152	科融环境	0	0	0	0	0
	300255	常山药业	0	1	1	1	1
	300368	汇金股份	1	0	0	0	0
	300371	汇中股份	0	0	1	1	1
	300428	四通新材	0	0	0	0	1
	300446	乐凯新材	0	0	0	0	0
	300491	通合科技	1	1	1	1	1
	300765	新诺威	—	—	—	0	0
	300847	中船汉光	—	—	—	—	1
	300869	康泰医学	—	—	—	—	1
	300922	天秦装备	—	—	—	—	1

注：1=披露了客户及消费者权益保护信息，0=未披露客户及消费者权益保护信息。
数据来源：国泰安数据库和上市公司年报。

（七）环境和可持续发展

在环境和可持续发展方面，上市公司社会责任披露应说明上市公司在环保投资及技术开发、环保设施的建设运行以及降低能源消耗、污染物排放、进行废物回收和综合利用等方面采取的具体措施，并与国家标准、行业水平、以往指标等进行比较，用具体数字指标说明目前状况以及改进的效果。如存在未达标情况应如实说明。

1. 河北上市公司各板块环境和可持续发展信息披露

2016~2020年河北上市公司四个板块环境和可持续发展信息披露数量整体呈上升趋势，其中，沪市A股河北上市公司对于环境和可持续发展信息披露的公司数较多，深市A股、中小企业板和创业板近五年呈上升趋势，变动幅度较小（见图9）。

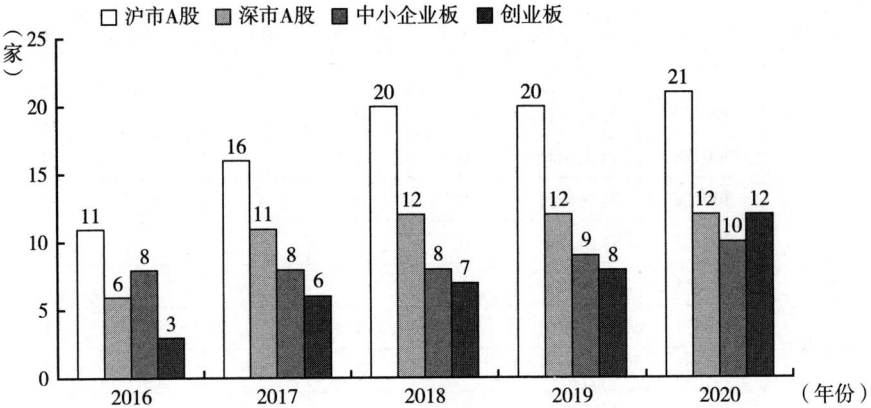

图9 2016～2020年河北上市公司各板块环境和可持续发展信息披露公司数

数据来源：国泰安数据库和上市公司年报。

2. 河北上市公司环境和可持续发展信息披露

表11对2016～2020年河北上市公司环境和可持续发展信息披露情况进行了列示。

表11 2016～2020年河北省上市公司环境和可持续发展信息披露情况

所属板块	证券代码	证券名称	2016年	2017年	2018年	2019年	2020年
沪市A股	600135	乐凯胶片	0	0	1	1	1
	600149	廊坊发展	0	0	1	1	1
	600230	沧州大化	1	1	1	1	1
	600340	华夏幸福	0	1	1	1	1
	600409	三友化工	1	1	1	1	1
	600480	凌云股份	0	1	1	1	1
	600482	中国动力	1	1	1	1	1
	600550	保变电气	1	1	1	1	1
	600559	老白干酒	1	1	1	1	1
	600722	金牛化工	0	1	1	1	1
	600803	新奥股份	1	1	1	1	1
	600812	华北制药	1	1	1	1	1
	600956	新天绿能	—	—	—	—	1

续表

所属板块	证券代码	证券名称	2016年	2017年	2018年	2019年	2020年
沪市A股	600965	福成股份	1	1	1	1	1
	600997	开滦股份	1	1	1	1	1
	601000	唐山港	1	1	1	1	1
	601258	庞大集团	0	0	0	0	0
	601326	秦港股份	—	1	1	1	1
	601633	长城汽车	1	1	1	1	1
	603050	科林电气	—	0	0	0	0
	603156	养元饮品	—	—	1	1	1
	603385	惠达卫浴	—	1	1	1	1
	603938	三孚股份	—	0	1	1	1
深市A股	000158	常山北明	0	1	1	1	1
	000401	冀东水泥	1	1	1	1	1
	000413	东旭光电	1	1	1	1	1
	000600	建投能源	1	1	1	1	1
	000687	华讯方舟	0	1	1	1	1
	000709	河钢股份	1	1	1	1	1
	000778	新兴铸管	1	1	1	1	1
	000848	承德露露	0	1	1	1	1
	000856	冀东装备	0	0	0	0	0
	000889	中嘉博创	0	1	1	1	1
	000923	河钢资源	0	1	1	1	1
	000937	冀中能源	1	1	1	1	1
	000958	东方能源	0	1	1	1	1
中小企业板	002049	紫光国微	1	1	1	1	1
	002108	沧州明珠	1	1	1	1	1
	002146	荣盛发展	1	1	1	1	1
	002282	博深股份	0	0	0	0	0
	002342	巨力索具	1	1	1	1	1
	002442	龙星化工	1	1	1	1	1
	002459	晶澳科技	0	0	0	0	0
	002494	华斯股份	1	1	1	1	1
	002603	以岭药业	1	1	1	1	1
	002691	冀凯股份	1	1	1	1	1
	002960	青鸟消防	—	—	—	1	1

续表

所属板块	证券代码	证券名称	2016年	2017年	2018年	2019年	2020年
创业板	300107	建新股份	1	1	1	1	1
	300137	先河环保	0	1	1	1	1
	300138	晨光生物	0	1	1	1	1
	300152	科融环境	0	0	0	0	1
	300255	常山药业	1	1	1	1	1
	300368	汇金股份	0	0	0	0	0
	300371	汇中股份	0	0	1	1	1
	300428	四通新材	0	0	0	0	1
	300446	乐凯新材	0	1	1	1	1
	300491	通合科技	1	1	1	1	1
	300765	新诺威	—	—	—	1	1
	300847	中船汉光	—	—	—	—	1
	300869	康泰医学	—	—	—	—	0
	300922	天秦装备	—	—	—	—	1

注：1=披露了环境和可持续发展信息，0=未披露环境和可持续发展信息。
数据来源：国泰安数据库和上市公司年报。

B.7 河北上市公司投资者关系管理研究报告（2021）

石晓飞[*]

摘　要： 投资者关系管理是完善上市公司治理的一项重要举措，是投资者和上市公司间的信息桥梁。本报告从董事会秘书负责制、设置投资者关系（IR）专职部门、互联网多渠道沟通、电话咨询、设立投资者关系专栏、现场业绩说明会和现场路演、投资者现场互动等七个重要投资者关系管理维度对河北上市公司投资者关系管理状况进行研究。报告为构建上市公司与投资者互利共赢的新型合作关系，提升河北上市公司可持续发展能力与内在价值提供有益参考。

关键词： 上市公司　投资者关系管理　河北

投资者关系管理是公司通过信息披露与交流，加强与投资者之间的沟通、增进投资者对公司的了解和认同、提升公司治理水平、实现公司整体利益最大化和保护投资者合法权益的战略管理行为。良好的投资者关系管理有利于建立公司与投资者之间的良性关系，[①]降低股权融资成

---

[*] 石晓飞，博士，河北经贸大学工商管理学院副院长、公司治理与企业成长研究中心主任，副教授，硕士生导师，主要研究领域为公司治理。
① Millicent Chang, "Does Disclosure Quality via Investor Relations Affect Information Asymmetry?" *Australian Journal of Management* 33 (2008).

本，①控股股东缓解控制权转移风险，促进资本市场稳定的市值管理。②

上市公司应严格遵守《中华人民共和国公司法（2018修正）》《中华人民共和国证券法（2019修订）》及《上市公司与投资者关系工作指引》（证监公司字〔2005〕52号）等相关法律、法规及上海证券交易所、深圳证券交易所有关业务规定，认真贯彻落实投资者关系管理工作。投资者关系管理的主要对象为股东（包括个人和机构）、就公司或所在行业的表现进行分析报告的分析员、财经媒体等传播媒介、其他相关机构和个人。投资者关系管理应坚持充分合规披露信息、投资者机会均等、诚实守信、高效低耗等基本原则，平等对待全体投资者，保障投资者享有知情权及其他合法权益。

一 投资者关系管理指标体系

根据《中华人民共和国公司法（2018修正）》《中华人民共和国证券法（2019修订）》《上市公司与投资者关系工作指引》（证监公司字〔2005〕52号）、《深圳证券交易所上市公司投资者关系管理指引》（深证上〔2003〕53号）、《关于进一步加强上市公司投资者关系管理工作的通知》（上证公字〔2012〕22号）等相关性法律、法规、规范性文件及南开大学投资者关系互动指数所列举的投资者关系管理指标，上市公司投资者关系管理应包括七部分内容（见表1）。本报告以2016~2020年61家河北A股上市公司为样本，投资者关系管理指标主要参照南开大学投资者关系互动指数的核心指标进行分析。

---

① 林斌、辛清泉、杨德明、陈念：《投资者关系管理及其影响因素分析——基于深圳上市公司的实证检验》，《会计研究》2005年9期，第32~38页。
② 马连福、张晓庆：《控股股东股权质押与投资者关系管理》，《中国工业经济》2020年第11期，第156~173页。

表1　投资者关系管理指标体系

投资者关系管理指标	简要说明
董事会秘书负责制	上市公司指定董事会秘书负责投资者关系工作
设置IR专职部门	上市公司指定或设立投资者关系工作专职部门,负责公司投资者关系工作事务
互联网多渠道沟通	上市公司利用互联网多渠道、多层次与投资者进行沟通,例如,官方微信、微博、互动平台公告投资者关系信息、网上路演等方式与投资者进行信息披露、互动和答疑
电话咨询	上市公司设立专门的投资者咨询电话,咨询电话由专人负责,保证在工作时间线路畅通
设立投资者关系专栏	上市公司通过建立公司网站并开设投资者关系专栏的方式开展投资者关系管理活动
现场业绩说明会和现场路演	上市公司在定期报告结束后、实施融资计划或其他公司认为必要的时候,举行现场业绩说明会;上市公司在实施融资计划时按有关规定举行现场路演,促进投资者与上市公司的沟通交流
投资者现场互动	上市公司安排投资者、分析师及基金经理等到公司或募集资金项目所在地进行现场调研接待

二　河北上市公司投资者关系管理情况

(一)董事会秘书负责制

根据《上市公司与投资者关系工作指引》(证监公司字〔2005〕52号)第十九条规定,公司应确定由董事会秘书负责投资者关系工作。董事会秘书负责公司投资者关系工作事务,能促进上市公司与投资者之间建立良好关系,倡导理性投资,实现公司相关利益者的利益最大化。①

表2对2016~2020年河北上市公司实行董事会秘书负责制情况进行了列示。2016~2020年未实行过董事会秘书负责制的河北上市公司共29家,占河北上市公司总数的47.54%;实行过董事会秘书负责制的河北上市公司共32家,占河北上市公司总数的52.46%。

---

① 高明华:《集体诉讼制度当立则行》,《董事会》2010年第5期,第103页。

表 2 2016～2020 年河北上市公司董事会秘书负责制实行情况

所属板块	证券代码	证券名称	2016 年	2017 年	2018 年	2019 年	2020 年
沪市 A 股	600135	乐凯胶片	1	1	1	1	1
	600149	廊坊发展	0	0	0	0	0
	600230	沧州大化	0	0	0	0	0
	600340	华夏幸福	0	0	0	0	0
	600409	三友化工	0	0	0	0	0
	600480	凌云股份	0	0	0	0	0
	600482	中国动力	1	0	0	0	0
	600550	保变电气	0	0	0	0	0
	600559	老白干酒	1	1	1	1	1
	600722	金牛化工	0	0	0	0	0
	600803	新奥股份	0	0	0	0	0
	600812	华北制药	0	0	0	0	0
	600956	新天绿能	—	—	—	—	0
	600965	福成股份	1	1	1	1	1
	600997	开滦股份	1	1	1	1	1
	601000	唐山港	0	0	0	0	0
	601258	庞大集团	1	0	0	0	0
	601326	秦港股份	—	0	0	0	0
	601633	长城汽车	1	1	1	1	1
	603050	科林电气	—	1	1	1	1
	603156	养元饮品	—	0	0	0	0
	603385	惠达卫浴	—	1	1	1	1
	603938	三孚股份	—	1	1	1	1
深市 A 股	000158	常山北明	0	0	0	0	0
	000401	冀东水泥	1	1	1	1	1
	000413	东旭光电	0	0	0	0	0
	000600	建投能源	0	0	0	0	0
	000687	华讯方舟	0	0	0	0	0
	000709	河钢股份	1	1	1	1	1
	000778	新兴铸管	0	0	0	0	0
	000848	承德露露	0	0	0	0	0
	000856	冀东装备	0	0	0	0	0
	000889	中嘉博创	1	1	1	1	1
	000923	河钢资源	0	1	1	1	1

续表

所属板块	证券代码	证券名称	2016年	2017年	2018年	2019年	2020年
深市A股	000937	冀中能源	0	0	0	0	0
	000958	东方能源	1	1	1	0	0
中小企业板	002049	紫光国微	1	1	1	1	1
	002108	沧州明珠	1	1	1	1	1
	002146	荣盛发展	0	0	0	0	0
	002282	博深股份	1	1	1	1	1
	002342	巨力索具	0	0	0	0	0
	002442	龙星化工	1	1	1	1	1
	002459	晶澳科技	1	1	1	1	1
	002494	华斯股份	1	1	1	1	1
	002603	以岭药业	0	0	0	0	0
	002691	冀凯股份	0	0	0	0	0
	002960	青鸟消防	—	—	—	1	1
创业板	300107	建新股份	1	1	1	1	1
	300137	先河环保	1	1	1	1	1
	300138	晨光生物	0	0	0	0	0
	300152	科融环境	0	0	0	0	0
	300255	常山药业	1	1	1	1	1
	300368	汇金股份	1	1	1	1	1
	300371	汇中股份	1	1	1	1	1
	300428	四通新材	0	0	0	1	1
	300446	乐凯新材	1	1	1	1	1
	300491	通合科技	1	1	1	1	1
	300765	新诺威	—	—	—	1	1
	300847	中船汉光	—	—	—	—	0
	300869	康泰医学	—	—	—	—	0
	300922	天秦装备	—	—	—	—	1

注：1 = 实行了董事会秘书负责制，0 = 未实行董事会秘书负责制。
数据来源：上市公司年报。

从整体上看 2016～2020 年河北上市公司各板块实行董秘负责制情况，沪市 A 股和创业板实行董秘负责制的河北上市公司数量较多，深市 A 股则较少（见图 1）。引起注意的是，从表 2 中看出，创业板中的河北上市公司数量虽不占优势，但 2020 年创业板中实行董秘负责制的比例为 71.43%，在四个板块中相对较高。

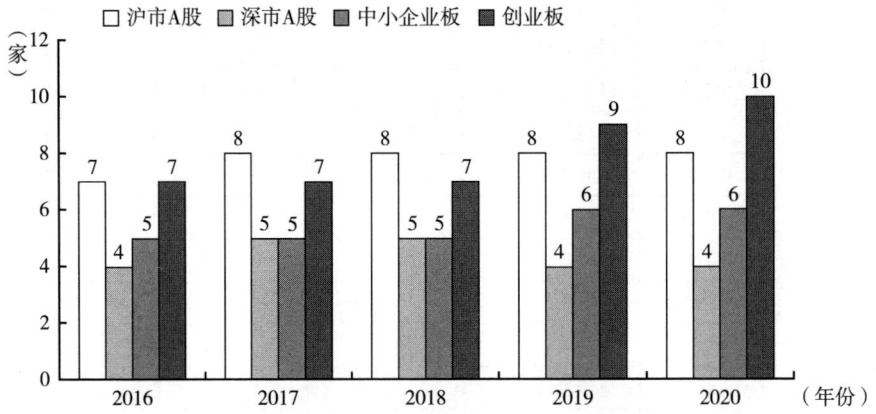

图 1　2016～2020 年河北上市公司各板块实行董秘负责制数量

数据来源：上市公司年报。

（二）设置投资者关系工作（IR）专职部门

根据《上市公司与投资者关系工作指引》（证监公司字〔2005〕52 号）第二十条规定，公司可视情况指定或设立投资者关系工作（IR）专职部门，负责公司投资者关系工作事务。一般来说，公司董事长为投资者关系管理工作第一责任人，董事会秘书为公司投资者关系管理工作的主要负责人，在全面深入地了解公司运营管理、经营状况、发展战略的情况下，负责投资者关系管理工作的具体实施。

表 3 对 2016～2020 年河北上市公司设立 IR 专职部门情况进行了列示。2016～2020 年从未设立过 IR 专职部门的河北上市公司共 45 家，占河北上市公司总数的 73.77%，设立过 IR 专职部门的河北上市公司共 16 家，占河北上市公司总数的 26.23%。

表3 2016~2020年河北上市公司设立IR专职部门情况

所属板块	证券代码	证券名称	2016年	2017年	2018年	2019年	2020年
沪市A股	600135	乐凯胶片	1	1	1	1	1
	600149	廊坊发展	0	0	0	0	0
	600230	沧州大化	0	0	0	0	0
	600340	华夏幸福	0	0	0	0	0
	600409	三友化工	0	0	0	0	0
	600480	凌云股份	0	0	0	0	0
	600482	中国动力	0	0	0	0	0
	600550	保变电气	0	0	0	0	0
	600559	老白干酒	1	1	1	1	1
	600722	金牛化工	0	0	0	0	0
	600803	新奥股份	0	0	0	0	0
	600812	华北制药	0	0	0	0	0
	600956	新天绿能	—	—	—	—	0
	600965	福成股份	0	0	0	0	1
	600997	开滦股份	0	0	0	0	1
	601000	唐山港	0	0	0	0	0
	601258	庞大集团	0	0	0	0	0
	601326	秦港股份	—	0	0	0	0
	601633	长城汽车	0	0	0	0	0
	603050	科林电气	0	0	0	0	0
	603156	养元饮品	—	—	0	0	0
	603385	惠达卫浴	0	0	0	0	0
	603938	三孚股份	—	1	1	1	1
深市A股	000158	常山北明	0	0	0	0	0
	000401	冀东水泥	0	0	0	0	0
	000413	东旭光电	0	0	1	1	1
	000600	建投能源	0	0	0	0	0
	000687	华讯方舟	0	0	0	0	0
	000709	河钢股份	1	1	1	1	1
	000778	新兴铸管	0	0	0	0	0
	000848	承德露露	0	0	0	0	0
	000856	冀东装备	0	0	0	0	0
	000889	中嘉博创	1	1	1	1	1
	000923	河钢资源	0	1	1	1	1

续表

所属板块	证券代码	证券名称	2016年	2017年	2018年	2019年	2020年
深市A股	000937	冀中能源	0	0	0	0	0
	000958	东方能源	0	0	0	0	0
中小企业板	002049	紫光国微	0	0	0	0	0
	002108	沧州明珠	1	1	1	1	1
	002146	荣盛发展	0	0	0	0	0
	002282	博深股份	0	0	0	0	0
	002342	巨力索具	0	0	0	0	0
	002442	龙星化工	0	0	0	0	0
	002459	晶澳科技	0	0	0	0	0
	002494	华斯股份	1	1	1	1	1
	002603	以岭药业	0	0	0	0	0
	002691	冀凯股份	0	0	0	0	0
	002960	青鸟消防	—	—	—	1	1
创业板	300107	建新股份	0	0	0	0	0
	300137	先河环保	1	1	1	1	1
	300138	晨光生物	0	0	0	0	0
	300152	科融环境	0	0	0	0	0
	300255	常山药业	0	0	0	0	0
	300368	汇金股份	1	1	1	1	1
	300371	汇中股份	0	0	0	0	0
	300428	四通新材	0	0	0	0	0
	300446	乐凯新材	1	1	1	1	1
	300491	通合科技	0	0	0	0	0
	300765	新诺威	—	—	—	0	0
	300847	中船汉光	—	—	—	—	0
	300869	康泰医学	—	—	—	—	0
	300922	天秦装备	—	—	—	—	1

注：1=是，0=否。
数据来源：上市公司年报。

设置IR专职部门的河北上市公司在数量上小于实行董事会秘书负责制的河北上市公司。沪市A股和深市A股设置IR专职部门的河北上市公司较多，中小企业板较少。其次，各板块设置IR专职部门的河北上市公司数量

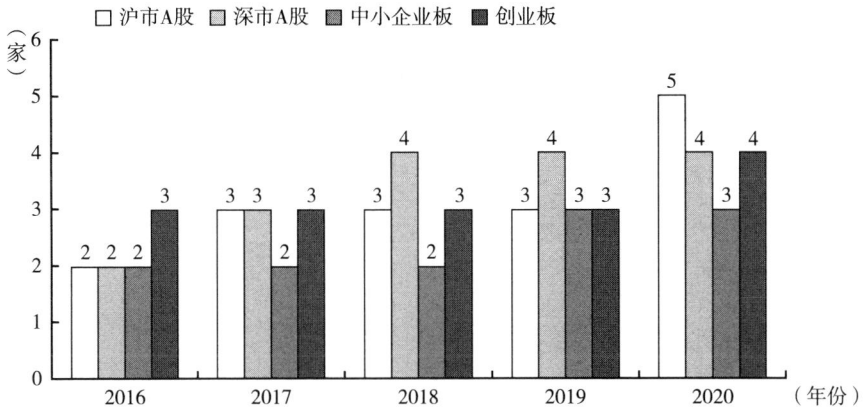

图 2　2016~2020 年设置 IR 专职部门的河北上市公司数量

数据来源：上市公司年报。

总体呈递增趋势，2020 年福成股份和开滦股份两家公司 IR 专职部门的设立使沪市 A 股中设置 IR 专职部门的河北上市公司数量由 3 家跃升至 5 家，在四个板块中占据领先地位（见图 2）。

（三）互联网多渠道沟通

近年来，网络已成为投资者与上市公司互动的主要渠道。[①] 上市公司应利用互联网多渠道、多层次与投资者进行沟通，例如，官方微信、微博、互动平台公告投资者关系信息、网上路演等方式与投资者进行信息披露、互动和答疑。

表 4 对 2016~2020 年河北上市公司与投资者进行互联网多渠道沟通情况进行了列示。2016~2020 年河北上市公司均存在互联网多渠道沟通现象，这种现象意味着河北上市公司高度重视网络渠道建设，偏爱在互联网上与投资者进行深入交流。

---

① 马连福、沈小秀、王元芳：《中国上市公司投资者关系互动指数及其应用研究》，《预测》2014 年第 1 期，第 39~44 页。

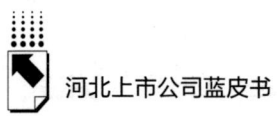

表4 2016～2020年河北上市公司与投资者进行互联网多渠道沟通情况

所属板块	证券代码	证券名称	2016年	2017年	2018年	2019年	2020年
沪市A股	600135	乐凯胶片	1	1	1	1	1
	600149	廊坊发展	1	1	1	1	1
	600230	沧州大化	1	1	1	1	1
	600340	华夏幸福	1	1	1	1	1
	600409	三友化工	1	1	1	1	1
	600480	凌云股份	1	1	1	1	1
	600482	中国动力	1	1	1	1	1
	600550	保变电气	0	1	1	1	1
	600559	老白干酒	0	1	1	1	1
	600722	金牛化工	1	1	1	1	1
	600803	新奥股份	1	1	1	1	1
	600812	华北制药	1	1	1	1	1
	600956	新天绿能	—	—	—	—	1
	600965	福成股份	1	1	1	1	1
	600997	开滦股份	1	1	1	1	1
	601000	唐山港	1	1	1	1	1
	601258	庞大集团	1	1	1	1	1
	601326	秦港股份	—	0	1	1	1
	601633	长城汽车	1	1	1	1	1
	603050	科林电气	1	1	1	1	1
	603156	养元饮品	—	—	1	1	1
	603385	惠达卫浴	1	1	1	1	1
	603938	三孚股份	—	0	1	1	1
深市A股	000158	常山北明	1	1	1	1	1
	000401	冀东水泥	1	1	1	1	1
	000413	东旭光电	1	1	1	1	1
	000600	建投能源	1	1	1	1	1
	000687	华讯方舟	1	1	1	1	1
	000709	河钢股份	1	1	1	1	1
	000778	新兴铸管	1	1	1	1	1

续表

所属板块	证券代码	证券名称	2016年	2017年	2018年	2019年	2020年
深市A股	000848	承德露露	1	1	1	1	1
	000856	冀东装备	1	1	1	1	1
	000889	中嘉博创	1	1	1	1	1
	000923	河钢资源	1	1	1	1	1
	000937	冀中能源	1	1	1	1	1
	000958	东方能源	1	1	1	1	1
中小企业板	002049	紫光国微	1	1	1	1	1
	002108	沧州明珠	1	1	1	1	1
	002146	荣盛发展	1	1	1	1	1
	002282	博深股份	1	1	1	1	1
	002342	巨力索具	1	1	1	1	1
	002442	龙星化工	1	1	1	1	1
	002459	晶澳科技	1	1	1	1	1
	002494	华斯股份	1	1	1	1	1
	002603	以岭药业	1	1	1	1	1
	002691	冀凯股份	1	1	1	1	1
	002960	青鸟消防	—	—	—	1	1
创业板	300107	建新股份	1	1	1	1	1
	300137	先河环保	1	1	1	1	1
	300138	晨光生物	1	1	1	1	1
	300152	科融环境	1	1	0	0	0
	300255	常山药业	1	1	1	1	1
	300368	汇金股份	1	1	1	1	1
	300371	汇中股份	1	1	1	1	1
	300428	四通新材	1	0	1	1	1
	300446	乐凯新材	1	1	1	1	1
	300491	通合科技	1	1	1	1	1
	300765	新诺威	—	—	—	1	1
	300847	中船汉光	—	—	—	—	1
	300869	康泰医学	—	—	—	—	1
	300922	天秦装备	—	—	—	—	1

注：1=是，0=否。
数据来源：上市公司年报。

（四）电话咨询

根据《上市公司与投资者关系工作指引》（证监公司字〔2005〕52号）第十二条规定，公司应设立专门的投资者咨询电话和传真，咨询电话由熟悉情况的专人负责，保证在工作时间线路畅通、认真接听，咨询电话号码如有变更应尽快公布。如遇重大事件或其他必要时候，公司应开通多部电话回答投资者咨询。

表5对2016~2020年河北上市公司设置投资者电话咨询渠道情况进行了列示。2016~2020年从未设置过电话咨询渠道的河北上市公司共28家，占河北上市公司总数的45.90%；设置电话咨询渠道的河北上市公司共33家，占河北上市公司总数的54.10%。

表5　2016~2020年河北上市公司设置投资者电话咨询渠道情况

所属板块	证券代码	证券名称	2016年	2017年	2018年	2019年	2020年
沪市A股	600135	乐凯胶片	0	0	0	0	0
	600149	廊坊发展	1	1	1	1	1
	600230	沧州大化	0	0	0	0	0
	600340	华夏幸福	1	1	1	1	1
	600409	三友化工	0	0	0	0	0
	600480	凌云股份	1	1	1	1	1
	600482	中国动力	0	0	0	0	0
	600550	保变电气	0	0	0	0	0
	600559	老白干酒	1	1	1	1	1
	600722	金牛化工	0	0	0	0	0
	600803	新奥股份	0	0	0	0	0
	600812	华北制药	0	0	0	0	1
	600956	新天绿能	—	—	—	—	0
	600965	福成股份	0	0	0	0	0
	600997	开滦股份	0	0	0	0	0
	601000	唐山港	0	0	0	0	0
	601258	庞大集团	0	0	0	0	0
	601326	秦港股份	—	0	0	0	1
	601633	长城汽车	0	0	0	0	0

续表

所属板块	证券代码	证券名称	2016年	2017年	2018年	2019年	2020年
沪市A股	603050	科林电气	0	0	0	0	1
	603156	养元饮品	—	—	0	0	1
	603385	惠达卫浴	0	0	0	0	0
	603938	三孚股份	—	0	1	1	1
深市A股	000158	常山北明	0	0	0	0	0
	000401	冀东水泥	0	0	0	0	1
	000413	东旭光电	1	1	1	1	1
	000600	建投能源	0	0	0	0	0
	000687	华讯方舟	0	1	1	1	1
	000709	河钢股份	0	0	0	0	0
	000778	新兴铸管	0	0	0	0	0
	000848	承德露露	1	1	1	1	1
	000856	冀东装备	1	1	1	1	1
	000889	中嘉博创	0	0	1	1	1
	000923	河钢资源	1	1	1	1	1
	000937	冀中能源	0	0	0	0	0
	000958	东方能源	0	0	0	0	0
中小企业板	002049	紫光国微	0	0	0	0	0
	002108	沧州明珠	0	0	0	0	1
	002146	荣盛发展	1	1	1	1	1
	002282	博深股份	0	0	0	0	0
	002342	巨力索具	0	0	0	0	0
	002442	龙星化工	0	0	0	0	1
	002459	晶澳科技	0	0	0	0	0
	002494	华斯股份	0	0	0	0	0
	002603	以岭药业	1	1	1	1	1
	002691	冀凯股份	0	0	0	0	0
	002960	青鸟消防	—	—	—	1	1
创业板	300107	建新股份	1	1	1	1	1
	300137	先河环保	0	0	1	1	1
	300138	晨光生物	1	1	1	1	1
	300152	科融环境	0	0	1	1	1
	300255	常山药业	1	1	1	1	1
	300368	汇金股份	1	1	1	1	1
	300371	汇中股份	0	0	0	0	0

续表

所属板块	证券代码	证券名称	2016年	2017年	2018年	2019年	2020年
创业板	300428	四通新材	0	1	1	1	1
	300446	乐凯新材	1	1	1	1	1
	300491	通合科技	1	1	1	1	1
	300765	新诺威	—	—	—	1	1
	300847	中船汉光	—	—	—	—	1
	300869	康泰医学	—	—	—	—	1
	300922	天秦装备	—	—	—	—	0

注：1＝是，0＝否。
数据来源：上市公司年报。

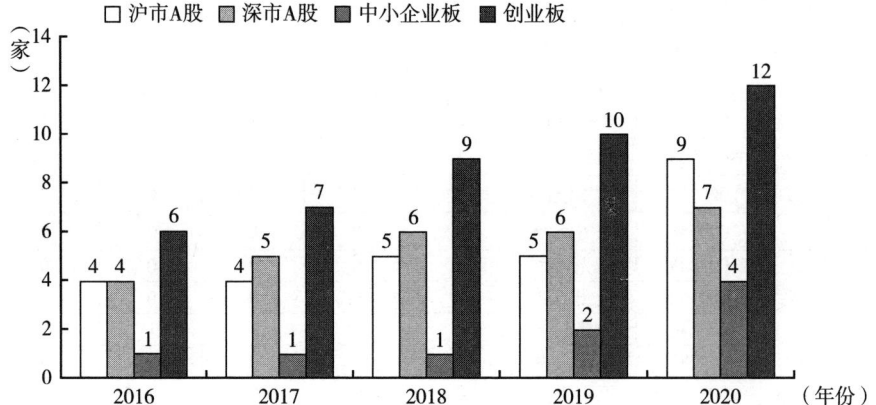

图3　2016～2020年河北上市公司各板块设置投资者电话咨询渠道数量

数据来源：上市公司年报。

表5和图3显示了2016～2020年河北上市公司各板块设置投资者电话咨询渠道情况，从整体上看，2020年河北设置电话咨询渠道的上市公司数量最多，2016年最少，且深市A股、沪市A股、中小企业板、创业板四个板块设置电话咨询渠道的河北上市公司数量呈上升趋势，这一趋势在2020年达到峰值，主要是由于2020年中国证券监督管理委员会河北监管局对辖区上市公司投资者关系管理工作重视度增加，提出"指导当地上市公司建立并完善投资者关系管理的长效机制"的策略，提高了辖区上市公司投资

者关系管理方面的积极性。从局部上看，创业板中设置电话咨询渠道的河北上市公司较多，中小企业板中相对其他板块较少，在2016～2018年仅有荣盛发展一家配有投资者电话热线，之后沧州明珠、青鸟消防和龙星化工逐年开设投资者电话咨询渠道，2020年中小企业板中设置电话咨询渠道的河北上市公司占比增加至40%。

（五）设立投资者关系专栏

根据《深圳证券交易所上市公司投资者关系管理指引》第二十四条规定，上市公司可以通过建立公司网站并开设投资者关系专栏的方式开展投资者关系活动。上市公司网站设立投资者关系专栏，能在一定程度上消除信息不对称导致的逆向选择问题，提高投资者信任，加强公司与投资者联系，降低再融资成本。[1] 上市公司应充分重视网络沟通平台建设，通过建立公司网站并开设投资者关系专栏的方式开展投资者关系管理活动，在投资者专栏中建立投资者研讨互动论坛，投资者可以在论坛上向公司提出问题和建议，由投资者关系管理人员进行解答和回复。其中，对于论坛中涉及的比较重要的或普遍性的问题及答复，公司应加以整理后在网站的投资者专栏中以显著方式刊载。

表6对2016～2020年河北上市公司设立投资者关系专栏情况进行了列示。2016～2020年从未在公司网站开设投资者关系专栏的河北上市公司共17家，占河北上市公司总数的27.87%；在公司网站开设过投资者关系专栏的共44家，占河北上市公司总数的72.13%。

表6　2016～2020年河北上市公司设立投资者关系专栏情况

所属板块	证券代码	证券名称	2016年	2017年	2018年	2019年	2020年
沪市A股	600135	乐凯胶片	0	0	1	1	1
	600149	廊坊发展	0	0	0	0	0
	600230	沧州大化	0	0	1	1	1

---

[1] 林斌、辛清泉、杨德明、陈念：《投资者关系管理及其影响因素分析——基于深圳上市公司的实证检验》，《会计研究》2005年第9期，第32～38页。

续表

所属板块	证券代码	证券名称	2016年	2017年	2018年	2019年	2020年
沪市A股	600340	华夏幸福	1	1	1	1	1
	600409	三友化工	0	0	1	1	1
	600480	凌云股份	0	0	0	0	0
	600482	中国动力	0	0	1	1	1
	600550	保变电气	1	1	1	1	1
	600559	老白干酒	1	1	1	1	1
	600722	金牛化工	0	0	1	1	1
	600803	新奥股份	0	1	1	1	1
	600812	华北制药	0	0	0	0	0
	600956	新天绿能	—	—	—	—	1
	600965	福成股份	0	0	0	0	0
	600997	开滦股份	0	0	0	0	0
	601000	唐山港	0	0	1	1	1
	601258	庞大集团	0	0	1	1	1
	601326	秦港股份	—	0	1	1	1
	601633	长城汽车	0	0	1	1	1
	603050	科林电气	0	0	0	0	1
	603156	养元饮品	—	—	1	1	1
	600812	华北制药	0	0	0	0	0
	603385	惠达卫浴	0	0	1	1	1
	603938	三孚股份	—	0	1	1	1
深市A股	000158	常山北明	1	1	1	1	1
	000401	冀东水泥	0	0	1	1	1
	000413	东旭光电	1	1	1	1	1
	000600	建投能源	0	0	1	1	1
	000687	华讯方舟	0	0	0	0	0
	000709	河钢股份	0	0	1	1	1
	000778	新兴铸管	0	0	0	0	0
	000848	承德露露	1	1	1	1	1
	000856	冀东装备	0	0	0	0	0
	000889	中嘉博创	0	0	0	1	0
	000923	河钢资源	0	0	0	1	0
	000937	冀中能源	0	0	0	0	0
	000958	东方能源	0	0	0	0	0

续表

所属板块	证券代码	证券名称	2016年	2017年	2018年	2019年	2020年
中小企业板	002049	紫光国微	0	0	0	0	0
	002108	沧州明珠	0	0	1	1	1
	002146	荣盛发展	1	1	1	1	1
	002282	博深股份	0	0	0	0	0
	002342	巨力索具	0	0	1	1	1
	002442	龙星化工	0	0	1	1	1
	002459	晶澳科技	0	0	1	1	1
	002494	华斯股份	0	0	0	0	1
	002603	以岭药业	1	1	1	1	1
	002691	冀凯股份	0	0	0	0	0
	002960	青鸟消防	—	—	—	0	0
创业板	300107	建新股份	1	1	1	1	1
	300137	先河环保	1	1	1	1	1
	300138	晨光生物	1	1	1	1	1
	300152	科融环境	1	1	1	1	1
	300255	常山药业	1	1	1	1	1
	300368	汇金股份	1	1	1	1	1
	300371	汇中股份	1	1	1	1	1
	300428	四通新材	0	0	0	0	0
	300446	乐凯新材	0	0	0	0	0
	300491	通合科技	1	1	1	1	1
	300765	新诺威	—	—	—	1	1
	300847	中船汉光	—	—	—	—	1
	300869	康泰医学	—	—	—	—	0
	300922	天秦装备	—	—	—	—	1

注：1 = 是，0 = 否。
数据来源：上市公司年报。

图4为2016～2020年河北上市公司各板块开设投资者关系专栏情况，从整体上看，2016～2020年企业门户网站开设投资者关系专栏的河北上市公司数量呈增加趋势，近三年，沪市A股中企业网站开设投资者关系专栏的公司较多，中小企业板较少。从局部上看，沪市A股波动较为剧烈，2017～2018年，沪市A股中企业网站开设投资者关系专栏的公司数量由4

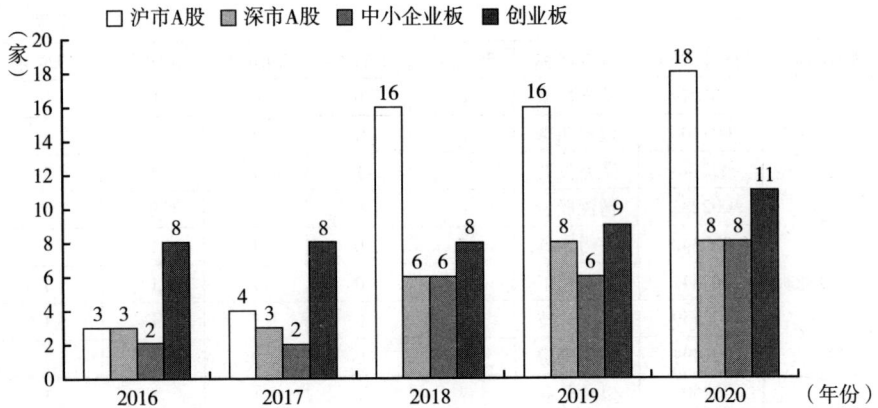

图 4　2016～2020 年河北上市公司各板块企业门户网站开设投资者关系专栏数量

数据来源：上市公司年报。

家直接增长到 16 家，而创业板增长幅度较稳定。此外，相对于其他板块，创业板中河北上市公司开设投资者关系专栏比例较高，始终保持在 80%以上。

（六）现场业绩说明会和现场路演

现场业绩说明会是一个有效的信息披露平台，带有信息的及时性和非正式性，与上市公司未来业绩有着紧密的逻辑关联。[1] 从相关数据统计来看，76%的上市公司总经理、72%的上市公司董事长将参与业绩说明会，[2] 在一定程度上保证业绩说明会信息披露渠道的正规性，有利于提高投资者信心，帮助企业获得市场支持。

表 7 对 2016～2020 年河北上市公司举办现场业绩说明会情况进行了列示。2016～2020 年从未举行现场业绩说明会的河北上市公司共 52 家，占河

---

[1] 谢德仁、林乐：《管理层语调能预示公司未来业绩吗？——基于我国上市公司年度业绩说明会的文本分析》，《会计研究》2015 年第 2 期，20～27 页。

[2] 林乐、谢德仁：《投资者会听话听音吗？——基于管理层语调视角的实证研究》，《财经研究》2016 年第 7 期，第 28～39 页。

北上市公司总数的85.25%；举行过现场业绩说明会的河北上市公司共9家，占河北上市公司总数的14.75%。

表7 2016~2020年河北上市公司举办现场业绩说明会情况

所属板块	证券代码	证券名称	2016年	2017年	2018年	2019年	2020年
沪市A股	600135	乐凯胶片	0	0	0	0	0
	600149	廊坊发展	0	0	0	0	0
	600230	沧州大化	0	0	0	0	0
	600340	华夏幸福	0	0	0	0	0
	600409	三友化工	0	0	0	0	0
	600480	凌云股份	0	0	0	0	0
	600482	中国动力	0	0	0	0	0
	600550	保变电气	0	0	0	0	0
	600559	老白干酒	0	0	0	0	0
	600722	金牛化工	0	0	0	0	0
	600803	新奥股份	0	0	0	0	0
	600812	华北制药	0	0	0	0	0
	600956	新天绿能	—	—	—	—	0
	600965	福成股份	0	0	0	0	0
	600997	开滦股份	1	1	0	0	0
	601000	唐山港	0	0	0	0	0
	601258	庞大集团	0	0	0	0	0
	601326	秦港股份	—	0	0	0	0
	601633	长城汽车	0	0	0	0	0
	603050	科林电气	0	0	0	0	0
	603156	养元饮品	—	—	0	0	0
	603385	惠达卫浴	0	0	0	0	0
	603938	三孚股份	—	0	1	1	0
深市A股	000158	常山北明	0	0	0	0	0
	000401	冀东水泥	0	0	0	0	0
	000413	东旭光电	0	0	0	0	0
	000600	建投能源	0	0	0	0	0
	000687	华讯方舟	0	0	0	0	0
	000709	河钢股份	0	0	0	0	0
	000778	新兴铸管	0	0	0	0	0
	000848	承德露露	0	0	0	0	0

续表

所属板块	证券代码	证券名称	2016年	2017年	2018年	2019年	2020年
深市A股	000856	冀东装备	0	0	0	0	0
	000889	中嘉博创	1	0	0	0	1
	000923	河钢资源	0	0	0	0	0
	000937	冀中能源	0	0	0	0	0
	000958	东方能源	0	0	0	0	0
中小企业板	002049	紫光国微	0	0	0	0	0
	002108	沧州明珠	0	0	0	0	1
	002146	荣盛发展	0	1	0	0	0
	002282	博深股份	0	0	0	0	0
	002342	巨力索具	1	0	0	0	0
	002442	龙星化工	0	1	0	0	0
	002459	晶澳科技	0	0	0	0	1
	002494	华斯股份	0	0	0	0	0
	002603	以岭药业	0	0	0	0	0
	002691	冀凯股份	0	0	0	0	0
	002960	青鸟消防	—	—	—	0	0
创业板	300107	建新股份	0	1	0	0	0
	300137	先河环保	0	0	0	0	0
	300138	晨光生物	0	0	0	0	0
	300152	科融环境	0	0	0	0	0
	300255	常山药业	0	0	0	0	0
	300368	汇金股份	0	0	0	0	0
	300371	汇中股份	0	0	0	0	0
	300428	四通新材	0	0	0	0	0
	300446	乐凯新材	0	0	0	0	0
	300491	通合科技	0	0	0	0	0
	300765	新诺威	—	—	—	0	0
	300847	中船汉光	—	—	—	—	0
	300869	康泰医学	—	—	—	—	0
	300922	天秦装备	—	—	—	—	0

注：1=是，0=否。

数据来源：上市公司年报。

上市公司可在实施融资计划时按有关规定举行现场路演，路演也是投资者获取投资价值信息的重要途径。① 路演的主要形式是举行推介会，在推介会上公司向投资者就公司的业绩、产品、发展方向等作详细介绍，充分阐述上市公司的投资价值，让准投资者们深入了解具体情况，并回答机构投资者关心的问题，促进投资者与上市公司的沟通交流，且现场路演应采取尽量公开的方式进行。

表 8 对 2016~2020 年河北上市公司现场路演情况进行了列示。2016~2020 年从未举行业绩说明会的河北上市公司共 56 家，占河北上市公司总数的 91.80%；举行过现场路演的河北上市公司共 5 家，占河北上市公司总数的 8.20%。

据表 7 和表 8 可以看出，总体上河北举行现场业绩说明会和现场路演的上市公司较少。以现场路演为例，2016~2020 年期间仅中国动力、荣盛发展、长城汽车、秦港股份、庞大集团在个别年份举行过现场路演，河北其余上市公司均无现场路演经历。

表 8　2016~2020 年河北上市公司现场路演情况

所属板块	证券代码	证券名称	2016 年	2017 年	2018 年	2019 年	2020 年
沪市 A 股	600135	乐凯胶片	0	0	0	0	0
	600149	廊坊发展	0	0	0	0	0
	600230	沧州大化	0	0	0	0	0
	600340	华夏幸福	0	0	0	0	0
	600409	三友化工	0	0	0	0	0
	600480	凌云股份	0	0	0	0	0
	600482	中国动力	1	0	0	0	0
	600550	保变电气	0	0	0	0	0
	600559	老白干酒	0	0	0	0	0
	600722	金牛化工	0	0	0	0	0
	600803	新奥股份	0	0	0	0	0

---

① 贾明、姚晨雨、张喆：《路演中董事长面部表情与 IPO 后公司业绩变脸》，《管理工程学报》2020 年第 3 期，第 55~64 页。

续表

所属板块	证券代码	证券名称	2016年	2017年	2018年	2019年	2020年
沪市A股	600812	华北制药	0	0	0	0	0
	600956	新天绿能	—	—	—	—	0
	600965	福成股份	0	0	0	0	0
	600997	开滦股份	0	0	0	0	0
	601000	唐山港	0	0	0	0	0
	601258	庞大集团	0	1	0	0	0
	601326	秦港股份	—	1	0	0	0
	601633	长城汽车	1	0	0	0	1
	603050	科林电气	0	0	0	0	0
	603156	养元饮品	—	—	0	0	0
	603385	惠达卫浴	0	0	0	0	0
	603938	三孚股份	—	0	0	0	0
深市A股	000158	常山北明	0	0	0	0	0
	000401	冀东水泥	0	0	0	0	0
	000413	东旭光电	0	0	0	0	0
	000600	建投能源	0	0	0	0	0
	000687	华讯方舟	0	0	0	0	0
	000709	河钢股份	0	0	0	0	0
	000778	新兴铸管	0	0	0	0	0
	000848	承德露露	0	0	0	0	0
	000856	冀东装备	0	0	0	0	0
	000889	中嘉博创	0	0	0	0	0
	000923	河钢资源	0	0	0	0	0
	000937	冀中能源	0	0	0	0	0
	000958	东方能源	0	0	0	0	0
中小企业板	002049	紫光国微	0	0	0	0	0
	002108	沧州明珠	0	0	0	0	0
	002146	荣盛发展	0	0	1	1	0
	002282	博深股份	0	0	0	0	0
	002342	巨力索具	0	0	0	0	0
	002442	龙星化工	0	0	0	0	0
	002459	晶澳科技	0	0	0	0	0
	002494	华斯股份	0	0	0	0	0
	002603	以岭药业	0	0	0	0	0

河北上市公司投资者关系管理研究报告（2021）

续表

所属板块	证券代码	证券名称	2016 年	2017 年	2018 年	2019 年	2020 年
中小企业板	002691	冀凯股份	0	0	0	0	0
	002960	青鸟消防	—	—	—	0	0
创业板	300107	建新股份	0	0	0	0	0
	300137	先河环保	0	0	0	0	0
	300138	晨光生物	0	0	0	0	0
	300152	科融环境	0	0	0	0	0
	300255	常山药业	0	0	0	0	0
	300368	汇金股份	0	0	0	0	0
	300371	汇中股份	0	0	0	0	0
	300428	四通新材	0	0	0	0	0
	300446	乐凯新材	0	0	0	0	0
	300491	通合科技	0	0	0	0	0
	300765	新诺威	—	—	—	0	0
	300847	中船汉光	—	—	—	—	0
	300869	康泰医学	—	—	—	—	0
	300922	天秦装备	—	—	—	—	0

注：1＝是，0＝否。
数据来源：上市公司年报。

（七）投资者现场互动

根据《深圳证券交易所上市公司投资者关系管理指引》（深证上〔2003〕53 号）第四十一、四十二条规定，上市公司可尽量安排投资者、分析师及基金经理等到公司或募集资金项目所在地进行现场参观；上市公司应合理、妥善地安排参观过程，使参观人员了解公司业务和经营情况，同时应注意避免在参观过程中使参观者有机会得到未公开的重要信息。

表 9 对 2016~2020 年河北上市公司投资者调研接待情况进行了列示。2016~2020 年从未进行投资者调研接待的河北上市公司共 22 家，占河北上市公司总数的 36.07%；进行过投资者调研接待的河北上市公司共 39 家，占河北上市公司总数的 63.93%。

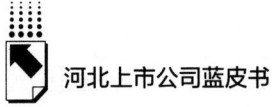

表 9 2016～2020 年河北上市公司投资者调研接待情况

所属板块	证券代码	证券名称	2016 年	2017 年	2018 年	2019 年	2020 年
沪市 A 股	600135	乐凯胶片	0	0	0	0	0
	600149	廊坊发展	0	0	0	0	0
	600230	沧州大化	0	0	0	0	0
	600340	华夏幸福	0	1	1	1	1
	600409	三友化工	0	0	0	0	0
	600480	凌云股份	0	0	0	0	1
	600482	中国动力	0	0	0	0	0
	600550	保变电气	1	0	0	0	0
	600559	老白干酒	1	0	0	0	1
	600722	金牛化工	0	0	0	0	0
	600803	新奥股份	0	0	0	0	0
	600812	华北制药	0	0	0	0	0
	600956	新天绿能	—	—	—	—	1
	600965	福成股份	0	0	0	0	0
	600997	开滦股份	0	0	1	0	0
	601000	唐山港	0	0	0	0	0
	601258	庞大集团	0	0	0	0	0
	601326	秦港股份	—	0	0	0	0
	601633	长城汽车	1	0	0	0	1
	603050	科林电气	0	0	0	0	0
	603156	养元饮品	—	—	0	0	0
	603385	惠达卫浴	0	0	0	0	1
	603938	三孚股份	—	0	0	0	0
深市 A 股	000158	常山北明	0	0	0	0	0
	000401	冀东水泥	1	0	0	0	1
	000413	东旭光电	1	0	0	0	0
	000600	建投能源	1	1	1	1	1
	000687	华讯方舟	0	0	1	1	0
	000709	河钢股份	1	1	1	1	0
	000778	新兴铸管	1	0	0	0	0
	000848	承德露露	0	0	1	1	0
	000856	冀东装备	0	0	0	0	1
	000889	中嘉博创	0	0	1	1	0
	000923	河钢资源	0	0	1	1	1

续表

所属板块	证券代码	证券名称	2016年	2017年	2018年	2019年	2020年
深市A股	000937	冀中能源	1	1	0	0	1
	000958	东方能源	1	1	0	0	0
中小企业版	002049	紫光国微	0	1	1	1	1
	002108	沧州明珠	1	1	1	1	1
	002146	荣盛发展	1	1	1	1	1
	002282	博深股份	1	0	1	1	1
	002342	巨力索具	1	1	0	0	0
	002442	龙星化工	0	0	0	0	0
	002459	晶澳科技	0	1	0	0	1
	002494	华斯股份	1	0	0	0	0
	002603	以岭药业	1	1	0	0	1
	002691	冀凯股份	0	0	0	0	0
	002960	青鸟消防	—	—	—	0	0
创业板	300107	建新股份	1	0	0	0	0
	300137	先河环保	1	1	1	1	1
	300138	晨光生物	1	1	1	1	0
	300152	科融环境	1	0	1	1	1
	300255	常山药业	1	0	1	1	0
	300368	汇金股份	1	1	1	1	0
	300371	汇中股份	1	1	1	1	1
	300428	四通新材	1	1	0	0	1
	300446	乐凯新材	1	1	0	0	0
	300491	通合科技	1	1	0	0	0
	300765	新诺威	—	—	—	1	0
	300847	中船汉光	—	—	—	—	0
	300869	康泰医学	—	—	—	—	0
	300922	天秦装备	—	—	—	—	0

注：1＝是，0＝否。

数据来源：上市公司年报。

图5展示了2016～2020年河北上市公司各板块的投资者调研接待情况，从整体上看，2016～2019年创业板中进行投资者调研接待的河北上市公司较多，沪市A股虽然在河北上市公司数量上占据优势，但进行投资者调研

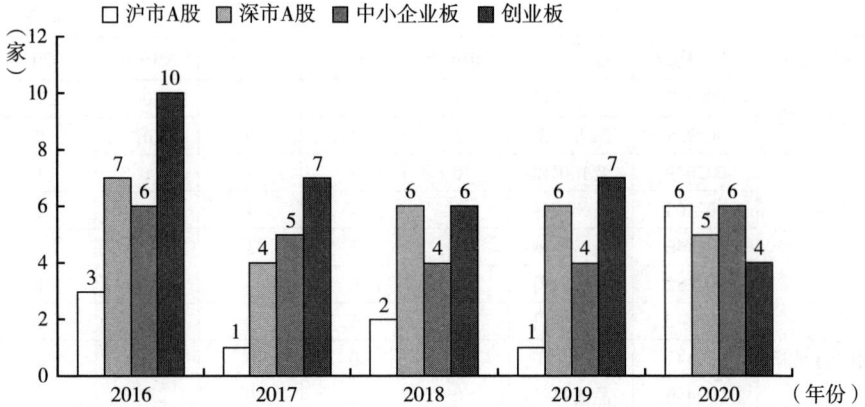

图5　2016～2020年河北上市公司各板块进行投资者调研接待数量

数据来源：上市公司年报。

接待情况相对较少，而中小企业板最为稳定，数量在4家~6家波动。精确到公司层面，仅建投能源、沧州明珠、荣盛发展、先河环保、汇中股份五家公司连续五年进行投资者调研接待，主要集中于中小企业板和创业板。创业板上市的河北上市公司在2016年均存在投资者调研接待情况，虽然之后几年调研接待频率有所下降，但在四个板块中数量占比仍是最高。

参考文献

安徽上市公司发展报告编写组主编《安徽上市公司发展报告（2019）》，社会科学文献出版社，2019。

安徽上市公司发展报告编写组主编《中国上市公司发展报告（2020）》，社会科学文献出版社，2020。

陈丹、李红军：《公司治理的性别视角：董事会性别结构对上市公司违规行为的影响》，《社会科学研究》2020年第4期，第99~106页。

陈冬华、范从来、沈永建：《高管与员工：激励有效性之比较与互动》，《管理世界》2015年第5期，第160~171页。

程新生、季迎欣、王丽丽：《公司治理对财务控制的影响——来自我国制造业上市公司的证据》，《会计研究》2007年第3期，第47~54页。

程仲鸣、夏银桂：《控股股东、自由现金流与企业过度投资》，《经济与管理研究》2009年第2期，第19~24页。

杜兴强、王丽华：《高层管理当局薪酬与上市公司业绩的相关性实证研究》，《会计研究》2007年第1期，第58~65页。

方军雄：《我国上市公司高管的薪酬存在粘性吗?》，《经济研究》2009年第3期，第110~124页。

方阳春、姚先国、赖普清：《上市高新企业高管薪酬及其效应的实证研究》，《科研管理》2007年第4期，第126~133页。

傅传锐、洪运超：《公司治理、产品市场竞争与智力资本自愿信息披露——基于我国A股高科技行业的实证研究》，《中国软科学》2018年第5期，第123~134页。

高雷、高田：《信息披露、代理成本与公司治理》，《财经科学》2010年第12期，第34~42页。

高雷、罗洋、张杰：《独立董事制度特征与公司绩效——基于中国上市公司的实证研究》，《经济与管理研究》2007年第3期，第60~66页。

高明华：《集体诉讼制度当立则行》，《董事会》2010年第5期，第103页。

高明华、刘波波等：《中国上市公司治理分类指数报告 NO. 18/2019》，社会科学文献出版社，2019。

韩忠雪、尚娟、周婷婷：《董事会激励、所有权结构与公司价值——基于中国上市公司面板数据的分析》，《山西财经大学学报》2009年第4期，第59~66页。

郝颖、黄雨秀、宁冲、葛国庆：《公司社会声望与高管薪酬：公共服务抑或职业声誉》，《金融研究》2020年第10期，第189~206页。

贺炎林、张瀛文、莫建明：《不同区域治理环境下股权集中度对公司业绩的影响》，《金融研究》2014年第12期，第148~163页。

胡茜茜、朱永祥、杜勇：《网络环境下中小股东的治理效应研究——基于代理成本视角》，《财经研究》2018年第5期，第109~120页。

贾明、姚晨雨、张喆：《路演中董事长面部表情与IPO后公司业绩变脸》，《管理工程学报》2020年第3期，第55~64页。

姜付秀、伊志宏、苏飞、黄磊：《管理者背景特征与企业过度投资行为》，《管理世界》2009年第1期，第130~139页。

雷海民、梁巧转、李家军：《公司政治治理影响企业的运营效率吗——基于中国上市公司的非参数检验》，《中国工业经济》2012年第9期，第109~121页。

李丹、宋衍蘅：《及时披露的年报信息可靠吗?》，《管理世界》2010年第9期，第129~137页。

李国栋、薛有志：《董事会战略参与效应及其影响因素研究》，《管理评论》2011年第3期，第98~106页。

李婧、贺小刚：《股权集中度与创新绩效：国有企业与家族企业的比较研究》，《商业经济与管理》2012年第10期，第40~51页。

李维安、李汉军:《股权结构、高管持股与公司绩效——来自民营上市公司的证据》,《南开管理评论》2006年第5期,第4~10页。

李维安、刘绪光、陈靖涵:《经理才能、公司治理与契约参照点——中国上市公司高管薪酬决定因素的理论与实证分析》,《南开管理评论》2010年第2期,第4~15页。

李维安、张耀伟:《上市公司董事会治理与绩效倒U形曲线关系研究》,《经济理论与经济管理》2004年第8期,第36~42页。

李延喜、董文辰、季侃:《我国上市公司董事会特征与盈余质量的实证研究》,《现代管理科学》2010年第12期,第12~15页。

林斌、辛清泉、杨德明、陈念:《投资者关系管理及其影响因素分析——基于深圳上市公司的实证检验》,《会计研究》2005年第9期,第32~38页。

林乐、谢德仁:《投资者会听话听音吗?——基于管理层语调视角的实证研究》,《财经研究》2016年第7期,第28~39页。

马连福、沈小秀、王元芳:《中国上市公司投资者关系互动指数及其应用研究》,《预测》2014年第1期,第39~44页。

马连福、石晓飞:《董事会会议"形"与"实"的权衡——来自中国上市公司的证据》,《中国工业经济》2014年第1期,第88~100页。

马连福、张晓庆:《控股股东股权质押与投资者关系管理》,《中国工业经济》2020年第11期,第156~173页。

南开大学公司治理研究中心公司治理评价课题组:《中国上市公司治理指数与治理绩效的实证分析》,《管理世界》2004年第2期,第63~74页。

屈文洲、蔡志岳:《我国上市公司信息披露违规的动因实证研究》,《中国工业经济》2007年第4期,第96~103页。

宋林、王建玲、姚树洁:《上市公司年报中社会责任信息披露的影响因素——基于合法性视角的研究》,《经济管理》2012年第2期,第40~49页。

宋玉:《最终控制人性质、两权分离度与机构投资者持股——兼论不同类型机构投资者的差异》,《南开管理评论》2009年第5期,第55~64页。

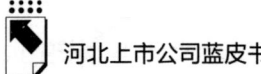

田志刚：《强制性披露能提高高管薪酬与公司业绩之间的敏感性吗？——基于上市公司面板数据的经验研究》，《经济管理》2011年第8期，第67~73页。

王磊、季思颖、施恬：《企业社会责任、年报披露及时性与信息解读效率》，《证券市场导报》2016年第1期，第33~41页。

王晓光、肖红军主编《中国上市公司环境、社会和治理研究报告（2020）》，社会科学文献出版社，2020。

肖红军、王晓光、李伟阳：《中国上市公司社会责任能力成熟度报告（2017~2018.NO.3）》，社会科学文献出版社，2018。

肖作平：《公司治理影响审计质量吗？——来自中国资本市场的经验证据》，《管理世界》2006年第7期，第22~33页。

谢德仁、林乐：《管理层语调能预示公司未来业绩吗？——基于我国上市公司年度业绩说明会的文本分析》，《会计研究》2015年第2期，第20~27页。

谢增毅：《董事会委员会与公司治理》，《法学研究》2005年第5期，第60~69页。

徐二明、王智慧：《我国上市公司治理结构与战略绩效的相关性研究》，《南开管理评论》2000年第4期，第4~14页。

鄢波、王华、杜勇：《地方上市公司数量、产权影响与政府的扶持之手》，《经济管理》2014年第7期，第164~175页。

严若森、钱晶晶、祁浩：《公司治理水平、媒体关注与企业税收激进》，《经济管理》2018年第7期，第20~38页。

杨志强、王华：《公司内部薪酬差距、股权集中度与盈余管理行为——基于高管团队内和高管与员工之间薪酬的比较分析》，《会计研究》2014年第6期，第57~65页。

尹律、陈良、杨婧：《高管年龄和内部控制缺陷认定标准选择》，《审计研究》2020年第1期，第105~112页。

张程睿、林锦梅：《及时披露能抑制信息泄露吗?》，《证券市场导报》

2011 年第 10 期, 第 11~16 页。

张新民、钱爱民、陈德球:《上市公司财务状况质量: 理论框架与评介体系》,《管理世界》2019 年第 7 期, 第 152~166 页。

朱德胜、周晓珮:《股权制衡、高管持股与企业创新效率》,《南开管理评论》2016 年第 3 期, 第 136~144 页。

Chris C., "What Makes Boards Effective? An Examination of the Relationships between Board Inputs, Structures, Processes and Effectiveness in Non-profit Organizations," *Corporate Governance: An International Review* 9 (2001): 217-227

Gomes, A., Novaes, W., *Sharing of Control as a Corporate Governance Mechanism* (Pennsylvania, USA: University of Pennsylvania, 2005), P.01-029.

Hambrick, D. C., D'Aveni, R. A., "Top Team Deterioration as Part of the Downward Spiral of Large Corporate Bankruptcies," *Management Science* 38 (1992): 1445-1466.

Jensen Michael C, Meckling William H., "Theory of the Firm: Managerial Behavior, Agency Costs and Ownership Structure," *Journal of Financial Economics* 4 (1976).

Kin Lo, "Economic Consequences of Regulated Changes In Disclosure: the Case of Executive Compensation," *Journal of Accounting and Economics* 35 (2003): 285-314.

Lisa Hope Pelled, Kathleen M. Eisenhardt, Katherine R. Xin, "Exploring the Black Box: An Analysis of Work Group Diversity, Conflict and Performance," *Administrative Science Quarterly* 44 (1999): 1-28.

Maury, B., Pajuste, A., "Multiple Large Shareholders and Firm Value," *Journal of Banking & Finance* 25 (2005): 1813-1834.

Millicent Chang, Gino D'Anna, lain Watson, Marvin Wee, "Does Disclosure Quality via Investor Relations Affect Information Asymmetry?" *Australian Journal of Management* 33 (2008): 375-390.

Murphy K. J. , "Corporate Performance and Managerial Remuneration: An Empirical Analysis," *Journal of Accounting and Economics* 7 (1985): 11 - 42.

Tanikawa T, Jung Y. , "Top Management Team (TMT) Tenure Diversity and Firm Performance: Examining the Moderating Effect of TMT Average Age," *International Journal of Organizational Analysis* 24 (2016): 454 - 470.

Wiersema, M. , Bantel, K. , "Top Management Team Demography and Corporate Strategic Change," *Academy of Management Journal* 35 (1992): 91 - 121.

后　记

《河北上市公司治理研究报告（2021）》是河北经贸大学公司治理与企业成长研究中心筹划的"河北上市公司蓝皮书"系列的第一本报告，由石晓飞与李桂荣合作而成。本报告通过对河北上市公司总体发展情况、股东治理情况、董事会治理情况、监事会治理情况、高管治理情况、信息披露情况和投资者关系管理情况等方面进行了整理和研究，客观全面地展现了河北上市公司的公司治理发展情况。本书为河北经贸大学工商管理学院"最懂河北企业"系列丛书之一。

本报告在撰写过程中得到了南开大学商学院、中国公司治理研究院副院长马连福教授，首都经贸大学会计学院王元芳博士，天津工业大学会计学院沈小秀博士，河北地质大学管理学院卞娜博士，河北经贸大学会计学院李西文博士，河北经贸大学工商管理学院许龙博士等的参与和指导，河北经贸大学工商管理学院硕士研究生周晓钰、刘遵虎、雷芳、推张静、李正瑞、张可、张洁、翟少玲、刘爽和张锋等同学帮助进行了数据的搜集和整理工作，在此一并表示感谢。

由于作者水平有限，加之上市公司治理发展情况涉及内容指标较多，数据统计具有一定的复杂性，由此导致的疏漏之处还望同行和读者批评指正。

石晓飞　李桂荣

2021 年 6 月 18 日

社会科学文献出版社

皮 书
智库报告的主要形式
同一主题智库报告的聚合

❖ 皮书定义 ❖

皮书是对中国与世界发展状况和热点问题进行年度监测,以专业的角度、专家的视野和实证研究方法,针对某一领域或区域现状与发展态势展开分析和预测,具备前沿性、原创性、实证性、连续性、时效性等特点的公开出版物,由一系列权威研究报告组成。

❖ 皮书作者 ❖

皮书系列报告作者以国内外一流研究机构、知名高校等重点智库的研究人员为主,多为相关领域一流专家学者,他们的观点代表了当下学界对中国与世界的现实和未来最高水平的解读与分析。截至2021年,皮书研创机构有近千家,报告作者累计超过7万人。

❖ 皮书荣誉 ❖

皮书系列已成为社会科学文献出版社的著名图书品牌和中国社会科学院的知名学术品牌。2016年皮书系列正式列入"十三五"国家重点出版规划项目;2013~2021年,重点皮书列入中国社会科学院承担的国家哲学社会科学创新工程项目。

中国皮书网

（网址：www.pishu.cn）

发布皮书研创资讯，传播皮书精彩内容
引领皮书出版潮流，打造皮书服务平台

栏目设置

◆ **关于皮书**
何谓皮书、皮书分类、皮书大事记、
皮书荣誉、皮书出版第一人、皮书编辑部

◆ **最新资讯**
通知公告、新闻动态、媒体聚焦、
网站专题、视频直播、下载专区

◆ **皮书研创**
皮书规范、皮书选题、皮书出版、
皮书研究、研创团队

◆ **皮书评奖评价**
指标体系、皮书评价、皮书评奖

◆ **皮书研究院理事会**
理事会章程、理事单位、个人理事、高级
研究员、理事会秘书处、入会指南

◆ **互动专区**
皮书说、社科数托邦、皮书微博、留言板

所获荣誉

◆ 2008年、2011年、2014年，中国皮书网均在全国新闻出版业网站荣誉评选中获得"最具商业价值网站"称号；

◆ 2012年，获得"出版业网站百强"称号。

网库合一

2014年，中国皮书网与皮书数据库端口合一，实现资源共享。

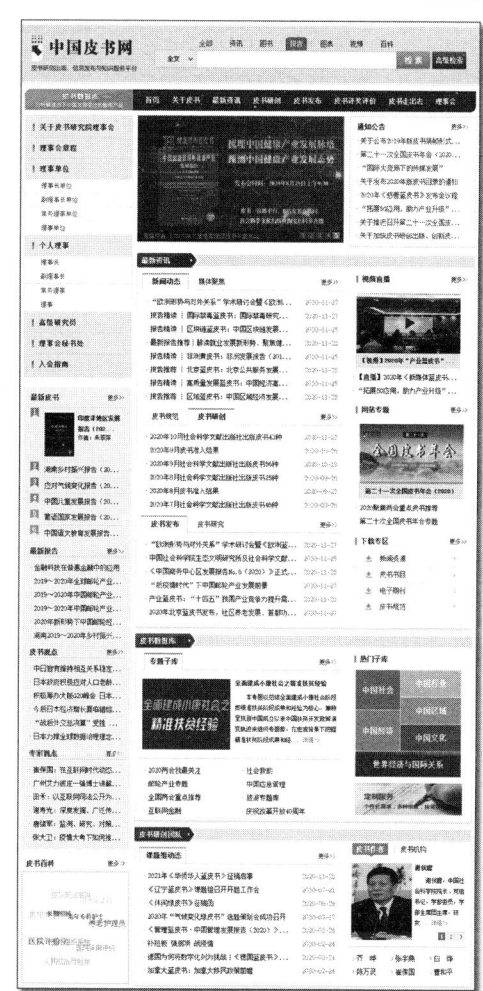

中国皮书网

权威报告·一手数据·特色资源

皮书数据库
ANNUAL REPORT(YEARBOOK) DATABASE

分析解读当下中国发展变迁的高端智库平台

所获荣誉

- 2019年,入围国家新闻出版署数字出版精品遴选推荐计划项目
- 2016年,入选"'十三五'国家重点电子出版物出版规划骨干工程"
- 2015年,荣获"搜索中国正能量 点赞2015""创新中国科技创新奖"
- 2013年,荣获"中国出版政府奖·网络出版物奖"提名奖
- 连续多年荣获中国数字出版博览会"数字出版·优秀品牌"奖

成为会员

通过网址www.pishu.com.cn访问皮书数据库网站或下载皮书数据库APP,进行手机号码验证或邮箱验证即可成为皮书数据库会员。

会员福利

- 已注册用户购书后可免费获赠100元皮书数据库充值卡。刮开充值卡涂层获取充值密码,登录并进入"会员中心"—"在线充值"—"充值卡充值",充值成功即可购买和查看数据库内容。
- 会员福利最终解释权归社会科学文献出版社所有。

卡号:293926762647
密码:

数据库服务热线:400-008-6695
数据库服务QQ:2475522410
数据库服务邮箱:database@ssap.cn
图书销售热线:010-59367070/7028
图书服务QQ:1265056568
图书服务邮箱:duzhe@ssap.cn

S 基本子库
SUB DATABASE

中国社会发展数据库（下设 12 个子库）

整合国内外中国社会发展研究成果，汇聚独家统计数据、深度分析报告，涉及社会、人口、政治、教育、法律等 12 个领域，为了解中国社会发展动态、跟踪社会核心热点、分析社会发展趋势提供一站式资源搜索和数据服务。

中国经济发展数据库（下设 12 个子库）

围绕国内外中国经济发展主题研究报告、学术资讯、基础数据等资料构建，内容涵盖宏观经济、农业经济、工业经济、产业经济等 12 个重点经济领域，为实时掌控经济运行态势、把握经济发展规律、洞察经济形势、进行经济决策提供参考和依据。

中国行业发展数据库（下设 17 个子库）

以中国国民经济行业分类为依据，覆盖金融业、旅游、医疗卫生、交通运输、能源矿产等 100 多个行业，跟踪分析国民经济相关行业市场运行状况和政策导向，汇集行业发展前沿资讯，为投资、从业及各种经济决策提供理论基础和实践指导。

中国区域发展数据库（下设 6 个子库）

对中国特定区域内的经济、社会、文化等领域现状与发展情况进行深度分析和预测，研究层级至县及县以下行政区，涉及省份、区域经济体、城市、农村等不同维度，为地方经济社会宏观态势研究、发展经验研究、案例分析提供数据服务。

中国文化传媒数据库（下设 18 个子库）

汇聚文化传媒领域专家观点、热点资讯，梳理国内外中国文化发展相关学术研究成果、一手统计数据，涵盖文化产业、新闻传播、电影娱乐、文学艺术、群众文化等 18 个重点研究领域。为文化传媒研究提供相关数据、研究报告和综合分析服务。

世界经济与国际关系数据库（下设 6 个子库）

立足"皮书系列"世界经济、国际关系相关学术资源，整合世界经济、国际政治、世界文化与科技、全球性问题、国际组织与国际法、区域研究 6 大领域研究成果，为世界经济与国际关系研究提供全方位数据分析，为决策和形势研判提供参考。

法律声明

"皮书系列"(含蓝皮书、绿皮书、黄皮书)之品牌由社会科学文献出版社最早使用并持续至今,现已被中国图书市场所熟知。"皮书系列"的相关商标已在中华人民共和国国家工商行政管理总局商标局注册,如LOGO( )、皮书、Pishu、经济蓝皮书、社会蓝皮书等。"皮书系列"图书的注册商标专用权及封面设计、版式设计的著作权均为社会科学文献出版社所有。未经社会科学文献出版社书面授权许可,任何使用与"皮书系列"图书注册商标、封面设计、版式设计相同或者近似的文字、图形或其组合的行为均系侵权行为。

经作者授权,本书的专有出版权及信息网络传播权等为社会科学文献出版社享有。未经社会科学文献出版社书面授权许可,任何就本书内容的复制、发行或以数字形式进行网络传播的行为均系侵权行为。

社会科学文献出版社将通过法律途径追究上述侵权行为的法律责任,维护自身合法权益。

欢迎社会各界人士对侵犯社会科学文献出版社上述权利的侵权行为进行举报。电话:010-59367121,电子邮箱:fawubu@ssap.cn。

社会科学文献出版社